Sarah Heath
Katzen verstehen

Katzenprobleme aus verhaltenstherapeutischer Sicht

Sarah Heath

Katzen verstehen

Katzenprobleme aus verhaltenstherapeutischer Sicht

aus dem Englischen von Anja Schmidtke

Für meine ganze Familie,
für ihre nie endende Liebe,
Unterstützung und Ermutigung

Inhalt

Vorwort 9

Danksagung 11

Teil 1: Verhaltenstherapie für Katzen 12

Was ist ein Tierverhaltenstherapeut? 13

Wodurch wird Verhalten beeinflusst? 16
Ernährung 16
Umwelteinflüsse 19

Die Geschichte der Katze 24

Die Ergründung der Ursachen 30
Wo haben Sie das Katzenjunge erworben? 32
In welchem Alter wurde das Katzenjunge erworben? 33
Womit wird die Katze gefüttert und hat es irgendwelche
Änderungen bei ihrer Ernährung gegeben? 35
Hat es vor kurzem irgendwelche Änderungen in
der häuslichen Umgebung gegeben? 35
Ist die Katze Freigängerin? 36
Welche Katzentoiletten stehen der Katze zur Verfügung? 37

Teil 2: Die Katze 40

Wildkatze – Hauskatze 41
Katzenverhalten von A bis Z 41

Teil 3: Katzen verstehen 66

Aggression 68
Aggressionen zwischen Katern 70
Agoraphobie 71

Angstaggression 75
Anorexie 77
Anthropomorphismus 80
Babys und Kleinkinder 82
Begrüßung 84
Beißen 86
Bestrafung 89
Dermatitis 91
Desensibilisierung 93
Dressur 93
Erbrechen 96
Erlernte Aggression 99
Ernährung 101
Euthanasie 101
Fellpflege 101
Folgen 105
Gehege 106
Häufchenmarkierung 107
Hohes Alter 109
Homöopathie 111
Hunde 112
Injektionen 115
Jagd 115
Jaulen 115
Kämpfe 116
Kannibalismus 120
Kastration 121
Katzenminze 124
Katzenpensionen 126
Katzenstreu 128
Kinder 132
Kindliches Verhalten 133
Krallen 136
Kratzen 136
Markieren 138
Mütterliche Aggression 138
Nervosität 140
Paarung 145

Phobien	145
Pica-Syndrom	145
Raubtierverhalten	147
Reiben	150
Revierverhalten	152
Sauberkeitserziehung	154
Schmerzbezogene Aggression	159
Selbstverstümmelung	162
Spritzen	163
Sterilisation	168
Streifzüge	168
Stubenreinheit	171
Stürze	175
Tierärzte	177
Toilette	178
Trennungsangst	178
Umgelenkte Aggression	179
Umzug	181
Urinieren	183
Verfolgungsjagd	183
Verlangen nach Aufmerksamkeit	186
Wolle fressende Katzen	188
Xenophobie – Angst vor fremden Menschen	193
Zusammenführung mehrerer Katzen	196
Nachwort	**202**
Sachindex	**204**

Vorwort

Sarah Heath hat es geschafft, so viel Wissen in dieses sehr lesenswerte Buch einzubringen, dass nur sehr wenige der zahlreichen (und stetig neu dazukommenden) Katzenhalter nicht verstehen werden, warum ihre Katze sich auf eine bestimmte Art und Weise verhält. Doch dieses Buch erreicht mehr als nur ein besseres Verständnis: Es vergrößert unsere Bewunderung für dieses liebenswürdige, wenn auch oft unnahbare Tier, das sich entschieden hat, sein Leben mit uns, die wir ja nur Menschen sind, zu teilen.

Bei der Lektüre von *Katzen verstehen* wurden mir über Sarah Heath drei ungeschriebene Tatsachen völlig klar. Die erste war, wie tief ihr Verständnis des Katzenverhaltens tatsächlich ist, die zweite, wie sehr ihr ihre tierärztliche Erfahrung geholfen hat, das Katzenverhalten zu analysieren und praktische Behandlungsprogramme zu erstellen, und die dritte, wie ihr tiefer Respekt und ihre offenkundige Liebe für Katzen es ihr möglich machen, die Fragen der Halter mit der Botschaft zu beantworten: *Ich weiß, wie Sie sich fühlen, und ich fühle mit Ihnen.*

Auf den folgenden Seiten wird fast jedes Verhalten unserer Stubentiger beschrieben und einige der Lösungsmöglichkeiten, zu denen Sarah rät, um ein Problemverhalten zu überwinden, sind überraschend einfach. Ich bin mir sicher, dass der eine oder andere Katzenhalter sich schon an den Kopf gegriffen und ausgerufen hat: *»Natürlich! Warum habe ich daran nicht selbst gedacht?«* – wie im Fall der Katze *Trinder*, die angefangen hatte, das Haus zu verschmutzen, bis Sarah bemerkte, dass deren Katzentoilette zu nah am Korb eines 50 Kilo schweren Bullmastiff platziert war. Wenn wir darauf hingewiesen werden, ist es auf einmal ganz offensichtlich, doch oft sehen wir einfach den Wald vor lauter Bäumen nicht. Einige Fälle sind allerdings weitaus schwieriger. Als ich den Bericht über den Unruhestifter *Jake* las, der durch Katzentüren in Häuser einbricht, die dort wohnhafte Katze zusammenschlägt und dann seine Visitenkarte hinterlässt, indem er das ganze Haus bespritzt, fragte ich mich unweigerlich, wie viele seiner Opfer Sarah zur gleichen Zeit in Behandlung hatte.

Das Buch ist nicht nur ein umfassendes Werk über Verhaltensprobleme von Katzen (Ursache, Auswirkung und Abhilfe), sondern es bietet uns auch einen Einblick in die faszinierende Geschichte nicht nur der Katzen, sondern auch der wechselnden Beziehung zwischen Katzen und Menschen. Wenn Sarah Heath beschreibt, wie wir die Katzen im Laufe der Geschichte gequält, zu Tausenden verbrannt, in Häuserwänden bestattet und sie rituell von 70 Meter hohen Türmen geworfen haben und wie viele von uns heute auf ihre Zuneigung und ihre Freundschaft bauen, entlarvt sie wirkungsvoll einen Schwachpunkt in unserem eigenen Persönlichkeitsprofil. Während sich unsere Haltung gegenüber den Katzen ständig veränderte, haben diese die ganze Zeit über versucht und es auch geschafft, *uns* zu domestizieren – eine Tatsache, die in den einzelnen Kapiteln klar zum Vorschein kommt: Die Katze lebt beim Menschen, weil es ihr so passt.

Katzen verstehen ist ein wunderbares Buch, das unter den modernen Büchern über das Verhalten von Haustieren auf den vorderen Plätzen rangieren wird. Als Autor von *Why does my dog...?* freue ich mich darauf, beide Bücher Seite an Seite in den Regalen stehen zu sehen und es ist mir eine Ehre, dass mein Buch bald neben dem von Sarah Heath zu finden sein wird.

John Fisher, Autor von *Why does my dog...?*
(deutsche Ausgabe: *Vom Strolch zum Freund.*
Das ABC für Problemhunde
Müller Rüschlikon Verlag)

Danksagung

Ich habe vielen Menschen zu danken, doch besonders erwähnen möchte ich meinen Sohn Matthew, der die wichtigste Person in meinem Leben ist. Er war ein großer Trost, wenn es schwer war, voranzukommen, und er hat mich inspiriert, weiterzumachen. Außerdem möchte ich David für seine Geduld und sein Verständnis beim Schreiben dieses Buchs danken und dafür, dass er ein wunderbarer Stiefsohn ist. Meine Eltern verdienen eine besondere Danksagung dafür, dass sie immer da waren, um mich zu unterstützen und zu ermutigen. An der beruflichen Front geht mein Dank an alle meine Kollegen in der Association of Pet Behaviour Counsellors (APBC), die mich in die richtige Richtung geführt haben. Besonders danke ich John Fisher, der mir beim Schreiben dieses Buches eine Quelle der Unterstützung und immer guter Laune war und in unserem Berufsstand schmerzlich vermisst wird, sowie David Appleby, der mich in die Welt des Haustierverhaltens eingeführt hat und mir über viele Jahre als Freund und Kollege eine Stütze war. Mein Dank geht auch an Claire Bessant für ihren Rat und ihre aufmunternde Motivation. Ich möchte gerne Peter Nevilles enormen Beitrag zum Verständnis des Katzenverhaltens würdigen und ihm meine aufrichtige Dankbarkeit für seine Ermutigungen aussprechen, dieses Buch zu schreiben. Und abschließend habe ich all den Katzen zu danken, mit denen ich gearbeitet habe, besonders meinen eigenen Katzen *Truffles* und *Gremlin*, für alles, was sie mich im Laufe der Jahre über das Verhalten der Katzen gelehrt haben.

Sarah Heath

Teil 1:
Verhaltenstherapie für Katzen

Was ist ein Tierverhaltenstherapeut?

Spricht man das Thema Haustierverhalten an und kombiniert dieses dann mit dem Wort »Therapeut«, wird das fast unweigerlich unterdrücktes Gekicher und wissende Blicke der Umstehenden zur Folge haben. Das Wort Verhaltenstherapie ruft bei den meisten das Bild eines Haustiers wach, das auf einer bequemen Psychiatercouch liegt, während ein bebrillter Exzentriker ihm tief gehende und bedeutungsvolle Fragen über seine gestörte »Kindheit« stellt. Diese überzeichnete Karikatur eines Psychiaters, kombiniert mit einem vermenschlichten Cartoon, ergibt dann das Bild eines Tierverhaltenstherapeuten, das großes Gelächter hervorruft.

Zum Glück sieht die Realität ganz anders aus. Die Tierverhaltenstherapie ist ein wichtiger und stetig wachsender Bestandteil der gängigen Dienstleistungen für Haustierhalter. Die Ursachen für Verhaltensprobleme von Katzen sind vielfältig und in meiner Eigenschaft als Verhaltensberaterin biete ich Zeit und Geduld an, um mir die Sorgen der Katzenhalter anzuhören. Dann versuche ich unter Anwendung meines Wissens über das Katzenverhalten, die ursprüngliche Ursache für das Problem zu erarbeiten und stelle ein Programm für eine Verhaltensveränderung zusammen, das auf die individuellen Bedürfnisse der Katze und ihres Halters zugeschnitten ist. Das letztendliche Ziel jedes Verhaltenstherapeuten für Haustiere liegt in der Erarbeitung einer Beziehung zwischen Haustieren und Haltern, die für beide Seiten förderlich ist. In vielen Fällen sind Haustier und Halter untrennbar miteinander verbunden, und die Belastungen und Spannungen in der Familie haben tief greifende Auswirkungen auf das Verhalten der Katze. Aus diesem Grund ist es unabdingbar, dass Tierverhaltenstherapeuten geduldig und mitfühlend mit den oftmals sehr heiklen Sachverhalten umgehen können.

Ein Verhaltensproblem wird häufig nur als solches erkannt, wenn die Belastung, die dieses Problem auslöst, langsam die Freude am Halten der Katze überschattet. Viele bekümmerte Katzenhalter wissen zunächst nicht, wo sie Hilfe einholen können; oft sind dann Freunde oder Verwandte, die ebenfalls Katzen halten, der erste Anlaufpunkt. Anormales Verhalten wird oft als Anzeichen dafür gedeutet, dass der Halter nicht richtig mit dem Tier umgehen kann. Das erzeugt Gefühle der eigenen Unzulänglichkeit, der Schuld und des Scheiterns bei den Haltern, die sich selbst für den Zusammenbruch der Beziehung zu ihren Haustieren verantwortlich machen. Genau wie in unserer Gesellschaft nur sehr zögernd offen über mentale Schwierigkeiten und Verhaltensprobleme von Menschen gesprochen wird, so sehen sich auch Haustierhalter oft nicht in der Lage, offen zuzugeben, dass mit ihrer geliebten Katze etwas nicht stimmt.

Wenn Freunde oder Verwandte keine Ratschläge geben können, dann ist der Tierarzt oft der nächste Ansprechpartner. Schon häufig bin ich am Telefon mit den Worten begrüßt worden: »Sie sind meine letzte Hoffnung.« Verhaltensveränderungen sind häufig der Grund, warum Katzen in die Praxis gebracht werden – einige anormale Verhaltensmuster haben natürlich medizinische Gründe. Solche Probleme werden durch eine umfassende medizinische Untersuchung ermittelt, doch wenn kein medizinisches Problem gefunden wird, dann ist unweigerlich eine Menge Zeit und Geduld nötig, um alle wichtigen Informationen in Betracht zu ziehen und eine Ursache zu ermitteln. Einige Tierärzte, darunter auch ich, haben besonderes Interesse am Verhalten eines Tieres und können die erforderliche Zeit für eine umfassende Erkundung von Verhaltensproblemen aufbringen; viele Tierärzte sind jedoch durch ihre Praxis so ausgelastet, dass sie einfach nicht ausreichend Zeit für diese Fälle aufwenden können. Aus diesem Grund ist es absolut erforderlich, dass Tierverhaltenstherapeuten, die sich auf diesen Bereich spezialisiert haben, mit Tierärzten zusammenarbeiten, die dann auf deren Dienste zurückgreifen können. Auf diese Weise kann der Tierarzt, nachdem er sorgsam jedes körperliche Problem ausgeschlossen hat, seinen Kunden an jemanden verweisen, der die Zeit und die Erfahrung mitbringt, praktische Wege zur Problemlösung anzubieten.

Sie brauchen Ihre Katze nur kurze Zeit zu beobachten um festzustellen, dass das Verhaltensrepertoire dieses wundervollen Geschöpfes immens und vielfältig ist, und es überrascht nicht, dass der Umfang der unterschiedlichen Verhaltensproblemen, mit denen wir es in unserer Praxis zu tun bekommen, ebenfalls enorm ist. Zu den großartigen Privilegien und Vorzügen, die zu der Arbeit mit der Tierwelt gehören, zählt auch, dass es nie einen Mangel an neuen Erfahrungen gibt. Indem wir das Wissen der einzelnen Verhaltenswissenschaftler zusammentragen, können wir unser Referenzmaterial erweitern und sind erheblich besser für Seltsames und Ungewöhnliches gerüstet. Als ein Roter Burmese namens *Murphy* in unsere Praxis gebracht wurde, weil er regelmäßig versuchte, sich seine eigene Zunge auszureißen, brachte das wirklich alle ins Grübeln. Obwohl die Auswirkungen dieses Verhaltens durch das Anbringen von Schuhen an allen vier Pfoten abgewendet werden konnten, war doch die faszinierende Frage: Warum verstümmelt sich eine Katze absichtlich auf diese Weise selbst? Die Phasen dieses sich selbst zugefügten Traumas waren dramatisch: Während der Attacken kam es zu einer extremen Selbstverstümmelung, doch trotz der offensichtlichen Schmerzen, die der Kater sich selbst beibrachte, hörte er nicht auf, wie wild die Krallen in seine Zunge zu schlagen.

Zwangsneurosen sind nicht nur beim Menschen, sondern auch bei den domestizierten Tierarten vorzufinden, wobei verschiedenen Quellen zufolge Katzen stärker betroffen sind als Hunde. Bei der Behandlung solcher Fälle orientieren sich die Verhaltensforscher an den Methoden der Humanpsychologie, indem die Umwelt- und Stressfaktoren, die zu dem Zustand beitragen, so weit wie möglich ausgeschaltet werden. Auch eine medikamentöse Behandlung ist möglich, deren Wirksamkeit allerdings von bestehenden Konflikten und von der Zeit abzuhängen scheint, während der die Zwangsneurose aufgetreten ist. Noch ist das Wissen über die Ursachen und die erfolgreiche Behandlung dieser Fälle begrenzt, so dass das Zusammentragen von Fachwissen in einer Organisation wie der APBC von unschätzbarem Wert ist.

Die Tierverhaltenstherapie ist eine relativ neue Wissenschaft, die sich jedoch rapide weiterentwickelt. Es ist unabdingbar, dass den Haustierhaltern die Fülle an vorhandenem Wissen über Verhaltensprobleme zugänglich gemacht wird, und genau dem hat sich die APBC verschrieben. Ich hoffe, dass Sie auf den folgenden Seiten mehr über die Art und Weise herausfinden werden, wie Ihre Katze sich verhält, und dass Sie so Ihr Verständnis für dieses bemerkenswerte Geschöpf erweitern können.

Wodurch wird Verhalten beeinflusst?

Ernährung

Früher wurde die Katze von den Tierärzten als kleinere Version des Hundes betrachtet und erst vor relativ kurzer Zeit wurde die Katzenmedizin überhaupt zu einer eigenen Disziplin. Inzwischen steht uns in diesem Bereich eine Fülle von Informationen zur Verfügung und wir wissen, wie faszinierend und einzigartig diese Tierart tatsächlich ist.

Ein Gebiet, auf dem der Unterschied zwischen Katze und Hund besonders deutlich zutage tritt, ist die Ernährung. Die neben dem Hundefutter angebotene große Palette an speziellem Katzenfutter ist nicht bloß ein Marketingtrick der Tierfutterhersteller, sondern eher Ergebnis der sehr unterschiedlichen Nahrungsbedürfnisse der beiden Tierarten. Katzen und Hunde sind beide karnivor, die Katze jedoch verfügt nicht über bestimmte Enzyme, die der Hund besitzt, und ist daher unfähig, in ihrem Körper einige Nährstoffe aus den Nahrungsbestandteilen zu synthetisieren. Hierzu gehören das Vitamin A und eine Substanz namens Taurin, die beide nicht in pflanzlichem Material vorkommen. Es ist daher absolut erforderlich, dass zumindest ein Teil der Nahrung der Katze tierischen Ursprungs ist. Eine komplett vegetarische Ernährung ist für die Katze nicht geeignet; Hundefertigfutter, in dem keine ausreichenden Mengen an den für Katzen essenziellen Nährstoffen enthalten sind, ist ebenfalls unangebracht.

In Extremfällen, wenn Katzen einige Zeit mit ungeeigneter Nahrung gefüttert worden sind, kann ihre Gesundheit beeinträchtigt werden, wobei das bekannteste Beispiel wahrscheinlich die Auswirkung von langzeitigem Taurinmangel auf das Auge ist. Taurin ist für die Erhaltung der Netzhaut notwendig; ohne es beginnt diese zu degenerieren. Eine Katze, die ohne ausreichende Mengen an Taurin ernährt wird, wird schließlich komplett ihr Augenlicht verlieren; allerdings kann es einige Zeit dauern, bis der Halter bemerkt, dass etwas nicht stimmt, da sich eine Katze, die ausschließlich drinnen gehalten wird, ganz gut an den Sichtmangel anpassen und so das Problem verbergen kann. Manchmal bemerkt der Halter zuerst, dass die Katze »sich seltsam benimmt«, was er dann womöglich als Verhaltensproblem interpretiert.

Dieser Fall trat bei einer Tabbykatze namens *Millie* ein, die in einer Stadt in einem Hochhaus lebte. Aus Sicherheitsgründen durfte sie nicht in die Außenwelt, so dass sie nie die Gelegenheit hatte zu jagen und sich mit tierischem Eiweiß zu versorgen. Der Halter berichtete, dass Millie angefangen hatte, sich sehr seltsam zu verhalten, da sie auf Geräusche im Haus übermäßig reagierte und manchmal sehr distanziert zu sein schien – tatsächlich war die Familie davon überzeugt, die Katze habe Halluzinationen. Hätten wir versucht, diese Katze als verhaltensgestört zu behandeln, ohne uns die Zeit zu nehmen, die ganze Geschichte zu erfahren oder das Tier umfassend medizinisch zu untersuchen, dann hätten wir womöglich die tatsächliche Ursache des Problems vollkommen verfehlt.

Als ich die Halter sorgfältig befragte, kam heraus, dass Millie ausschließlich mit einer Sorte Hundetrockenfutter gefüttert wurde. Ihr wurde auch nie Milch gegeben, die eine kleine Menge Taurin enthält, da man ihnen, als die Katze noch jung war, gesagt hatte, von Milch bekomme sie ständigen Durchfall. Insgesamt war Millies Ernährung vollkommen ungeeignet und eine komplette medizinische Untersuchung brachte Veränderungen der Netzhaut zutage, die auf Taurinmangel hinwiesen. Derartige Fälle unterstreichen die Notwendigkeit tierärztlicher Mitwirkung bei allen »Verhaltens«problemen.

Zusammenhänge zwischen »Verhaltens«problemen und der Ernährung sind nicht immer so offensichtlich und es stimmt, dass nicht allein diejenigen Katzen Probleme im Zusammenhang mit der Ernährung entwickeln können, die mit Hundefutter gefüttert werden. Auch scheint nicht jedes Katzenfertig-

Zusammenhänge zwischen Verhaltensproblemen und der Ernährung sind nicht immer offensichtlich.

futter für jede Katze geeignet zu sein, und in einigen Fällen kann man durch Befragung der Halter einen deutlichen Zusammenhang zwischen Verhalten und Ernährung ermitteln. Probleme, die immer in einem spezifischen Zeitintervall nach der Fütterung auftreten oder solche mit dem Stempel einer allergischen Reaktion lassen beim Verhaltensforscher die Alarmglocken klingeln, so dass er dann eine Änderung der Ernährung empfehlen kann.

Ein Beispiel hierfür war ein ziemlich stilles und zurückgezogenes Individuum namens *Tabitha*. Laut ihrer Halterin war Tabitha immer eine sehr liebevolle und zärtliche Gefährtin gewesen, doch im Laufe der vergangenen Monate hatte sie sich nach und nach verändert. Schließlich war ein Stadium erreicht, in dem Tabitha ihrer Halterin zufolge über den Tag hinweg mehrere Launenwechsel durchmachte. Morgens war sie zunächst recht liebenswürdig und bat um Futter wie sonst auch immer. Im Laufe des Morgens jedoch wurde sie immer unberechenbarer und reizbarer; versuchte die Halterin, sie zu streicheln, wurde sie sogar aggressiv. Um die Mittagszeit war ihr Verhalten auf dem tiefsten Punkt angelangt, und das Einzige, was die Halterin tun konnte, war, sie zu ignorieren. Nachmittags begann Tabitha dann wieder umgänglicher zu werden und war schließlich am frühen Abend wieder so liebenswürdig wie vorher. Sie fing an, sich um ihre Halterin herumzuschlängeln und sie auf ihre unnachahmliche Art um Futter zu bitten. Doch im Laufe des Abends wiederholte sich dann das Verhaltensmuster, das sich tagsüber gezeigt hatte, und wie Sie sich vorstellen können, wurde die Beziehung zwischen Tabitha und ihrer Halterin immer angespannter.

Meiner Befragung zufolge schien es in Tabithas Leben keine bedeutsamen Veränderungen gegeben zu haben, die ihre Verhaltensänderung hätten erklären können. Die Halterin erwähnte allerdings, dass Tabithas Fell sich verändert habe und ihr deutlich mehr Fell ausgefallen sei, und zwar ungefähr zeitgleich mit der Verhaltensveränderung. Solche Fellveränderungen können ein Hinweis auf eine allergische Reaktion sein, insbesondere wenn das Verhaltensmuster sich nach der Fütterung zu verschlimmern und vor der erneuten Fütterung leicht zu verbessern scheint. Obwohl Tabitha auch vorher schon immer mit der gleichen Marke Dosenfutter gefüttert worden war, schlug ich dennoch eine kurzfristige Änderung der Ernährung vor. Nur wenige Tage später rief die Halterin an und berichtete mir über den Rückgang des Haarausfalls und die Verbesserung des Fells.

Zwar gibt es bisher noch keine harten wissenschaftlichen Beweise für einen Zusammenhang zwischen Verhaltensproblemen und der Ernährung, doch häufen sich wie in Tabithas Fall die Indizien für diese Theorie. Wir wissen nicht, warum solche Reaktionen auftreten. Es könnte sein, dass Tabithas Alter und Veränderungen bei ihrer Verdauung zu einer allergischen Reaktion auf ihr gewohntes Futter geführt oder dass die Hersteller irgendeinen Inhaltsstoff verändert hatten. Es ist sogar möglich, dass Tabithas Immunsystem im Laufe der Jahre auf irgendein Allergen in ihrem Futter sensibilisiert worden war. Was auch immer der Grund war, ihre Halterin war erleichtert, ihre alte Katze wiederzuhaben, der eigentliche Mechanismus war für sie eher irrelevant. Der Zusammenhang zwischen Ernährung und Verhalten ist definitiv ein Gebiet, auf dem weitere Forschungen notwendig sind, und ich hoffe, dass in den nächsten Jahren weitere Informationen hierzu verfügbar sein werden.

Umwelteinflüsse

Es kann keinen Zweifel darüber geben, dass der menschliche Lebensstil sich im Laufe der Jahre dramatisch verändert hat. Trotz aller gelegentlichen wirtschaftlichen Probleme führen wir im Westen immer noch ein Leben in relativ hohem Wohlstand. Diese Zunahme des Wohlstands hat eine verstärkte Bewegung weg vom ruhigen ländlichen und bäuerlichen Lebensstil hin zum harten, ehrgeizigen Geschäftsleben in der Stadt mit sich gebracht. Die Bevölkerungsdichte steigt rapide an und die Welt wird zu einem immer unpersönlicheren und einsameren Ort.

Zusammen mit der Wandlung unseres Lebensstils hat sich eine merkliche Veränderung der Motive für die Haustierhaltung ergeben, was wiederum zu einem starken Anstieg der Popularität von Katzen geführt hat. Aus Untersuchungen wissen wir, dass die Haustierhaltung medizinisch gesehen gut für uns ist und dass durch das Streicheln unserer Haustiere Herzschlagfrequenz und Blutdruck zurückgehen. Sicherlich spielen auch soziale Aspekte eine Rolle und leider besteht seit einigen Jahren die Tendenz, einige Hunderassen als eine Art Statussymbol zu betrachten. Der Hund hat sich seine Beliebtheit als Haustier durch seine Fähigkeit erworben, sich in menschliche soziale Gruppen zu integrieren. In der idealen Situation betrachtet der Hund seine menschlichen Rudelmitglieder als dominante Führer und akzeptiert gerne eine untergeordnete Rolle, ist aber gleichzeitig auch bereit, zum Schutz der Behausung beizutragen. Die beschützerischen Aspekte des Hundeverhaltens sind wahrscheinlich der häufigste Grund dafür, dass Menschen beschließen, sich einen Hund anzuschaffen, und die meisten von uns fördern zumindest bis zu einem gewissen Grad dieses Verhalten der Hunde. In unserer zunehmend unfreundlichen Gesellschaft ist uns ein zusätzliches Gefühl von Sicherheit zu Hause oder auf Spaziergängen nur willkommen.

In den wohlhabenderen Schichten der Gesellschaft ist der Hund allerdings inzwischen von elektronischen Sicherheitsgeräten abgelöst worden und zum Schutz des Eigentums werden ausgeklügelte Alarmsysteme installiert.

Der Hund ist vom Menschen manipuliert worden, um noch zahlreiche andere Aufgaben zu erfüllen; ein Beispiel hierfür ist die enorme Vielfalt an Größen, Aussehen und Temperament. Die Ausbildung von Hunden zum Aufspüren von Drogen und Bomben und zur Hilfestellung für Blinde, Behinderte und ältere Mitglieder unserer Gesellschaft trägt dazu bei, die Akzeptanz für Hunde in der Gesellschaft zu erhöhen.

Viele Menschen müssen feststellen, dass ihr voll gepackter Terminkalender ihnen nur wenig Zeit für die Gesellschaft eines Hundes lässt. Man will die Zuneigung eines Haustiers ohne die Belastungen und die Mühen, die ein Hund erfordert – die Katze passt da wesentlich besser in die Terminplanung. Der gute alte Hund würde unter der Einsamkeit und Langeweile leiden, die unabhängige Katze aber kümmert sich selbst um ihre Bedürfnisse; der Halter kann ohne Schuldgefühle nach Hause kommen und die Gesellschaft seines Stubentigers ohne Ansprüche genießen. Auch können Hunde in kompakten Reihenhäusern und kleinen Wohnungen nicht mehr so einfach untergebracht werden, während die Katze, die einem Gedicht zufolge »überall schläft«, problemlos unsere Behausung mit uns teilen kann.

Unsere Gesellschaft konditioniert uns dazu zu akzeptieren, Unabhängigkeit sei von überragender Bedeutung und das Zeigen von Gefühlen deute auf Schwäche und mangelnde Entschlossenheit hin. Die Wahrheit ist jedoch, dass wir alle ein Ventil für unsere fürsorglichen und beschützerischen Instinkte brauchen und da unsere Kinder immer früher erwachsen werden, wenden wir uns immer mehr unseren Haustieren für bedingungslose Liebesbekundungen zu. Besonders für die jungen und relativ wohlhabenden Mitglieder unserer Gesellschaft mit ihrem unberechenbaren Lebensstil ist die Katze das ideale Haustier; für die Katze wiederum ist die Integration in das moderne Leben nicht immer einfach.

Junge Paare neigen dazu, ihre Katzen genauso »organisieren« zu wollen, wie sie es mit sich selbst tun. Wenn man ihre Wohnungen betritt, findet man möglicherweise die Sachen der Katze – ein Körbchen, einen Futternapf und natürlich eine Katzentoilette – in einer Ecke der winzigen Küche versteckt. Für die Halter mag das alles sehr schön sein und trägt vielleicht zu dem durchorganisierten und rationellen Image bei, das sie der Außenwelt gerne vermitteln wollen, doch aus Sicht der Katze ist dieses Arrangement oftmals unannehmbar. Nur wenige von uns wären bereit, ihr Essen im Badezimmer zu sich zu nehmen; warum also sollten wir von unserer Katze verlangen, in direkter Nachbarschaft zu ihrer Katzentoilette zu fressen? Bei einer Tierart wie der Katze, die für ihre Reinlichkeit bekannt ist, scheint es nur logisch, dass sie Fressen und Geschäftverrichten auf die einzig mögliche Art trennt, indem sie sich zum Urinieren und zur Darmentleerung an einen anderen Ort begibt und damit ein absolut vermeidbares Problem schafft. So gesehen scheint die Sache ganz offensichtlich zu sein, doch dem erfolgreichen Manager, der nach Hause kommt und ein Katzengeschäft auf seinem unbezahlbaren Perserteppich vorfindet, spenden logische Erklärungen nur wenig Trost!

Das moderne Stadtleben und der zunehmende Wohlstand haben nicht nur Änderungen der Auffassung zur Folge, wie eine Katze zu Hause leben, sondern auch, wie viel Kontakt sie zur Außenwelt haben sollte. Es scheint fast so, als sei der größere Prozentsatz der Fälle von Verhaltensproblemen Mitgliedern des reinrassigen Teils der Katzenpopulation und nicht der guten alten Hauskatze zuzuschreiben. Dies ist teilweise Ergebnis der Tatsache, dass diese Katzen ihren Haltern oft beträchtliche Geldsummen kosten und diese die Katzen nicht so bereitwillig abgeben und sich Ersatz holen, was bei Hauskatzen leider regelmäßig der Fall ist. Es ist auch Ergebnis der sich verändernden Auffassungen über die Katzenhaltung und der wachsenden Tendenz zu reinen Wohnungskatzen, insbesondere reinrassigen. In Gebieten, wo der Straßenverkehr eine ernsthafte Gefahr darstellt, meinen viele Halter, sie könnten es nicht riskieren, ihrem wertvollen Haustier freien Ausgang zu gewähren. Folglich werden immer mehr Katzen zu reinen Wohnungstieren und sehen sich einem Leben ohne freie Natur gegenüber, ohne die Möglichkeit, ihre bemerkenswerten Jagdinstinkte in die Tat umzusetzen. Nun leiden aber nicht etwa alle Katzen, die nur drinnen gehalten werden, an damit verbundenen Verhaltensproblemen: Die meisten, die dieses Leben als Katzenjunge angetreten und nie die Freuden der Außenwelt kennen gelernt haben, passen sich sehr wohl an das Leben in der Wohnung an. Wir könnten argumentieren, dass die Halter etwas verpassen, weil sie nie die wahre Eleganz einer Katze auf Beutezug oder die mörderische Präzision der jagenden Katze erleben, doch es scheint so, dass die Katzen, denen die Möglichkeit verwehrt wird, dieses natürliche Verhalten auszuleben, das nicht weiter stört – ihr sesshafter und isolierter Lebensstil ist für sie absolut annehmbar.

Für andere jedoch können die Belastungen, die mit der Unterdrückung ihrer Natur einhergehen, zu viel werden, auf Grund mangelnder Ventile für ihr ererbtes natürliches Katzenverhalten kann dann ein Problemverhalten entstehen. Katzen im Allgemeinen sowie einige Rassen, insbesondere die

Burmakatze, sind sehr intelligente und folglich auch sehr anspruchsvolle Geschöpfe.

Rumble, ein dreijähriger Burmese, der in einer exklusiven Wohnung lebte, war eine solche Katze. Von seinen Haltern wurde er sehr geliebt und führte wegen der Hauptstraße, die nur ein paar Meter vom Wohnblock entfernt war, ein reines Wohnungsleben. Rumble war insgesamt ein liebenswertes Individuum und erwiderte die Freundlichkeit seiner Halter mit häufigen Liebesbezeugungen, aber gelegentlich, wenn beide nach einem langen Arbeitstag im Büro erst spät nach Hause kamen, wandte er sich ihnen mit noch viel glaubhafteren Aggressionsbezeugungen zu. Für David und Chloe war dieser Kontrast in Rumbles Verhalten extrem Besorgnis erregend und sie fanden, dass diese gelegentlichen Ausbrüche die gesamte Beziehung zu ihrem Kater trübten. In Rumbles Fall wurde die Möglichkeit eines Zusammenhangs mit der Ernährung ausgeschlossen, wir sahen uns daher seinen Lebensstil für Hinweise auf die Ursache seines Problems genauer an. Trotz der Tatsache, dass er unzweifelhaft sehr geliebt und in jedem Fall gut ernährt und versorgt wurde, bot ihm sein Leben in der Wohnung wenig Anreize. Für eine so intelligente und aktive Rasse hatte dieser Mangel an Herausforderungen eine sehr niedrige Erregungsschwelle zur Folge. Der Kontrast zwischen der Einsamkeit in der stillen Wohnung tagsüber und der Gesellschaft seiner ihn vergötternden Halter am Abend war genug, um eine atemberaubende Überreaktion herbeizuführen, die sich als Aggression manifestierte. Die Behandlung musste eindeutig mehr Anreize für Rumble während der Abwesenheit seiner Halter beinhalten; sobald dies umgesetzt war, machte er tatsächlich bemerkenswerte Fortschritte. Für einige Katzen ist der Lebensstil in der Wohnung jedoch gar nichts und es gibt keine andere Alternative, als den Haltern vorzuschlagen, dass es besser wäre, diesen Individuen weit entfernt von der Stadt ein neues Zuhause zu geben.

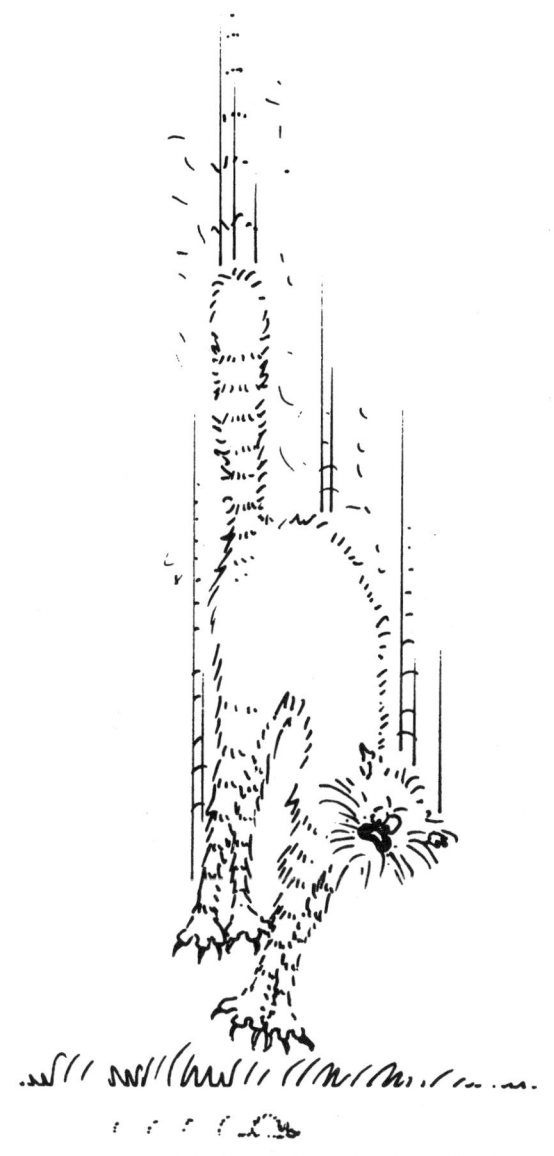

Die mörderische Präzision einer jagenden Katze.

Die Geschichte der Katze

Während ihrer langen gemeinsamen Geschichte mit dem Menschen ist das Ansehen der Katze heftig von einem Extrem zum anderen gependelt. Im Alten Ägypten wurde sie als göttliches Wesen angesehen, das der Ehrfurcht und der Verehrung würdig war. Im Mittelalter wurde sie in Europa zu einem Objekt, das man auf Grund der ihr nachgesagten Verbindungen zur Hexerei und zum Teufel mit äußerster Abscheu betrachtete. Heutzutage wiederum sind Katzen fast überall auf der Welt äußerst beliebte Haustiere, doch immer noch beschwören sie extreme Gefühle von Liebe und Hass gleichermaßen herauf – nur wenige Menschen empfinden ihnen gegenüber reine Gleichgültigkeit.

Im Wörterbuch lautet die Definition des Wortes »Domestizierung« »zähmen oder unter Kontrolle bringen«, doch die meisten Katzen würden äußerst vehement der darin liegenden Implikation widersprechen, ihr Überleben hinge vom Menschen ab. Sie betrachten sich selbst als freie Wesen und während sie Futter und Obdach akzeptieren, das wir ihnen anbieten, wahren sie doch gleichzeitig ihre Unabhängigkeit und demonstrieren in den meisten Fällen ihre hervorragenden Jagdkünste, wann immer sich die Gelegenheit dazu bietet. Es stimmt, dass der Mensch die Katze bis zu einem gewissen Grad manipuliert und auf Toleranz, Zuneigung und Zahmheit gezüchtet hat. Doch dadurch, dass so viele Katzen unbegrenzten Ausgang ins Freie haben, ist es den Menschen unmöglich, ihre Zuchtprogramme vollständig unter Kontrolle zu halten; die Katze hat es fertiggebracht, der selektiven Züchtung relativ unbeschadet zu entgehen. Es gibt nur sehr wenige Variationen hinsichtlich Größe oder Struktur und obwohl das Fell in Bezug auf Farbe und Länge erheblich variieren kann, gibt es nirgends die extremen Rasseunterschiede, die bei Hunden anzutreffen sind.

Wir wissen nicht genau, wo, wann oder wie der Prozess der Domestizierung der Katze seinen Anfang nahm, doch frühe Aufzeichnungen über eine Verbindung von Mensch und Katze im Alten Ägypten datieren ungefähr aus der Zeit um 2600 v. Chr.. Obwohl Überreste von Katzen auch an anderen Orten gefunden wurden, scheint es keine sicheren Beweise für eine Domestizierung außerhalb Ägyptens zu dieser Zeit zu geben. Frühe bildliche Darstellungen von Katzen sind in ägyptischen Grabmalereien zu finden, die aus der Zeit um 2000 v. Chr. stammen, als die Rohrkatze (*Felis Chaus*) den Künstlern als Motiv diente. Die berühmte Malerei einer Katze in einem Papyrussumpf im Grab von Nebamun datiert aus der XVIII. Dynastie (um 1400 v. Chr.), doch man nimmt an, dass es sich hierbei um eine Wildkatze gehandelt hat. Die früheste Malerei einer Katze in einer offensichtlich häuslichen Umgebung findet sich im Grab von May von etwa 1450 v. Chr., wo eine Katze zu sehen ist, die an einem Stuhlbein angebunden ist. Spätere Werke wie die Wandmalereien in Gräbern bei Deir el Medina von etwa 1275 v. Chr. zeigen die Katze in familiärer Umgebung.

All diese Zeugnisse aus der Malerei scheinen also auf den Anfang der XVIII. Dynastie als Zeitpunkt der Domestizierung der Katze hinzudeuten. Solche Rückschlüsse führen jedoch zu Debatten unter den Wissenschaftlern, da die Katze sich im Alten Ägypten zu genau dieser Zeit auch als religiöses Symbol etablierte, und viele argumentieren, dass die Beziehung zwischen Mensch und Katze schon viel länger bestanden haben muss, um zu einem derartigen Status der Katze zu führen.

Viele Rätsel und Debatten gibt es auch rund um die Frage eines direkten Vorfahren unserer modernen Katze. Die wahrscheinlichste Kandidatin unter den 26 kleinen Wildkatzenrassen auf der Welt ist die Falbkatze (*Felis Lybica*). Zeitweise hielt man die *Felis Lybica* für eine von der Wild-Waldkatze (*Felis Silvestris*) verschiedene Rasse, doch trotz ihres recht unterschiedlichen Aussehens wird jetzt vermutet, dass beide die gegensätzlichen Extreme einer einzigen Rasse sind. Die südliche Waldkatze ist ein relativ feingliedriges Exemplar mit kleinem Kopf und großen Ohren, wohingegen die nördliche Waldkatze kräftiger gebaut ist und kürzere, stämmige Gliedmaßen und kurze Ohren hat. Beide Katzen haben getigertes Fell, doch die Musterung tritt bei der nördlichen Art deutlicher zutage, während das Fellmuster der Falbkatze eher gesprenkelt ist.

Beweise für eine Verbindung zwischen der modernen Hauskatze und der Falbkatze rühren aus Studien der Anatomie und der Ähnlichkeiten in Fellfarbe und -muster. Außerdem ist erwiesen, dass die Hauskatze und die relevanten Unterarten der Wildkatze eine gemeinsame Chromosomenzusammensetzung von 19 Paaren sowie eine sehr ähnliche Gehirngröße gemessen an der Schädelkapazität aufweisen. Es ist bekannt, dass die Domestizierung jeder Tierart eine Verkleinerung des Skeletts zur Folge hat; Beweise aus Forschungen, die in Deutschland von Hemmer durchgeführt wurden, zeigen, dass das Gehirn während des Domestizierungsprozesses ebenfalls an Größe abnimmt. Der direkte Vorfahr jeder domestizierten Tierart weist ebenfalls ein kleineres Gehirn auf als die anderen Mitglieder der wilden Art; im Falle der Katze ist die südliche Rasse, *Felis Lybica*, diejenige mit der verhältnismäßig kleineren Schädelkapazität.

Verhaltensähnlichkeiten zwischen Hauskatze und Falbkatze wurden ebenfalls als Beweise dafür angeführt, dass die *Felis Lybica* und nicht etwa ihre europäische Verwandte der wahre Vorfahr unserer Samtpfoten ist. Untersuchungen, die man mit der Waldkatze durchgeführt hat, haben gezeigt, dass diese Katzen praktisch unzähmbar sind: Die Naturwissenschaftlerin Frances Pitt befand, dass sie trotz intensiven frühen Kontaktes mit wilden Katzenjungen allenfalls einen Zustand angespannter Waffenruhe erreichen konnte; sie konnte keine wirklichen Fortschritte hin zu einer echten Beziehung mit ihnen verbuchen. Nach der erfolgreichen Kreuzung einer bestimmten Wildkatze mit ihren Hauskatzen beschrieb sie die Nachkommen als »nervös und merkwürdig gelaunt« und räumte ein, dass ihnen, sobald sie halb ausgewachsen waren, nicht mehr zu trauen war.

Im Gegensatz hierzu soll die Falbkatze eine größere Affinität zum Menschen haben; im südlichen Teil des Sudan sieht man sie ganz in der Nähe des einheimischen Azande-Stamms leben. Zwar wurde in diesem Gebiet nie der Versuch unternommen, die Katze zu domestizieren, doch die bloße Tatsache, dass sie bereit ist, sich in der Nähe von menschlichen Siedlungen aufzuhalten, bildet einen scharfen Kontrast zum ausweichenden und ungeselligen Verhalten ihrer europäischen Verwandten.

Obwohl diese Indizien auf die Falbkatze als direkter Vorfahr der Hauskatze hindeuten, wird in neueren Arbeiten auch die Beteiligung der Rohrkatze (*Felis Chaus*) diskutiert. Sicherlich mumifizierten die Alten Ägypter wohl neben der Falbkatze auch die Rohrkatze und die Befürworter ihres Beitrags zum Domestikationsprozess geben an, dass Kreuzungen von Rohrkatze und Hauskatze tatsächlich Nachkommen hervorbringen, die Menschen besser tolerieren, was in den frühen Stadien der Domestizierung ein nützlicher Faktor gewesen sein mag.

Für eine wirklich handfeste Schlussfolgerung bleiben jedoch noch zu viele Fragen offen und sicher scheint nur eines zu sein: Der präzise Mechanismus und auch der zeitliche Ablauf der Domestizierung der Katze sind noch immer ein Geheimnis!

Es wird vermutet, die Verbindung zwischen Mensch und Katze resultiere aus der Notwendigkeit, große Getreidelager im Alten Ägypten vor Nagetieren zu schützen. Im Gegenzug für die Tolerierung ihrer Verbindung mit der Menschheit erhielten die Katzen große Mengen an natürlicher Beute in Form von Ratten und Mäusen – so entwickelte sich eine für beide Seiten vorteilhafte Beziehung. Die Falbkatzen, die den Menschen hinreichend tolerierten, jagten sicherlich innerhalb und außerhalb der Dörfer Beutetiere wie Nagetiere und Vögel, wobei die selbstbewussteren Individuen unter ihnen wahrscheinlich die Essensabfälle der Menschen plünderten. So wuchsen die Katzenpopulationen der Städte, unterstützt von den Abfällen der menschlichen Einwohner, immer weiter an, ganz so wie die heutigen Populationen wilder Katzen.

Wie, warum oder wann die Katze ihren Weg in das frühe altägyptische Leben fand, ist nicht sicher, doch wir wissen, dass es geschah, und wir wissen auch, dass sie von jener Gesellschaft über mehr als 1300 Jahre hinweg als nationale Gottheit angesehen wurde. Ihr Name war Bastet, die Katzengöttin der Fruchtbarkeit; Hauptort der Katzenanbetung war der Bastet-Tempel von Bubastis im Nildelta. Das jährliche Fest der Göttin lockte Hunderttausende Verehrer an, die aus ganz Ägypten nach Bubastis strömten.

Bastet wurde ursprünglich als Löwin dargestellt und man nimmt an, dass die Ankunft der Hauskatze den Zeitpunkt markiert, ab dem Bronzestatuen sie als Katze oder als katzenköpfige Frau zeigten. Die Statuen trugen ein Sistrum, eine im Isis-Kult verwendete Metallklapper, von der man glaubte, sie lote den Rhythmus der Liebe aus, eine Ägide beziehungsweise einen Schild sowie einen Korb. Die vier Katzenjungen zu ihren Füßen und die vier beweglichen Metallstäbe im Sistrum weisen darauf hin, dass Katzen gewöhnlich in einem Wurf vier Junge gebären. Wahrscheinlich wurden Katzen als Inkarnationen der Fruchtbarkeitsgöttin im Alten Ägypten auch in Tempeln gehalten, und einige sind der Auffassung, dass die ersten Hauskatzen nicht von anpassungsfähigen Stadtkatzen, sondern wohl eher von Hybriden dieser Tempelkatzen abstammten. Die der Katzenpopulation dargebrachte Verehrung war jedoch nicht allein auf die Tempelbewohnerinnen beschränkt: Katzen, die zu Hause gehalten wurden, erforderten genau den gleichen Grad an Respekt; wenn sie starben, wurden ihre Leichname nach Bubastis gebracht, wo sie einbalsamiert und in heiligen Grabstätten bestattet wurden, während die Bewohner in Trauer verfielen und sich die Augenbrauen abrasierten.

Kunstvolle Leinentücher zur Einhüllung von Katzenmumien scheinen zwar nur den Katzen der Reichen und Berühmten vorbehalten gewesen zu sein, doch die gefundenen Katzensärge stammen aus allen Schichten der altägyptischen Gesellschaft. Durch die Untersuchung dieser Mumien könnten wir zweifellos viel über die Geschichte der Katze erfahren, doch leider wurde 1889, als eine Schiffsladung mit 20 Tonnen Katzenmumien in Liverpool andockte, ihr historischer Wert vollkommen übersehen, und sie wurden zu Spottpreisen als Düngemittel verkauft! Von dieser Ladung blieb ein einziger Katzenschädel übrig, der nun im Britischen Museum in London aufbewahrt wird.

Im Zuge der Mobilität von Händlern und Militär fand die Hauskatze langsam von Ägypten aus ihren Weg über die ganze Welt bis nach Europa. Zu dieser Zeit hatte sie noch immer ihren göttlichen Status inne und wurde weiterhin vom Sistrum begleitet, das wahrscheinlich die ursprüngliche Vorlage für jene Katzenporträts bildet, auf denen Geige spielende Katzen zu sehen sind.

Die Zusammenhänge zwischen Katze und Fruchtbarkeitsgöttin waren noch immer offensichtlich, als die Katze um die Zeit der römischen Invasion Großbritannien erreichte; erst als sich das Christentum als Religion in Mitteleuropa etabliert hatte, verlor sie ihren göttlichen Status. Obwohl sie nun nicht länger den Respekt einforderte, der einer Göttin gebührte, glaubte man im Mittelalter, die Katze habe bestimmte magische Eigenschaften, und viele Geschichten aus dieser Zeit handeln von Katzen, die ihren Haltern Glück brachten. Dieser Glaube war Grund für die bis zum Ende des 19. Jahrhunderts gängige Praxis, Katzen in Häuserwänden zu bestatten, um die Häuser so vor bösen Einflüssen zu schützen.

Neben dieser positiven Auslegung der Katzenmagie gab es jedoch auch eine finstere Seite, die die Katze mit Dämonen und Hexerei in Verbindung brachte. Im späten Mittelalter, während eines Zeitraums nie da gewesener Grausamkeit gegen Katzen, wurden sie zu Tausenden verbrannt. Die Katze wurde zum Symbol des Teufels selbst und indem man diese Geschöpfe lebendig verbrannte, glaubte man, dass so auch der Teufel litt. Die reflektierenden Augen der Katze, von denen man im Alten Ägypten glaubte, sie hielten die Sonnenstrahlen fest und seien Symbol ihrer Göttlichkeit, wurden nun zum Symbol für dämonische Kräfte. Als die Welle der hysterischen Hexenverfolgung Europa überschwemmte, folgte ihr auch der Feldzug gegen ihre Gefährtinnen, die Katzen.

Einer der Gründe für dieses Missverständnis rührte von Beobachtungen der Katze während des Paarungsprozesses her, bei dem die Katze laut aufschreit und nach dem Kater schlägt, wenn er sich zurückzieht. Die Beobachter glaubten, der Samen des Katers verbrenne die Katze, und brachten dies mit der Feuersymbolik des Satans in Verbindung. Was sie tatsächlich sahen, war ein biologischer Mechanismus, durch den bei der Katze der Eisprung eingeleitet wird, doch erkannt wurde dies erst sehr viel später. Zum Leidwesen der Katze wurden ihre sexuellen Gewohnheiten multipler Paarung mit den Scheuklappen der damaligen Zeit als weiteres Zeichen der Ungöttlichkeit betrachtet und trugen so noch weiter zu der bereits vorhandenen Hysterie bei.

Nicht zuletzt wurde die Katze als Quelle der Hexenkunst betrachtet. Sie wurden als Vertraute der Hexen abgestempelt und von jeder normalen Frau, die Katzen hielt, glaubte man, diese benutze sie, um böse Taten zu vollbringen. Die bloße Tatsache, dass eine Frau ein Kätzchen hielt, konnte als Beweis ausreichen, um sie der Hexerei zu beschuldigen. Jeder Hinweis darauf, dass sie Freundlichkeit gegenüber Katzen gezeigt hatte, brachte sie in den Augen der Richter umgehend in Verdacht. So wie sich der Ruf der Katze zunehmend verschlechterte, wurden auch ihre Misshandlung und Verfolgung als Teil des Alltags akzeptiert, sogar bis ins 18. Jahrhundert hinein waren bösartige Quälerei und Missbrauch von Katzen weit verbreitet.

Mitte des 18. Jahrhunderts begann sich das Blatt zu wenden und das Ansehen der Katze wurde wieder besser. Doch das Missverständnis dauerte noch geraume Zeit an, noch immer gab es mehr wilde Katzen als im Haus gehaltene Tieren. Genau die Aspekte ihres Verhaltens, die die Katze heute zu einem so beliebten Haustier machen, steigerten damals ihren Ruf, unzuverlässig und nicht vertrauenswürdig zu sein. Es sollte noch viele Jahre dauern, bis die Hexen-Hysterie vollständig verebbte; wegen des unabhängigen Wesens der Katze mit ihrer Unnahbarkeit nahmen die Menschen nur ungern wilde Katzen bei sich auf. Da sie die Katze nicht auf die gleiche Weise wie den Hund verstehen und kontrollieren konnten, hielten sie einen gesunden Abstand zu ihr ein: Zwar wurde die Katze nicht länger verfolgt, doch sie lebte eher neben den Menschen her statt bei ihnen.

Erst Ende des 19. Jahrhunderts änderte sich die öffentliche Meinung und die Katze etablierte sich als beliebtes Haustier. Seit dieser Zeit hat ihre Popularität ständig zugenommen und sie ist inzwischen zahlenmäßig vielerorts das beliebteste Haustier. Heute wird sie eher bewundert als verachtet und auch wenn wir sie nicht als anbetungswürdig betrachten, so blicken wir doch mit einem gewissen Grad an Respekt auf ihre Anmut, Beweglichkeit und Unabhängigkeit.

Die Ergründung der Ursachen

Zunehmend bewundern wir die bemerkenswerte Fähigkeit der Katzen, zwei gegensätzliche Facetten ihrer Persönlichkeit miteinander zu verbinden. Es fasziniert uns zu sehen, wie das ewige Katzenkind und die unabhängige erwachsene Katze gleichzeitig existieren können. Während wir die Momente der Zuneigung genießen, die unsere Katze uns schenkt, respektieren wir sie gleichzeitig auch für die wildere Seite ihres Wesens.

Und genau diese Unterschiedlichkeit der Einstellung spiegelt sich auch in der Reaktion des Halters auf die Verhaltensprobleme wider. Wenn eine Katze 90 % der Zeit ihre Rolle als liebenswertes Haustier erfüllt, mag der Halter sich einreden, dass er für zeitweilig auftretende Verhaltenstiefs irgendwie verantwortlich ist. Der Halter hat das Gefühl, die Katze sei in seiner Gesellschaft unglücklich, und glaubt, seine Fähigkeiten als Katzenhalter seien unzulänglich. Statt zuzulassen, dass irgendjemand schlecht über seine über alles geliebte Katze denkt, schreckt er vor nichts zurück, um die Probleme zu verschleiern; oft haben die hygienischen Zustände und die Verschmutzungen und Markierungen durch die Katze zur Folge, dass Besucher nicht mehr so gerne gesehen werden.

Letzten Endes hat der Halter immer weniger Kontakt mit anderen Menschen und seine Beziehung zur Katze gewinnt immer mehr an Bedeutung. Für solche Halter ist eine Abgabe der Katze keine Lösungsmöglichkeit: Trotz oftmals ernster Probleme halten sie beharrlich weiter durch in der Hoffnung, dass sich die Dinge wieder bessern. Schließlich kommt dann womöglich eine Zeit, in der die Belastung, mit dem Problem fertig zu werden, zu groß wird, und nicht nur die Beziehung zur Katze wird dann bis zum Zerreißen gespannt, sondern auch die innerfamiliären Beziehungen leiden unter der Belastung.

Die Toleranzschwelle variiert in den einzelnen Familien beträchtlich. Erst in der vergangenen Woche bekam ich Anrufe von zwei Klienten, die im Grunde das gleiche Problem hatten: Beide hatten das Haus voller Katzen und beide hatten ein Problem mit der Verschmutzung. In dem einen Fall jedoch wurde ich kontaktiert, nachdem die Katzen lediglich zwei Fehltritte gemacht hatten, während die anderen Halter fast zwei Jahre lang mit diesem Problem gelebt und erst jetzt beschlossen hatten, dass sie Hilfe brauchten.

Hat ein Katzenhalter erst einmal akzeptiert, dass es ein Problem gibt, besteht das nächste Hindernis darin, wo er Hilfe einholen soll. Für die meisten ist ein Freund oder Verwandter mit der gleichen Liebe zu Katzen der erste

Anlaufpunkt in der Hoffnung, dass derjenige vielleicht ein ähnliches Problem erlebt hat und Ratschläge geben kann. In vielen Fällen trifft ein solcher Rat genau ins Schwarze und das Problem wird gelöst; die Halter müssen sich allerdings auch klarmachen, dass das, was ein Problem ausmacht, gänzlich vom Individuum abhängt: Was der eine als ernstes Problem betrachtet, mag vom anderen als vollkommen akzeptables Verhalten angesehen werden. Viele müssen einigen Mut aufbringen, um zuzugeben, dass in der Beziehung mit ihrem Haustier nicht alles in Ordnung ist, und es hilft ihnen dann nicht, wenn ihnen gesagt wird, sie machten sich nur unnötige Sorgen. Wir müssen anerkennen, dass ein Problem, wenn der Halter es als solches empfindet, auch ernst genommen werden muss.

Das Verständnis des Verhaltens einer Tierart ist ein komplexes Gebiet und erfordert ein vollständiges Bild des betreffenden Individuums. Es ist wichtig, alle Lebensumstände des Tieres zu untersuchen. Wir hoffen, auf diese Weise alle relevanten Fakten aufzugreifen und so aus den verschiedenen Einzelteilen eine Ursache für das Problem zusammenzufügen. Wenn versäumt wird, eine Gesamtansicht der Situation auszuarbeiten, kann das dazu führen, dass man vorschnell Schlussfolgerungen zieht und den entscheidenden Hinweis übersieht. Diese ganzheitliche Herangehensweise kann sich jedoch im Falle der Katze, bei der wir es ja mit einem Individuum zu tun haben, das zwei ganz verschiedene Leben führt, als äußerst schwierig erweisen. Auf der einen Seite erfüllt sie die Rolle des liebenswürdigen Haustiers, auf der anderen ist sie eine grausame, berechnende Killerin und ein wahrhaft wildes Tier. Anders als der Hundehalter, der über fast alles Bericht erstatten kann, was sein Haustier im Laufe des Tages so erlebt, befinden sich Katzenhalter oftmals in vollkommenem Unwissen darüber, wo sich ihr Haustier den ganzen Tag über aufhält, geschweige denn, was es gerade tut! Folglich führen unsere Fragen oft ins Leere und es bleibt uns nichts anderes übrig, als die Einzelteile einer bruchstückhaften Geschichte zusammenzusuchen.

Der Schlüssel zur Behandlung von Verhaltensproblemen liegt in der Tat darin, ein genaues Bild der Vorgeschichte zu bekommen, und um das zu erreichen, ist es notwendig, sich die Zeit zu detaillierten Beratungsgesprächen zu nehmen. Im Idealfall sollten dabei alle Familienmitglieder anwesend sein, da jeder eine leicht andere Auffassung des Problems hat und jeder Blickwinkel für die Vervollständigung des Gesamtbildes entscheidend sein kann. Dies kann auch dazu beitragen, mögliche Zusammenhänge zwischen Spannungen innerhalb der Familie und dem Problem der Katze aufzustellen, denn unsere Stubentiger reagieren extrem sensibel auf ihre Umgebung.

HIER REGIERE ICH, OK?

Das Verständnis des Verhaltens einer Tierart ist eine komplexe Angelegenheit.

Am Anfang jedes Beratungsgespräches verwende ich immer den gleichen Fragebogen und erkläre den Haltern, dass es, auch wenn einige meiner Fragen für ihre eigenen Sorgen irrelevant zu sein scheinen, wichtig ist, diese festgelegte Prozedur einzuhalten, um sich gegen weitschweifige Gespräche zu schützen, die vollkommen am Thema vorbeigehen. Die folgenden Beispiele geben Ihnen eine Vorstellung von der detektivischen Natur der Arbeit eines Verhaltenstherapeuten.

Wo haben Sie das Katzenjunge erworben?

Die frühe Umgebung des Katzenjungen hat einen starken Einfluss auf seine spätere Verhaltensentwicklung. Die Persönlichkeit einer Katze, die in einer halbwilden Umgebung auf dem Bauernhof aufwächst, wird sich merklich von der einer Rassekatze unterscheiden, die in einer großen Katzenzucht aufgezogen wird. Frühe Erfahrungen sind bei der Letzteren natürlich begrenzter und Katzen, die auf Bauernhöfen aufwachsen, sind oft selbstsicherer. Sie hatten mehr Gelegenheiten, durch neugierige Erkundungen zu lernen, konnten sich weiter vom Nest fortwagen und so ihre Unabhängigkeit vergrößern. Als erwachsene Tiere wirken diese Katzen später selbstgenügsam und unnahbar.

Wir wissen, dass es einen starken mütterlichen Einfluss auf das Verhalten gibt – Sauberkeitserziehung und Jagdkunst sind Beispiele für Bereiche, in denen Katzenjunge eine Menge dadurch lernen, dass sie ihre Mutter beobachten. Hausverschmutzungsprobleme können manchmal auf ein schlechtes mütterliches Beispiel zurückverfolgt werden, was bei einer reinrassigen Wohnungskatze weitaus wahrscheinlicher als bei einer unabhängigen Bauernhofkatze der Fall ist. Nachkommen von Bauernhofkatzen werden auch ein exzellentes Beispiel auf dem Gebiet der Jagd erhalten haben und die Unfähigkeit zur Jagd wird weitaus wahrscheinlicher bei den Nachkommen der Rassekatzen auftreten. Für Menschen allerdings, die die mörderischen Eigenschaften der Katze alles andere als wünschenswert finden, kann dieses fehlende Jagdgeschick ein ausgesprochener Vorzug sein.

In welchem Alter wurde das Katzenjunge erworben?

Nicht nur die Art der frühen Umgebung beeinflusst die charakteristischen Verhaltensweisen der erwachsenen Katze, sondern auch der Zeitraum, den die Katzenjungen in dieser Umgebung verbringen sowie die Erfahrungen, die ihnen geboten werden. Es ist bereits viel über die Bedeutung des Sozialisierungszeitraums für die Verhaltensentwicklung des Hundes geschrieben worden; heutzutage gibt es Welpenpartys und Welpenspielgruppen, die dazu dienen, die Vorteile einer frühen Sozialisierung zu maximieren. Im Falle der Hauskatze allerdings wurde noch bis vor kurzem der Auswirkung ihrer »Kindheit« auf ihr Erwachsenenverhalten eine erheblich geringere Bedeutung beigemessen.

Wir wissen, dass die Sozialisierung unabdingbar für jedes domestizierte Tier ist, das in einer menschlichen Familie leben und sein Leben mit Mitgliedern einer anderen Spezies teilen soll. Katzenjunge sozialisieren sich bekanntlich erfolgreich mit fast jedem anderen Säugetier, mit dem sie engen Kontakt haben, vorausgesetzt, dass der Kontakt einsetzt, wenn das Katzenjunge im geeigneten Alter ist. Erst 1988 wurde durch Forschungen von Karsh und Turner der Sozialisierungszeitraum von Katzenjungen untersucht, der hiernach merklich früher begann als bei Welpen. Man teilte die Katzenjungen in verschiedene Gruppen ein und befasste sich über einen Zeitraum von vier Wochen jeden Tag jeweils vierzig Minuten lang intensiv mit ihnen. Das Alter, mit dem dieser vierwöchige Zeitraum einsetzte, war in jeder Gruppe anders. Es zeigte sich, dass die Katzenjungen, mit denen man sich vom Ende der ersten bis zum Ende der fünften Lebenswoche und die, mit denen man sich vom Ende der vierten bis zum Ende der achten Lebenswoche befasst hatte, sichtlich ungeselliger waren als die, mit denen man sich im Alter zwischen zwei und sechs Wochen sowie zwischen drei und sieben Wochen befasst hatte. Die Wissenschaftler kombinierten diese Resultate mit ihren Ergebnissen, nach denen Katzenjunge, mit denen man sich erst ab der siebten Lebenswoche befasst, nicht geselliger sind als die, mit denen man sich ab der vierzehnten Lebenswoche befasst, und kamen zu dem Schluss, dass die optimale Zeit für die Sozialisierung von der zweiten bis zur siebten Lebenswoche reicht.

Natürlich ist nichts im Leben in Stein gemeißelt und es wird leichte Abweichungen auf Grund von Faktoren wie der individuellen Persönlichkeit des Katzenjungen und dem Einfluss seiner Mutter geben. Oft weisen Bauernhofkatzen die Tendenz auf, in menschlicher Gesellschaft leicht nervös zu sein, was direkt auf das Fehlen eines sehr frühen Kontaktes mit Menschen zurückzuführen ist. Solche Katzen gebären oft an gut geschützten und unzugänglichen Orten ihre Jungen und werden aktiv den Kontakt ihrer Jungen mit Menschen oder auch anderen Tieren zu verhindern suchen.

Vor kurzem hielt ich mich mit meiner Familie auf einem Bauernhof auf und eines Morgens spazierte ich mit meinem Sohn David vor dem Frühstück noch rund um den Hof. Als wir mit Vorfreude auf das Frühstück zum Haus zurückkehrten, sahen wir, wie eine erwachsene Katze in einer alten Apfelpresse verschwand. David folgte ihr, weil er herausfinden wollte, wohin sie gegangen war, musste jedoch feststellen, dass der Eingang für ihn zu klein war, um irgendetwas erkennen zu können. Alles, was wir hören konnten, war das schwache, helle Miauen eines Wurfes von Katzenjungen, die, wie der Bauer uns später mitteilte, fast acht Wochen alt waren. Sie waren bisher erst selten gesehen worden, und dann auch nur spätabends, wenn der Hof still und verlassen war. Beim Heranwachsen würden diese Katzenjungen unzweifelhaft extrem misstrauisch gegenüber den sie umgebenden Menschen sein und jedes von ihnen, das als Haustier zu anderen Menschen kommen würde, würde erhebliche Zeit brauchen, um sich wohl zu fühlen.

Man könnte annehmen, dass die Rassekatze, die in einer Katzenzucht aufwächst, derartige Probleme später nicht erlebt, da sie den frühen Teil ihres Lebens in einer vollkommen geregelten Umgebung und in der Gesellschaft von Menschen verbringt. Die Mitarbeiter einer Katzenzucht sind jedoch oft sehr beschäftigt und haben wenig Zeit übrig, um die Jungen zu streicheln; folglich kann die tatsächliche Häufigkeit des direkten Kontaktes zu Menschen weitaus geringer sein, als man annehmen würde. Im Gegensatz hierzu werden einmalige Würfe, die von einem viel geliebten Haustier zur Welt gebracht werden und inmitten eines chaotischen Familienlebens aufwachsen, gewöhnlich von den frühesten Tagen an mit menschlichem Kontakt überhäuft werden. Als Folge integrieren sich diese Katzenjungen leicht in eine eigene Familie, wenn die Zeit kommt, das Nest zu verlassen.

Womit wird die Katze gefüttert und hat es irgendwelche Änderungen bei ihrer Ernährung gegeben?

Wie bereits besprochen (siehe Seite 16), kann es direkte Zusammenhänge zwischen Ernährung und Verhalten geben, und jede drastische und erst kürzlich stattgefundene Änderung bei der Ernährung der Katze würde meine Aufmerksamkeit auf diese Möglichkeit lenken. Die Beweislage ist jedoch nicht immer so offensichtlich, wie die Fälle von Millie und Tabitha gezeigt haben: Am Anfang kann erst eine Menge sorgfältiger Fragen zur Ernährung und zur Zeitfolge der Probleme im Zusammenhang mit der Fütterung erforderlich sein, bevor ein Zusammenhang hergestellt werden kann. Und selbst dann kann es auf Grund fehlender detaillierter Untersuchungen auf diesem Gebiet sein, dass der Verdacht auf einen Einfluss der Ernährung nur bestätigt werden kann, wenn andere Fütterungspraktiken und die Reaktionen darauf erprobt werden.

Hat es vor kurzem irgendwelche Änderungen in der häuslichen Umgebung gegeben?

Bei Verhaltensproblemen von Katzen ist das wahrscheinlich eine der wichtigsten Fragen, die man stellen sollte. Allerdings ist es auch eine der weitreichendsten und daher am schwersten zu beantwortenden Fragen; ich stelle oft fest, dass ich sie auf unterschiedliche Art und Weise stellen muss, bevor ich zufrieden bin und eine vollständige Antwort erhalten habe.

Die Leute geben nur allzu gern Informationen über strukturelle Veränderungen, beispielsweise einen Anbau oder über interne Veränderungen wie einen neuen Anstrich oder den Erwerb neuer Möbel. Beide Änderungen können relevant sein, besonders wenn sie mit dem Beginn eines Verhaltensproblems der Familienkatze zusammenfallen. Kürzlich kam eine Klientin mit einem Kater zu mir, der angefangen hatte, in ihrem neuen Haus herumzuspritzen. Während unseres Gesprächs erzählte sie mir, sie und ihr Mann hätten ein heruntergekommenes Haus gekauft und versuchten nun, gleichzeitig darin zu leben und umfassende Restaurierungsarbeiten durchzuführen. *Jasper*, ihr sensibler Burmese, musste also nicht nur mit den Umwälzungen des Umzugs und des Revierwechsels zurechtkommen, sondern er fand sich auch noch inmitten einer Baustelle wieder – und die Halter fragten sich, warum er angefangen hatte, herumzuspritzen!

Nicht alle Katzen bekommen es mit derart drastischen Veränderungen zu tun, doch auch Änderungen, die uns unwesentlich erscheinen mögen, können für einige Individuen ernsthafte Sicherheitsprobleme aufwerfen. Meine eigene Hauskatze empfand jedes Jahr Weihnachten als eine fürchterliche Zumutung, und zwar nicht wegen des Drucks, den wir alle in dieser Zeit spüren, sondern einfach, weil ihr Katzenkorb umgestellt werden musste, um den Weihnachtsbaum aufzustellen!

Viele Menschen sind sich der empfindsamen Natur der Katze bewusst und erwarten durchaus Zusammenhänge zwischen Veränderungen im Haushalt und dem Verhalten ihres Haustiers, doch zur häuslichen Umgebung gehört viel mehr als nur die vier Wände, auch persönliche Veränderungen können sehr relevant für die Katze und ihr Problemverhalten sein. Katzen sind sich subtilster Veränderungen im Zentrum ihres Reviers bewusst. Einfache Spannungen in der Familie, die für die Menschen im Haus Teil ihres Lebens sind, können eine Auswirkung auf die Katze haben, die nur wenige Halter erkennen, und oft ist ein Außenstehender, etwa ein Verhaltenstherapeut, notwendig, um den Zusammenhang herzustellen.

Auch größere Veränderungen im Familienleben können unsere Samtpfoten beeinflussen. Familientrennungen werden als sehr traumatisch für alle Beteiligten empfunden, doch auch glückliche Veränderungen können aus Sicht einer Katze traumatisch sein. Für ein Tier, das in einer geruchsorientierten Welt lebt, kann die Ankunft eines Babys mit seinem fremden menschlichen Geruch und dem ungewohnten Geruch der Babyausstattung eine enorme Herausforderung darstellen. Ganz ähnlich können Besucher die Reviermarkierungen im Haus so verändern, dass sie damit das Sicherheitsgefühl der Katze beeinflussen, und Langzeitgäste oder ein neuer Untermieter sind womöglich nicht so belanglos, wie der Halter das vielleicht meint.

Ist die Katze Freigängerin?

Wir haben bereits festgestellt, dass die Einflüsse der Umgebung sich auf das Verhalten auswirken können und dass Katzen, die ausschließlich drinnen gehalten werden, bestimmte sich daraus ergebende Verhaltensprobleme aufweisen können. Doch auch bei Katzen, die sich hinaus ins Freie begeben dürfen, können äußere Faktoren einen Einfluss auf das Verhalten haben. Haben wir festgestellt, dass die Katze sich über das Zentrum ihres Reviers – das Haus oder die Wohnung – hinausbewegt, müssen wir Befragungen über das weitere Revier anstellen, das die gesamte Häusersiedlung oder den in der Nähe befindlichen Bahndamm genauso mit einschließen kann wie den Garten des Halters. Wie gelangt die Katze in dieses ausgedehntere Revier und wie viel Prozent ihrer Zeit verbringt sie draußen? Steht ihr eine Katzenklappe zur Verfügung, und falls ja, wird diese auch von anderen Katzen aus der

Umgebung benutzt, die sich damit Zugang ins Haus verschaffen? Hat es vor kurzem irgendwelche Veränderungen in der örtlichen Katzenpopulation gegeben? Verteidigt die Katze aktiv ihr Revier gegen andere Katzen? All diese Fragen helfen, ein Gesamtbild darüber zu erhalten, wie sich das Individuum in seine Umgebung einfügt, und weisen auf mögliche Spannungsquellen hin, die sich auf die Sicherheit der Katze auswirken könnten.

Welche Katzentoiletten stehen der Katze zur Verfügung?

Zweifellos hat der Großteil der Verhaltensprobleme von Katzen mit den unschönen Dingen des Lebens zu tun – Probleme mit der Katzentoilette und mit Markierungen im Haus machen denn auch den Löwenanteil meiner Problemfälle aus. Bei diesen Katzen ist die nicht angemessene Bereitstellung ihrer Toilette, sei das nun hinsichtlich der Art der Einstreu oder des Standorts, ein kritischer Faktor, der jedoch oft leicht berichtigt werden kann.

Trinder war eine sehr liebenswerte und gewinnende kleine Kurzhaarkatze, die äußerlich das ideale Familienhaustier zu sein schien. Sie wurde gut versorgt und zeigte absolut keine Anzeichen der Verunsicherung. Bei der Befragung der Halter stellte ich schnell fest, dass das Problem in der Verschmutzung des Hauses bestand, doch die Frage war: warum? Als ich nach den Katzentoiletten fragte, schien damit alles in Ordnung zu sein. Die Art der Katzenstreu war passend und die Säuberung mehr als zufriedenstellend – was also bewegte Trinder dazu, sich anderswo eine Latrine zu suchen? Die Antwort fand sich in einigen Fotos, die die Halter mir zeigten. Auf der ersten Aufnahme posierte Trinder etwas widerwillig zusammen mit dem Bullmastiff der Familie. Da ich ein Fan dieser Rasse bin, bemerkte ich, was für ein reizendes Tier der Hund sei, und prompt gaben sie mir ein weiteres Foto, das ihn ausgestreckt in seinem ziemlich ausladenden Plastikhundekorb zeigte. Das war der entscheidende Hinweis: In der einen Ecke des Fotos befand sich fast außer Sichtweite eine kleine Katzentoilette. Es ist vollkommen akzeptabel, dass wir von unseren beiden liebsten Tierarten erwarten können, glücklich zusammenzuleben und die Annehmlichkeiten einer gemeinsamen Behausung zu teilen, aber ich finde, wir erwarten von unseren Katzen ein kleines bisschen zu viel, wenn wir von ihnen verlangen, diese verletzlichste aller Positionen auf ihrer Toilette einzunehmen und dabei vom wachsamen Blick eines 50 Kilogramm schweren Hundes beschattet zu werden!

All diese Fragen dienen dazu, so viele Informationen wie möglich über die Katze, ihren Halter und die Umgebung, in der beide leben, zu erlangen. Es erfordert oft einiges an Zeit, an zufrieden stellende Antworten heranzukommen – genau diese Bereitstellung von ausreichender Zeit ist der Schlüssel zur Behandlung von Verhaltensproblemen. Es ist wichtig, nicht nur die eigentliche Ursache des Problems zu erarbeiten, sondern den Haltern auch dabei zu helfen, das Verhalten ihrer Katze zu verstehen, bevor man mit einem Behandlungsprogramm beginnt.

Teil 2:

Die Katze

Wildkatze – Hauskatze

Beim Großteil der an die Tierverhaltenstherapeuten herangetragenen Katzenprobleme geht es um grundlegend normales Katzenverhalten in einem ungeeigneten Kontext. Das Verhalten, das wir bei unseren Katzen beobachten, ist Teil ihres natürlichen instinktiven Repertoires, und wenn wir uns einmal ansehen, wie Katzen sich in der Wildnis verhalten, können wir uns einen tieferen Einblick in den Tiger in diesem Haustier verschaffen, das so gern mit uns am Kamin sitzt. Die meisten Katzenhalter schätzen und genießen diese unwiderstehlich unabhängige Art, die der Großteil unserer Hauskatzen an sich hat. Katzen bewahren sich eine gewisse mysteriöse Aura und wenn sie die Möglichkeit haben, nach Lust und Laune in der Außenwelt herumzustreunen, fragen wir uns als Zurückbleibende nur noch, was sie wohl alles erleben, wenn sie sich draußen auf Streifzug befinden.

Wie schon erwähnt, hat die Katze im Gegensatz zum Hund, den wir über die Jahre hinweg genetisch manipuliert und so 450 Rassen vom Chihuahua bis zur Deutschen Dogge gezüchtet haben, größtenteils den Versuchen des Menschen widerstanden, ihre genetischen Anlagen zu verändern. Obwohl man eine Vielzahl von Rassen unterscheidet, ist das physische Erscheinungsbild der Katzen im Grunde sehr ähnlich. Verhaltensstudien an Wildkatzen haben gezeigt, dass die Hauskatze sich nicht wesentlich von ihrer in der Wildnis lebenden Artgenossin unterscheidet. Wir können eine Menge darüber lernen, wie und warum unsere Katzen in bestimmten Situationen reagieren, wenn wir der wilden Katze tief in ihrem Innern größere Beachtung schenken.

Katzenverhalten von A bis Z

Denken Sie beim Lesen der folgenden Seiten doch einmal an Ihre eigene Katze und ich garantiere Ihnen, dass sich am Ende des Kapitels ein wissendes Lächeln auf Ihrem Gesicht zeigen wird!

Auseinandersetzungen

Wenn wir im Kontext des Tierreiches von Auseinandersetzungen sprechen, denken wir alle nur zu bereitwillig an physische Konflikte und totale Aggression. Die Wahrheit ist, dass der Großteil der Auseinandersetzungen in der Welt der Katzen bei weitem ohne den Einsatz von Gewalt geregelt wird, und wenn man sich die effizienten Waffen ansieht, die jede Katze in Form ihrer Zähne und Krallen aufbietet, dann ist leicht einzusehen, warum sie der Katze so zum Vorteil gereichen. Im Gegensatz zu Hunden leben Katzen nicht in voneinander abhängigen Rudeln und sind nicht an ein stabiles hierarchisches System gebunden. Die Jagd ist in den meisten Fällen eine einsame Beschäftigung, weshalb Katzen sehr darauf bedacht sind, Konflikte zu vermeiden, um das Risiko von Verletzungen zu minimieren, durch die sie an der Jagd und letztendlich am Überleben gehindert würden. Selbst ein sehr selbstsicheres und »dominantes« Individuum wird sich, wenn es angreift, selbst durch die Krallen des Gegners in Gefahr bringen, so dass das Tier es vorzieht, eine Meinungsverschiedenheit mittels komplexer Körperbewegungen, Gesichtsausdrücke und Lautäußerungen zu regeln. Ein solches Gebaren ist in Haushalten mit mehreren Katzen regelmäßig zu beobachten, in denen zusammenlebende Katzen das entwickeln, was ihre Halter als »gesunden Respekt« voreinander beschreiben. Unter diesen Umständen mag der Anblick von Katzen, die sich gegenseitig über die Küche hinweg niederstarren oder ein tiefes, warnendes Knurren vernehmen lassen, zwar allgemein üblich sein, doch physische Gewalt und Verletzungen sind ausgesprochen selten.

Der Großteil der Auseinandersetzungen wird ohne Einsatz von Gewalt geregelt.

Beweglichkeit

Ein eindrucksvolles Merkmal aller Mitglieder der Familie der Katzen, vom größten Panter bis zur kleinsten Waldkatze, ist ihre unglaubliche Anmut und Beweglichkeit. Der Körper der Katze ist dazu geschaffen zu klettern, Sätze zu machen und zu springen, und ihre Fähigkeit zur hohen Geschwindigkeitsbeschleunigung ist ideal, um Beute zu fangen, die in den meisten Fällen kleiner ist als die Katze selbst. Dies steht in scharfem Kontrast zum Körper des Hundes, der dazu geschaffen ist, lange Distanzen mit großer Geschwindigkeit zurückzulegen und Beute zu fangen, die gewöhnlich größer ist als er selbst.

Essen

Dass das Essen ein Hauptteil des Verhaltensrepertoires jeder Tierart ist, steht außer Frage, denn ohne Nahrungsaufnahme würde niemand von uns überleben! Was nicht immer so offensichtlich ist, ist die Tatsache, dass die Art, wie ein Tier frisst, sich von Tierart zu Tierart enorm unterscheidet, so dass für Tierverhaltenstherapeuten das Fressverhalten denn auch ein Gebiet von großem Interesse ist. Anders als Hunde, die ihr Fressen instinktiv in kürzestmöglicher Zeit vertilgen, sind Katzen weitaus besser in der Lage, ihre Nahrungsaufnahme bewusst zu regulieren. Niemand würde schon morgens dem Hund seine Tagesration vorsetzen und dann erwarten, dass er vernünftig den ganzen Tag über davon frisst, was viele bei ihren Katzen jedoch tun. Fettleibigkeit ist bei Katzen zwar keinesfalls unbekannt und sicherlich gibt es Katzen, die auf ähnliche Weise Futter von ihren Haltern verlangen wie Hunde, doch im Allgemeinen sehen Katzen das Essen als Methode, um ihr Nahrungsbedürfnis zu stillen, und nicht so sehr als eine überaus wünschenswerte Art, den Tag zu verbringen.

Fellpflege

Katzen haben nicht nur einen guten Ruf, was ihre Sauberkeit bei ihren Toilettengewohnheiten angeht, sondern man schätzt sie auch für die fanatische Aufmerksamkeit, die sie der persönlichen Hygiene zukommen lassen. Wenn eine Katze einmal keine Lust hat, sich zu putzen, erkennen wir sofort, dass etwas nicht stimmt – der Unwille zur Fellpflege ist ein sehr häufiger Grund, warum Katzen zum Tierarzt gebracht werden. Die Fellpflege ist für Katzen von höchster Wichtigkeit und schätzungsweise verbringen sie etwa 30 bis 50 % ihrer wachen Zeit damit, sich ihrem äußeren Erscheinungsbild zu widmen. Dies wird oft als Vorteil gegenüber ihren Rivalen, den Hunden, gewertet, die von ihren Haltern abhängig sind, die für sie die Fellpflege übernehmen müssen.

Katzen verbringen etwa 30 bis 50 Prozent ihrer wachen Zeit damit, sich ihrem persönlichen Erscheinungsbild zu widmen.

Bei der Katze erfüllt die Fellpflege mehrere Zwecke. Der wichtigste besteht darin, die Gesundheit der Haut zu erhalten. Lose Haare werden entfernt, was verhindert, dass das Fell verfilzt und darüber hinaus das Auftreten eines Befalls mit Hautparasiten verringert. Borstige Haare oder Schuppen werden ebenfalls entfernt. Während der Sommermonate nutzt die Katze die Fellpflege zur Temperaturregulierung – bis zu einem Drittel des Wärmeverlustes durch Verdampfen kann durch das Ablecken von Fell und Haut erfolgen. Die Fellpflege spielt für Katzen auch eine Rolle beim Abbau von Spannungen und häufig sieht man sie wie wild Fellpflege betreiben, nachdem sie einem aggressiven Individuum begegnet sind oder unvermittelt erschreckt wurden, etwa durch ein Gewitter.

Fortpflanzung
Katzen haben mehrere Fortpflanzungszyklen pro Jahr. Dies gilt für alle Mitglieder der Familie der Katzen, allerdings scheint es, je nachdem, in welchem Erdteil die Katzen leben, beim Fortpflanzungszyklus Unterschiede zu geben.

Katzen in tropischen Regionen können zu jeder Jahreszeit Junge bekommen, auch wenn der Großteil der Geburten in einer bestimmten Saison stattfinden kann. Katzen in gemäßigten Regionen tendieren ihrerseits zu saisonbedingter Läufigkeit, was bedeutet, dass sie nur zu bestimmten Zeiten im Jahr »rollig« sind. Bei unseren Hauskatzen bestimmt die Länge des Tages die Fortpflanzungssaison, wobei die Läufigkeit durch die zunehmende Tageslänge ausgelöst wird.

Gehen

Katzen sind für die Jagd geschaffen, und obwohl sie sich gewöhnlich eher lockeren Schrittes voranbewegen, sind sie auch zu extrem langsamen und kontrollierten Bewegungen fähig, die bei der Jagd auf Beute entscheidend sein können. Für die Katze ist das Gehen eine sehr stabile Gangart, und wenn sie ihre Geschwindigkeit erhöhen muss, ergibt das eine merkliche Verminderung von Eleganz und Effizienz gleichermaßen. Das Gehen wird als vierstufige Gangart bezeichnet, was bedeutet, dass alle vier Pfoten zu unterschiedlichen Zeitpunkten in Kontakt mit dem Boden treten. Während jeder Phase des Gehens sind mindestens zwei Pfoten in Kontakt mit dem Boden, und im langsamsten Gang, dem Anpirschen, sind es drei oder sogar alle vier Pfoten.

Der Bewegungsablauf der gehenden Katze beginnt gewöhnlich mit dem rechten Hinterbein und dann dem rechten Vorderbein, gefolgt vom linken Hinterbein und dem linken Vorderbein. Der Zweck besteht darin, der Katze genug Stabilität zu geben, um zu jedem Zeitpunkt anhalten zu können und dabei nicht umzufallen, und es ist wirklich beeindruckend, eine Katze zu beobachten, wie sie mitten im Anpirschen innehält und dann über einen erheblichen Zeitraum hinweg in dieser Position verharrt. Die starken Hinterbeine sind für den Antrieb zuständig, während die Vorderbeine eine eher unterstützende Rolle spielen, und durch das Schwingen ihrer Vorderbeine nach innen ist die Katze in der Lage, sauber eine Pfote vor die andere zu setzen, so dass ihre Spur praktisch eine gerade Linie ergibt. Sogar die Hinterbeine werden bis zu einem gewissen Grad nach innen geschwungen; als Ergebnis haben wir ein Geschöpf, das, unterstützt von seinem schmalen Brustkorb und dem ausbalancierenden Schwanz, recht unbesorgt auf Geländern und schmalen Simsen herumlaufen kann.

Langsame Bewegung und Anpirschen mögen beim Bejagen von Beute zwar wichtig sein, doch die Katze muss auch zu hoher Geschwindigkeitsbeschleunigung in der Lage sein, wobei ihr die Gestalt ihrer Pfoten dienlich ist. Statt wie wir die ganze Fußsohle auf dem Boden aufzusetzen, platziert die

Katze lediglich ihre Fußballen darauf, während die Teile, die dem menschlichen Fußknöchel und der Ferse entsprechen, angehoben werden. Verglichen mit Tieren, die ähnlich groß sind, jedoch auf den Sohlen gehen, hat die Katze dünnere und leichtere Knochen sowie kürzere und schmalere Pfoten. All diese Merkmale sind Teil der Spezialisierung auf eine rasche Fortbewegung.

Geruch

Für Katzen dreht sich alles um Gerüche. Der Geruchssinn ist für die Katze unerlässlich und kommt in vielen Verhaltensbereichen ausgiebig zur Anwendung, vom Fressen bis zur Markierung des Reviers und vom aggressiven Imponiergehabe bis zur sexuellen Interaktion. Für uns Menschen, die wir uns so stark auf die visuellen Sinne stützen, ist es schwierig, die Feinheiten der Gerüche um uns herum zu wahrzunehmen und uns in ein Geschöpf hineinzuversetzen, das jedem neuartigen Reiz zuerst einmal mit der Nase begegnet!

Der Geruchssinn ist chemischer Natur und eng mit dem Geschmackssinn verwandt. Beide Sinne werden eingesetzt, um die chemischen Signale innerhalb und außerhalb des Körpers zu überprüfen. Um diese Chemikalien zu identifizieren, übermitteln spezielle Rezeptorzellen oder Chemorezeptoren unerlässliche Informationen an das Gehirn. Es gibt zwei unterschiedliche Arten von Chemorezeptoren, die jeweils für den Geruchs- und Geschmackssinn zuständig sind, doch sie sind eng miteinander verwandt, da die nasalen Passagen, in denen die Geruchsrezeptoren sitzen, sich direkt in den Mund hinein öffnen, wo sich die Geschmacksrezeptoren befinden.

Für die Katze ist die Geschichte damit jedoch noch nicht beendet, denn sie besitzt noch einen dritten chemischen Sinn, der häufig als Kombination von Schmecken und Riechen beschrieben wird. Dieser Sinn hat sein eigenes spezielles Rezeptororgan, von dessen Einsatz wir noch im Abschnitt über die Paarung erfahren werden: das Vomeronasalorgan oder Jacobson'sche Organ. Dieser lange, zigarrenförmige Beutel sitzt im Vordergaumen und ist mit dem Maul durch einen engen Kanal verbunden, der sich genau hinter den oberen Schneidezähnen öffnet. Das Organ ist mit olfaktorischen Zellen besetzt und wird durch chemische Substanzen stimuliert, die zunächst von der Zunge aufgenommen und dann zur Öffnung des Vomeronasalorgans hin weitergeleitet werden, indem die Zunge gegen den Gaumen gepresst wird. Die Stimulation dieses speziellen Rezeptororgans wird von einem unverwechselbaren Verhalten, dem Flehmen, begleitet. Der Begriff beschreibt einen sehr auffälligen Gesichtsausdruck: Die Katze streckt den Hals vor, öffnet das Maul, kräuselt die Nase und rollt dann die Lippen auf eine Art zurück, die fast aussieht wie ein Knurren. Das Flehmen ist schon bei Katzenjungen ab dem Alter von sechs Wochen zu sehen und ist ein Verhalten, das hauptsächlich, jedoch nicht ausschließlich, mit Männchen in Verbindung gebracht wird. Am häufigsten wird es durch den Urin einer rolligen Katze ausgelöst und ist auch zu sehen, wenn der Kater den Genitalbereich einer potenziellen Partnerin begutachtet.

Graben

Dies ist ein Verhalten, das zwar häufiger mit Hunden in Verbindung gebracht wird, doch es ist auch ein Merkmal des Katzenrepertoires. Es ist allgemein bekannt, dass Katzen sehr saubere Geschöpfe sind, das Graben ist ein wichtiger Bestandteil ihres Beseitigungsverhaltens. Am Anfang steht das Graben eines Loches, woraufhin die Katze dann in ihre sorgsam vorbereitete Latrine urinieren oder ihren Darm entleeren wird, bevor sie sie schließlich wieder abdeckt. Anders als andere Tiere graben Katzen nicht als Teil ihres Jagdverhaltens, etwa um in einen Bau von Nagetieren hineinzugelangen. Hauptgrund hierfür ist, dass die Katze ihre Zehen verwenden muss, um Schmutz aufzulockern und zu beseitigen, weil die Krallen einziehbar sind und daher nicht für diese Arbeit zur Verfügung stehen. Bei der Katze beschränkt sich das Graben auf das Verscharren von relativ lockerer Erde, was wahrscheinlich der Grund dafür ist, dass Katzen als Toilettenstreu feines Material bevorzugen.

Jagd

Dieser Aspekt des Katzenverhaltens ist wahrscheinlich der emotionsgeladenste von allen. Das Jagdgeschick der Katze ist Hauptgrund für ihre Domestizierung und doch empfinden viele Halter es als schwierig zu akzeptieren, dass sie eine potenzielle Massenmörderin beherbergen! Alle Mitglieder der Familie der Katzen jagen, doch die Techniken zum Fangen und Töten der Beute unterscheiden sich von Art zu Art. Die Katze ist als perfekte Fleischfresserin beschrieben worden, nicht nur, weil ihre Nahrungsbedürfnisse es so erfordern, sondern auch, weil ihr gesamter Körper, von den Krallen und Zähnen bis hin zu ihrem Bewegungsapparat und ihrem Verdauungssystem, auf die Lebensweise eines Raubtiers ausgerichtet ist.

Der Lernprozess für die Jagd beginnt schon in sehr frühem Alter im Nest, wenn die Katzenmutter tote Beute mitbringt, die ihre Nachkommen dann unter Einsatz ihres Geruchs- und Geschmackssinns zu identifizieren lernen. Im Laufe der Zeit bringt die Mutter ihnen dann verletzte, aber noch lebende

Die Verfolgungsjagd ist wesentlicher Bestandteil des Verhaltensrepertoires der Katze.

Beute mit, und die Katzenjungen lernen, ihr eigenen Jagdfähigkeiten zu entwickeln. Obwohl die Katze auch durch Geräusche zu einem potenziellen Opfer hingezogen werden kann, ist der bloße Anblick sich bewegender Beute anscheinend der Hauptfaktor für den Beginn der Jagd. Das Raubtier wird sich so weit an sein Opfer heranschleichen, bis es zuschlagen kann, und wird sich dann mit einem Satz auf die Beute stürzen, um sie zu fangen. Die Vorderpfoten werden benutzt, um die Beute festzuhalten und sie für das Töten zu positionieren. Man nimmt an, dass die Verhaltensmuster der Verfolgungsjagd allen Katzen angeboren sind; die feineren Aspekte der erfolgreichen Jagd jedoch, etwa das Ergreifen und Töten, müssen erlernt werden und werden als erworbenes Verhalten eingestuft. Die bereits angeborenen Tendenzen des Raubtierverhaltens werden dabei erwiesenermaßen auch von frühen Erfahrungen beeinflusst.

Jaulen

Das Jaulen wird im Wörterbuch als lauter, langer Schrei einer Katze in Not beschrieben, der Begriff wird oft verwendet, um die klagenden Schreie einer Katze zu beschreiben, die irgendwo in der Falle sitzt und nicht entkommen kann. Bei der Hauskatze folgt es oft auf eine neugierige Erkundung, die dadurch beendet wurde, dass die Katze in einem Schuppen oder in der benachbarten Garage festsitzt. Das Jaulen ist ein unverwechselbarer Hilferuf, der weithin zu hören ist und somit sehr effizient ist, um die Aufmerksamkeit des Halters zu erregen und für eine schnelle Rettung zu sorgen.

Kindestötung

Oft hört man, Kater sollten immer von säugenden Katzenmüttern und ihren Katzenjungen getrennt gehalten werden. Grund für diese Auffassung ist die Sorge, dass Kater die Nachkommen angreifen und sogar töten könnten. Dieser Glaube hat sich jahrhundertelang gehalten, in der Literatur wird mehrfach darauf eingegangen. Vor mehr als zweieinhalbtausend Jahren besuchte der Historiker Herodot das Alte Ägypten, wo die Katze noch als Göttin verehrt wurde. Er machte einige Beobachtungen zum Katzenverhalten, darunter die Kindestötung durch den Kater, und zog den Schluss, sie sei Ergebnis der sexuellen Besessenheit des Katers, der versuche, die Katzen durch den Mord an seinen Nachkommen schneller wieder läufig zu machen.

Tatsächlich gibt es Berichte über das Verhalten der Kindestötung bei männlichen Tieren einiger Wildkatzenarten, darunter Löwen, Tiger, Pumas und Ozelote. Und solche Fälle gibt es de facto auch bei der Hauskatze, die, obwohl sie selten vorkommen, dazu beitragen, dieses Mörder-Image aufrechtzuerhalten. Beim Löwen kann es vorkommen, dass männliche Tiere, die ein Revier übernommen haben, in dem eine fruchtbare Löwin mit ihren Nachkommen lebt, tatsächlich wahllos die Jungen der Löwin töten. Es wird angenommen, dass der Löwe sich so verhält, um sowohl den Fortpflanzungserfolg des Rivalen zu verringern als auch das eigene genetische Überleben zu sichern, indem er die Löwin zwingt, wieder läufig zu werden und er sich so mit ihr paaren kann. Hierdurch entsteht ein potenzieller biologischer Vorteil, doch welche Vorteile, falls es überhaupt welche gibt, haben männliche Hauskatzen, von denen berichtet wird, dass sie ihre eigenen Jungen töten und damit ihre eigene genetische Nachkommenschaft eliminieren?

Die Antwort scheint klar: keine. Nach dem deutschen Verhaltensforscher Paul Leyhausen ist die Kindestötung durch die männliche Hauskatze kein willentlicher Mord, sondern eher das Ergebnis eines Missverständnisses. Einige Wochen nach der Geburt ihrer Jungen zeigt die Katze eine falsche Rolligkeit und der Kater legt dieses Verhalten als Einladung zur Paarung aus. Die Katze jedoch ist nicht empfänglich und wehrt die Annäherungen des Katers ab. Der Kater, nun im sexuellen Erregungszustand, missversteht die niedrige, zusammengekauerte Position des Katzenjungen als sexuell empfängliche Haltung einer rolligen Katze. Diese fälschliche Annahme wird noch dadurch untermauert, dass das Katzenjunge unfähig ist, sich fortzubewegen und somit keinerlei Widerstand zeigt. Der Kater besteigt daraufhin das Katzenjunge und hält es mit dem Nackenbiss fest, der normaler Bestandteil des Paarungsverhaltens ist und auf den das Katzenjunge reagiert, indem es absolut stillhält, weil es womöglich den Nackenbiss des Katers mit dem seiner Mutter verwechselt. Da der Kater sich dann aber nicht mit dem Katzenjungen paaren kann, weil es zu klein ist, ist seine Reaktion hierauf die Gleiche wie die auf eine unkooperative Katze, und sein Nackenbiss wird fester und fester, bis schließlich das Katzenjunge stirbt.

Berichten zufolge wird das Katzenjunge dann verspeist, doch dieses Verhalten könnte wiederum durch einen anderen Mechanismus ausgelöst werden. Tote Nachkommen werden häufig von ihren Eltern verspeist, um das Nest sauber zu halten und die restlichen Katzenjungen zu schützen, so dass dieser finale Akt gar keinen Bezug zu dem vorher Geschehenen haben muss. Obwohl das Verhalten der Kindestötung aus welchen Gründen auch immer bei Katzen tatsächlich vorkommt, kann es realistischerweise nicht als üblich bezeichnet werden, und es gibt zahlreiche Berichte über Kater, die sich gegenüber ihren Nachkommen väterlich verhalten. Wie so oft wurden jedoch die seltenen Fälle wegen ihres Sensationsgehalts aufgegriffen und benutzt, um den Ruf der männlichen Hauskatze als Kannibale aufrechtzuerhalten.

Kratzen

Das Kratzen ist ein komplexes Verhalten, das zu einer Vielzahl von Zwecken eingesetzt wird. Es ist ein Aspekt des Katzenverhaltens, der die Katzen bei ihren menschlichen Haltern nicht gerade beliebt macht und häufig Quelle von Streitigkeiten ist. Es ist auch ein häufig falsch ausgelegtes Verhalten, da viele Halter glauben, ihre Katze schärfe dabei lediglich ihre Krallen. Die Katze kratzt tatsächlich, um ihre Krallen zu »schärfen«, aber nicht in dem Sinne, wie viele Menschen es vermuten. Wahrscheinlich wäre es genauer, den Prozess als »In-Form-Bringen« der Krallen zu beschreiben, denn was eigentlich geschieht, ist, dass durch das Kratzen die ausgefransten und abgenutzten äußeren Krallen der Vorderpfoten entfernt werden, um die neuen, sehr scharfen Krallen freizulegen, die bereits darunter nachwachsen. Oft werden dann am Boden des Kratzobjektes die abgenutzten Krallen gefunden. Die abgenutzten Krallen der Hinterpfoten hingegen werden entfernt, indem sie unter Einsatz der Zähne abgekaut werden.

Die zweite Funktion des Kratzens besteht darin, den Bewegungsapparat zu bewegen und zu kräftigen, der für das Aus- und Einfahren der Krallen verantwortlich ist, was für Katzen ja beim Kämpfen, Klettern und Beutefang unbedingt erforderlich ist.

Die dritte und gleichzeitig am häufigsten übersehene Funktion ist das Markieren. Im Revier einer Katze dienen Kratzobjekte gleichzeitig als Sicht-

und Geruchsmarkierung. An der Unterseite der Katzenpfoten befinden sich zwischen den Zehen kleine Duftdrüsen, die durch das rhythmische Entlangstreichen der Vorderpfoten am Kratzobjekt aktiviert werden, so dass sie ihren Geruch freigeben. Gleichzeitig werden dabei die auf den Ballen befindlichen Schweißdrüsen aktiviert; der Cocktail aus den Duftstoffen dieser beiden Drüsenarten ergibt eine Geruchsmarkierung, die für jede Katze individuell einzigartig ist.

Mischlingskatzen

Im Gegensatz zur Welt der Hunde, wo Rassehunde weit verbreitet sind, besteht die große Mehrheit der als Haustiere gehaltenen Katzen aus Mischlingen – guten alten Hauskatzen! Doch mit der zunehmenden Popularität der Katze scheint sich auch die Anzahl der Rassekatzen zu erhöhen, und damit scheint auch die Zahl der reinen Wohnungskatzen erheblich anzusteigen. Es scheint fast so, als wäre damit auch ein Anstieg der Verhaltensprobleme von Katzen verbunden, wie wir in Teil 3 noch sehen werden. Die charakteristischen Verhaltensweisen variieren bei den einzelnen Rassen beträchtlich, und es wird bereits möglich, ähnlich wie bei den Hunden den einzelnen Rassen tendenziell bestimmte Problemkategorien zuzuordnen.

Paarung

Das Paarungsverhalten ist im Grunde bei allen Katzenarten sehr ähnlich. Alle Arten halten ausführliche Werbungsrituale ab, die dazu zu dienen scheinen, dem Männchen und dem Weibchen gleichermaßen zu versichern, dass ihre Absichten auf Gegenseitigkeit beruhen, um einem Missverständnis vorzubeugen, das in körperlicher Gewalt enden könnte. Sowohl die visuelle als auch die stimmliche Kommunikation kommen zusammen mit den überaus wichtigen Geruchsbotschaften zum Einsatz. Bei der Wildkatze können Männchen und Weibchen vor der Paarung beachtliche Zeiträume zusammen verbringen, wobei das Weibchen oftmals das Männchen provoziert und sich gleichzeitig gegen seine Paarungsversuche wehrt. Man nimmt an, dass das Weibchen diese Zeit nutzt, um sicherzugehen, dass das Männchen auch Inhaber des Reviers und nicht irgendein Eindringling ist, der am Ende vom ansässigen Männchen aus dem Gebiet vertrieben wird.

Bei Hauskatzen ist der Werbungszeitraum etwas kürzer, jedoch genauso komplex. Die beiden Hauptfaktoren, von denen die Länge der Werbung beeinflusst wird, sind die Paarungserfahrung des Katers und die Vertrautheit des Ortes, an dem die Paarung stattfinden soll. Größere Erfahrung und größere Vertrautheit werden zur Folge haben, dass für die Werbungsroutine weniger Zeit verwendet wird.

Hat sich der Kater der Katze genähert, wird er ihren Genitalbereich beschnüffeln und das so genannte Flehmen zeigen (siehe unter *Geruch*, Seite 46), bei dem er Kopf, Hals und Oberlippe hervorstreckt und eine Grimasse schneidet. Dieses Verhalten ist mit der Nutzung eines kleinen Riechorgans namens Vomeronasalorgan oder Jacobson'sches Organ verbunden, das Katzen und andere darüber verfügende Tierarten, beispielsweise Pferde, dazu befähigt, sozusagen die Gerüche zu schmecken, auf die sie treffen. Mittels dieses Organs ist der Kater in der Lage, die vom Weibchen produzierten Pheromone aufzuspüren. Dabei handelt es sich um chemische Substanzen, die Informationen zwischen den Individuen vermitteln und deren Verhalten beeinflussen.

Wenn das Männchen sich dem Weibchen nähert, nimmt dieses eine empfängliche Position mit erhobenem Becken und zur Seite geneigtem Schwanz ein, während es gleichzeitig mit den Hinterbeinen auf der Stelle tritt. Der Kater wird daraufhin die Katze besteigen und ihr mit seinen Zähnen in den Nacken beißen. Dieser Nackenbiss ist keine Form von Aggression, da die männliche Katze Hemmungen hat, einem läufigen Weibchen gegenüber aggressiv zu sein. Zweck des Bisses ist vielmehr, die Katze bewegungsunfähig zu machen und so das Männchen vor etwaigen Angriffen des Weibchens zu schützen. Es handelt sich hierbei nicht um brutale Gewalt, um das Weibchen zur Unterwerfung niederzuzwingen, sondern eher um einen Erstarrungsreflex als Reaktion des Weibchens auf das Festhalten am Genick, genauso wie Katzen ihre Jungen bewegungsunfähig machen, indem sie sie fest am Genick packen.

Zuerst positioniert sich der Kater ziemlich hoch auf dem Rücken des Weibchens, beginnt jedoch dann, mit seinen Hinterbeinen zu treten und bewegt sich allmählich rückwärts, bis er sich in der richtigen Position für die Kopulation befindet. Auch das Treten des Weibchens trägt dazu bei, in die korrekte Position zu gelangen. Der Paarungsakt wird von Stoßbewegungen des Beckens begleitet, dann verharrt der Kater einige Sekunden bewegungslos, hebt schließlich den Nackenbiss auf und steigt rasch herunter. Die Katze stößt daraufhin einen lauten Schrei aus und schlägt nach dem Kater, bevor sie ihren Genitalbereich ableckt. Dann erfolgt die »Nach-Reaktion«, bei der sie sich auf dem Boden herumrollt und entlang reibt. Man vermutet, dass dieses Verhalten auf die kurzen, scharfen Stacheln zurückzuführen ist, die die Oberfläche des Penis des Katers bedecken und dazu dienen, bei der Katze den

Eisprung auszulösen, was auch als eingeleitete Ovulation bezeichnet wird. Das Eindringen des Penis' verursacht zwar selbst keine Schmerzen, doch wenn der Kater sich im Anschluss an die Kopulation zurückzieht, reagiert die Katze mit einem ohrenbetäubenden Schrei. Einige Wissenschaftler stimmen mit dieser Erklärung nicht überein und führen an, die Tatsache, dass die Katze so schnell nach dem Rückzug des Katers wieder paarungsempfänglich ist, widerlege die Annahme, dass sie Schmerzen habe. Es wird vermutet, dass ihre gewaltsame Reaktion ein Verteidigungsmechanismus auf Grund ihrer Angst ist, das Männchen könnte sich nach dem Paarungsprozess ihr gegenüber böswillig verhalten. Der deutsche Verhaltensforscher Paul Leyhausen befand, dass eine weibliche Wildkatze, die in Gefangenschaft gehalten wird, nach der Paarung nicht schreit oder das Männchen angreift, wenn sie das Männchen gut kennt, und das scheint die Theorie einer Verteidigungsreaktion zu untermauern.

Revierverhalten

Für viele Katzenhalter sind ihre häufigen Besuche beim Tierarzt zur Behandlung von aus Kämpfen stammenden Abszessen ein hinlänglicher Beweis dafür, dass die Katze ein revierbewusstes Geschöpf ist. Zwar sind Duelle zwischen Katzen in aneinander grenzenden oder sich überlappenden Revieren üblich, doch wir neigen dazu, die zahlreichen anderen Fälle zu übersehen, in denen sich eine Katze friedlich ihr Stückchen Land mit einer anderen teilt oder sogar Reviere zusammengelegt werden. Jede Katze hat ihre eigene Heimatbasis, die vom Heimatterritorium umgeben ist, hinter dem wiederum das Jagdrevier beginnt. Bei den Wildkatzen oder verwilderten Katzen werden die Reviergrenzen je nach dem Stand der örtlichen Katzenpopulation und der Verfügbarkeit von Nahrung abgesteckt. Das Revier der Hauskatze jedoch wird bis zu einem gewissen Grad von ihren Haltern bestimmt, die sich gewöhnlich über die existierende Anordnung der Katzenreviere in dem Gebiet absolut nicht im Klaren sind.

Unter der Heimatbasis wird gewöhnlich das Haus verstanden, in dem die Katze lebt, und bei einigen Katzen, die in Haushalten mit mehreren Artgenossen leben, ist diese Basis sogar noch weiter bis auf lediglich einen bestimmten Stuhl oder Ruheplatz reduziert. Das Heimatterritorium beherbergt gewöhnlich bevorzugte Plätze zum Spielen, Schlafen, Dösen und Sonnenbaden, seine Größe wird von verschiedenen Faktoren bestimmt, darunter die Anzahl der Katzen in der Umgebung, das Nahrungsangebot sowie Geschlecht, Alter und Persönlichkeit der Katze und der sie umgebenden Nachbarn. In Haushalten mit mehreren Katzen wird das Heimatterritorium untereinander aufgeteilt und ist tendenziell größer als das einzeln lebender Katzen, doch in beiden Fällen ist es kaum größer als der das Haus umgebende Garten.

Weibliche sowie kastrierte Katzen besetzen eher kleine, aber gut definierte Heimatterritorien, die sie gewöhnlich rigoros verteidigen. Unkastrierte Kater haben größere, weitläufigere Reviere, die in einigen Fällen zehnmal so groß sein können wie die weiblicher Katzen. Die Grenzen dieser Reviere sind weniger gut definiert, und die Kater tendieren dazu, sie nicht so zielstrebig zu verteidigen. Betritt jedoch eine fremde Katze das Territorium, finden Kämpfe statt.

Jenseits des Heimatterritoriums liegt der Jagdbereich, der durch bestimmte Routen mit dem Heimatterritorium verbunden ist. Diese langen, gewundenen Pfade führen rund um die benachbarten Reviere herum, die von anderen Katzen verteidigt werden. Die Bereiche zwischen den Pfaden werden selten betreten, und die Katzen sind darauf bedacht, ein Aufeinandertreffen zu vermeiden, damit Kämpfe nur selten stattfinden müssen. Eine Katze, die gerade dabei ist, sich auf eine dieser geteilten Routen zu begeben, wird den vor ihr liegenden Pfad erst überprüfen und warten, bis alles frei ist. Zeitpläne scheinen in der Welt der Katzen eine wichtige Rolle zu spielen: Katzen, deren Reviergrenzen zusammenfallen, können eine gemeinsame Routine aufstellen, bei der die eine Katze morgens und die andere Katze abends freien Durchgang hat. (Ein solches Time-Sharing wurde auch in Haushalten mit mehreren Katzen innerhalb des Heimatterritoriums festgestellt.)

Findet doch ein Aufeinandertreffen statt, so hat wohl ungeachtet ihrer sozialen Position die Katze, die sich bereits auf dem Pfad befindet, freien Durchgang, und stimmliche und visuelle Signale reichen gewöhnlich aus, um die Situation zu bereinigen. Gelegentlich kann es jedoch Situationen geben, in denen keine Partei den Weg freigeben will und Kämpfe stattfinden können. Das Interessante daran ist, dass durch diese Konflikte, wenn sie denn auftreten, der Siegerin kein permanenter Status verliehen wird; ein zukünftiger Konflikt zwischen denselben Individuen kann genauso wahrscheinlich das gegenteilige Ergebnis haben.

Säugen

Nach der Geburt wird die Katze fast ununterbrochen bei ihren Jungen bleiben und sie nur selten länger als zwei Stunden allein lassen. Verlässt sie das Nest doch einmal, dann nur, um zu fressen, sich zu erleichtern oder sich zu bewegen. Das Säugen kann durchaus erst zwei Stunden nach der Geburt einsetzen, doch wenn sie einmal damit begonnen hat, wird die Katze während der ersten Woche etwa 70 % der Zeit mit dem Säugen ihrer Jungen verbringen.

Während der ersten drei Wochen bestimmt sie selbst alle Säugezeiten, indem sie die Jungen ableckt, um sie aufzuwecken, und sie beim Lecken so dirigiert, dass ihr noch blinder Nachwuchs sich zu ihren Zitzen hinbewegt. Dabei liegt sie auf der Seite, wobei ihr Körper um den Wurf herumgebogen ist und ihre Zitzen frei liegen. Mit der Zeit sind die Jungen in der Lage, sich zu orientieren und die Zitzen selbst zu finden, und am zweiten oder dritten Tag können viele Junge bereits regelmäßig und wiederholt von sich aus feste Positionen an den Zitzen einnehmen. Wenn die Katze sich hinlegt und sich präsentiert, wird der ganze Wurf gesäugt, auch wenn nicht alle Jungen gleichzeitig saugen werden. Die Katze muss die anogenitale Region der Jungen ablecken, um sie zum Urinieren und zur Darmentleerung anzuregen; hierdurch kann sie gleichzeitig jeglichen Schmutz entfernen, sobald er produziert wird. Damit verhindert sie, dass der Nestbereich verunreinigt wird.

Nach drei Wochen sind die Katzenjungen in der Lage zu hören und zu sehen und können das Nest verlassen, um ihre Umgebung zu erkunden. Die Säugezeiten werden jetzt von den Jungen bestimmt und können entweder innerhalb oder außerhalb des Nestes stattfinden. Die Katze reagiert gewöhnlich darauf, indem sie sich sofort hinlegt und ihnen ihre Zitzen anbietet. Im Laufe der Zeit fängt sie an, die Säugezeiten zu vermeiden, wird sich so hinlegen, dass ihre Zitzen verborgen sind oder wird zu Stellen hinaufklettern, an denen die Jungen sie nicht erreichen können. Wenn sie dann den Jungen immer seltener zur Verfügung steht und diese langsam Erwachsenennahrung fressen können, endet allmählich der Entwöhnungsprozess. Zum Ende dieses Zeitraums hin wird eine frei lebende Katze häufig Nagetiere zum Nest tragen, womit die Jagdausbildung der Jungen einsetzt.

Scharren

Die Sauberkeit der Katze in Bezug auf ihre Toilette ist ein Punkt, in dem sie gegenüber ihrem Rivalen, dem Hund, weit voraus ist. Die hygienischen und gesundheitlichen Aspekte von Hundekot und -urin sind ständiger Anlass zu Meinungsverschiedenheiten. Die Katze dagegen ist berühmt für ihre pingelige Sauberkeit, das Thema Katzendreck ist für die meisten Menschen weitaus weniger emotionsbeladen – vielleicht mit Ausnahme von passionierten Gärtnern, die das Pech haben, in direkter Nachbarschaft zu einer Katze zu wohnen.

Auch wenn es eine nette Vorstellung ist, dass Katzen ihre Exkremente allein abdecken, um uns zu gefallen und unser Leben angenehmer zu gestalten, so ist das natürlich nicht der Fall. Das Verscharren von Kot und Urin ist ein wichtiger Bestandteil des normalen Katzenverhaltens und Teil des subtilen Einsatzes von Gerüchen in der Kommunikation der Katzen. Es scheint fast so, als würde dieses Verhalten einfach durch das Vorhandensein von Exkrementen ausgelöst, doch es gibt Situationen, in denen die Katze es absichtlich unterlässt, ihre Hinterlassenschaften abzudecken und sie viel lieber an deutlich sichtbarer Stelle positioniert. Eine derartige Verwendung von Kot wird »Häufchenmarkierung« genannt und tritt am häufigsten an den Grenzen zu benachbarten Revieren auf.

Das Verlangen zu scharren kann sehr stark sein, und einige Katzen werden noch weiterscharren, lange nachdem der Kot schon nicht mehr zu sehen ist. Andere scharren sogar nicht nur in der Katzenstreu, sondern auch noch in der angrenzenden Umgebung der Katzentoilette, was sogar so weit gehen kann, dass an in der Nähe befindlichen Gegenständen gescharrt wird, die sich sowohl im Aussehen als auch in ihrer Struktur von der Katzenstreu ziemlich unterscheiden.

Wenn wir eine Katze beim Verscharren neuer Hinterlassenschaften beobachten, sehen wir, wie sie immer wieder innehält, den Bereich beschnüffelt und anscheinend den abgedeckten Kot beriecht. Es ist anzunehmen, dass die Katze so lange weiterscharrt, bis der von den Exkrementen ausgehende Geruch den gewünschten Grad erreicht hat, und wir können davon ausgehen, dass dieser Grad sich in verschiedenen Situationen unterscheidet. Wenn die Katze nicht entdeckt werden will, wird sie so lange scharren, bis der Geruch komplett verdeckt ist, doch will sie sich mit dem Revier identifizieren, so wird sie so lange scharren, bis ausreichend Geruch durch das Verscharrte hindurch erkennbar bleibt, um mit den anderen Katzen in diesem Gebiet zu kommunizieren. Leider wissen wir die Feinheiten des Geruchs von Katzenkot nicht zu schätzen, und somit werden wir wahrscheinlich niemals in der Lage sein, die Bedeutung des Scharrens vollkommen zu verstehen. Doch immerhin können wir wenigstens weiterhin die daraus resultierende Sauberkeit schätzen!

Schnurren

Das Schnurren ist wohl der bekannteste Aspekt der Katzensprache und bei Katzenliebhabern sicherlich der beliebteste. Man nimmt an, dass das Schnurren einen tiefen Grad von Zufriedenheit ausdrückt, wir Menschen finden es beruhigend und entspannend. Natürlich schnurren zufriedene Katzen, doch Zufriedenheit allein ist keinesfalls der einzige Auslöser für dieses unverwechselbare Katzenverhalten. Auch Katzen, die verletzt sind oder große Schmerzen haben, schnurren häufig, genauso wie äußerst geschwächte oder sogar sterbende Katzen. Wenn Katzen zu mir in die Praxis gebracht werden, habe ich oftmals Schwierigkeiten, die Herz- und Lungengeräusche durch das Stethoskop zu hören, weil sie vom unablässigen Schnurren eines ganz und gar nicht zufriedenen Individuums übertönt werden.

Eine Theorie zur Erklärung dieses unterschiedlichen Einsatzes des Schnurrens in der Kommunikation der Katzen besagt, dass es sich um ein freundliches soziales Signal handelt, das so eingesetzt werden kann, dass es entweder signalisiert, dass Hilfe benötigt wird und die Katze bereit ist, diese anzunehmen, oder dass es das Empfinden einer zufriedenen Einheit mit der Welt ausdrückt. Das Schnurren tritt zum ersten Mal auf, wenn die Katzenjungen erst ein paar Tage alt sind und dient dazu, der Mutter anzuzeigen, dass alles in Ordnung ist und die Jungen erfolgreich saugen. Im Gegenzug schnurrt die Mutter ihre Jungen an, um ihr Sicherheitsgefühl zu vergrößern und ihnen ihre entspannte und kooperative Stimmung zu vermitteln. Später schnurrt die Mutter dann auch, wenn sie auf das Nest zukommt, und ihre Jungen werden dann in Zukunft ihrerseits schnurren, wenn sie auf Menschen oder erwachsene Katzen zukommen, mit denen sie spielen möchten.

Das Schnurren ist nicht nur bemerkenswert, weil es eine Vielzahl von Botschaften vermittelt, sondern auch, weil es so unablässig hervorgebracht werden kann. Eine Katze kann über einen erheblichen Zeitraum hinweg ohne Änderung der Intensität oder des Rhythmus schnurren und kann es durch Ein- und Ausatmen pausenlos fortsetzen, selbst bei geschlossenem Maul. Dieses zweiwegige Schnurren ist ausschließlich bei den Hauskatzen anzutreffen: Großkatzen wie der Tiger können nur bei jedem Ausatmen schnurren. In dieser Hinsicht ist die Hauskatze vielleicht den Großkatzen überlegen, doch Letztere kompensieren dies dadurch, dass sie brüllen können, wozu wiederum die kleinen Katzen nicht in der Lage sind.

Das Schnurren ist sicherlich eine faszinierende Kommunikationsmethode, doch obwohl es für uns so leicht erkennbar ist, können wir immer noch nicht genau erklären, wie es erzeugt wird. Die am häufigsten vorgebrachte Erklärung lautet, es werde durch die Vibration der falschen Stimmbänder produziert, zweier Membranfalten, die sich hinter den echten Stimmbändern im Kehlkopf befinden. Diese Theorie ist jedoch umstritten, und es gibt auch die Auffassung, das Schnurren sei Ergebnis gegenphasiger Kontraktionen von Kehlkopf und Zwerchfell. Eine dritte Theorie geht von Turbulenzen im Blutstrom der Hohlvene *(Vena Cava)* aus, dem Hauptblutgefäß, das Blut zurück zum Herzen transportiert. Es wird angenommen, dass, wenn die Katze ihren Rücken biegt, das Blut in der Vena Cava einen Strudel an der Stelle bildet, an der das Blutgefäß sich verengt, um Leber und Zwerchfell zu passieren. Dies wiederum erzeugt Vibrationen innerhalb des Kehlkopfes oder des Brustkorbs, die sich in der Luftröhre nach oben bewegen und in den Nasennebenhöhlen nachhallen. Wie auch immer, eines ist sicher: Das Schnurren, das wir als so beruhigend empfinden, ist ein Aspekt des Katzenverhaltens, der einiges an weiteren Forschungen verdient.

Sprache

Wenn wir über Sprache sprechen, meinen wir gewöhnlich die verbale Kommunikation, die sich im Mittelpunkt unserer menschlichen Interaktionen befindet. Die Sprache der Katzen jedoch ist erheblich komplexer und besteht aus einer Kombination von stimmlichen und nichtstimmlichen Komponenten. Katzen verwenden Laute, um Informationen zu übermitteln: Die Forschung hat sechs grundlegende Lautäußerungen identifiziert, die für kleine Wildkatzen charakteristisch sind – Fauchen, Zischen, Schnurren, Knurren, Miauen und Schreien. Die Äußerung dieser sechs Laute variiert je nach den Umständen, und ein Laut kann im Verlauf einer bestimmten Begegnung mittels eines kombinierten Lautes zu einem anderen Laut hin verändert werden.

Bei der Hauskatze haben Wissenschaftler 16 verschiedene Laute ausfindig gemacht und wahrscheinlich könnte die Katze selbst noch zahlreiche andere aufzählen. Einige Laute können leicht bestimmten Bedeutungen zugeordnet werden – das Knurren und die Schreie, die während eines Kampfes zu hören sind, sind ziemlich unzweideutig, und auch das tiefe Knurren, das meine Hauskatze öfters hören lässt, wenn sie auf einen streitbaren Kater trifft, bedarf wohl kaum einer Übersetzung! Andere leicht identifizierbare Laute sind das fordernde Miauen nach Aufmerksamkeit oder Futter, das kummervolle Jammern, das willkommen heißende Trällern und das läufige Rufen.

All diese Laute können abhängig von der Art, wie sie hervorgebracht werden, in eine von drei Kategorien eingeteilt werden, die Verhaltensforscher als Murmellaute, Vokallaute und hochintensive Laute bezeichnen. Die Murmellaute, wozu die sanften Laute wie der Begrüßungsruf und das Schnurren gehören, werden mit geschlossenem Maul hervorgebracht. Zur zweiten Kategorie, den Vokallauten, gehören die Laute, die die Katze in der Kommunikation mit ihrem Halter einsetzt; diese werden durch das allmähliche Schließen des Mauls hervorgebracht. Es handelt sich dabei um die wohl individuellsten stimmlichen Äußerungen der Katze, und diejenigen von uns, die in Haushalten mit mehreren Katzen leben, haben keine Probleme damit, zwischen den Vokallauten der einzelnen Katzen zu unterscheiden. Hochintensive Laute werden erzeugt, indem das Maul offen gelassen und seine Form zum Hervorbringen individueller Laute verändert wird. Auf diese Art werden Knurren, Fauchen, Zischen und Schreien erzeugt, alles hochintensive Laute, die im Allgemeinen in der Kommunikation mit anderen Katzen eingesetzt werden. Wie wir also sehen, verfügen Katzen über ein umfangreiches Vokabular, die Lautsprache spielt in ihrer Kommunikation eine wichtige Rolle.

Springen

Die Katze wird für die Anmut ihrer Bewegungen bewundert und man kann viele Stunden damit zubringen, ihr bei ihrer täglichen Routine zuzusehen. Zwar wäre es unrichtig, die Katze als Athletin zu bezeichnen, doch wir alle bestaunen ihre unglaubliche Fähigkeit, entweder senkrecht auf Mauern und Arbeitsflächen oder waagerecht von Gebäude zu Gebäude zu springen, wenn sie in ihrem Revier patrouilliert. Egal, ob der Sprung vollführt wird, um an verbotenes Essen in der Küche zu gelangen oder um draußen Beute zu fangen – die Startposition ist im Grunde immer die gleiche. Der Sprung auf eine bekannte Oberfläche kann ohne weiteres aus dem Gehen heraus erfolgen; der Aufstieg auf eine unbekannte oder eine sehr hohe Oberfläche hingegen wird sorgfältig vom Auge abgemessen und eingeschätzt. Die Katze kauert sich dabei leicht zusammen und verlagert das Körpergewicht auf die Hinterbeine, die dann schnell ausgestreckt werden, um die Katze nach vorne zu werfen. Der Antrieb für den Sprung erfordert einen enormen Energieaufwand, der weit über das hinausgeht, was für andere Aktivitäten des Bewegungsapparates erforderlich ist. Ein guter Sprung wird die Katze leicht über das Ziel befördern, so dass sie noch Platz hat, um auf ihren Hinterbeinen zu landen, während die Vorderbeine benutzt werden, das Gleichgewicht zu korrigieren.

Bei einem Sprung nach unten sieht die Katze allerdings deutlich weniger elegant aus. Indem sie ihren Körper vor dem Absprung so weit wie möglich nach unten streckt, verkürzt sie den Sprung und verringert auch den Druck auf ihre Vorderbeine bei der Landung. Sie wird auf ihren Vorderbeinen landen und sie hintereinander auf dem Boden aufsetzen, und zwar das zweite vor dem ersten. Dann werden die Hinterbeine zu Boden gebracht, um die Last zu verteilen. Findet der Absprung aus ungewöhnlich großer Höhe statt, so wird die Katze häufig Zwischensprünge einlegen und ihre Hinterbeine benutzen, um sich von der Wand wegzustoßen und den Sprung nach unten in einen waagerechten Satz umzuwandeln.

Stubenreinheit

Wenn wir Menschen fragen, warum sie glauben, dass Katzen als Haustier so beliebt sind, wird die häufigste Antwort darauf lauten: »Weil sie sauber sind.« Das Problem des Hundekots auf unseren Bürgersteigen ist eines der Hauptargumente der Anti-Hunde-Fraktion und fraglos wird Hundedreck von vielen als negativster Aspekt der Hundehaltung angesehen. Katzen hingegen sind berühmt für die pingelige Aufmerksamkeit, die sie ihrer Sauberkeit widmen, und in Fragen der Sauberkeitserziehung sind Katzenjunge allen Welpen weit überlegen! In vielen Haushalten gehen heute beide Partner arbeiten und mit dem Trend, erst später im Leben eine Familie zu gründen, wenden sich viele Menschen Haustieren zu, um ihre emotionalen Bedürfnisse zu befriedigen. In solchen Situationen ist es einfach nicht praktisch, einen Welpen zu sich zu nehmen, der die Phase der Sauberkeitserziehung noch vor sich hat, wohingegen ein Katzenjunges, das bereits gelernt hat, eine Katzentoilette zu benutzen, sich viel leichter in den modernen Haushalt einfügen wird. Genauso haben erwachsene Katzen, die sich tagsüber selbst verpflegen können und zur Verrichtung ihres Geschäfts durch eine Katzenklappe verschwinden können, einen offensichtlichen Vorteil gegenüber dem Hund, da ja immer mehr Menschen bis spätabends im Büro bleiben und sehr unregelmäßige Arbeitszeiten haben.

Töten

Wie bereits besprochen, ist die Jagd Hauptbestandteil des Verhaltensrepertoires der Katze und hat den Zweck zu töten. Kleine Beutetiere werden im Allgemeinen durch den Nackenbiss getötet. Dieser dient dazu, die zervikalen Rückenwirbel zu durchtrennen; man nimmt an, dass Nervenrezeptoren am Ansatz der Eckzähne dafür sorgen, dass die Zähne für eine schnelle und effektive Tötung an die korrekte Stelle geführt werden. Bei größeren Beutetieren kommt gewöhnlich der Kehlbiss zur Anwendung. Durch ihn wird die Luftröhre blockiert, was dazu führt, dass das Opfer erstickt. Diese Tötungsmethode wird gewöhnlich nur mit den Großkatzen in Verbindung gebracht, da diese größere Beutetiere fangen. Die Methode, die beim Töten der Beute zur Anwendung kommt, hängt in großem Maße von der jeweiligen Katzenart und der Art der Beute ab, doch auch individuelle Vorlieben spielen eine Rolle, und die Tötungstechnik kann noch geändert werden, falls die Beute sich nur schwer töten lässt.

Der Nackenbiss ist für die Hauskatze der Höhepunkt des Jagdprozesses und der einzige Aspekt, den das Katzenjunge nicht im Spiel perfektionieren kann. Die Übung an Beutetieren ist unabdingbar, und die Katzenjungen werden ihre Mutter bei Jagdausflügen begleiten, um ihre Fertigkeiten zu verbessern. Unerfahrene Junge können oft noch nicht genug Kraft aufbringen, um ihr Opfer auch zu töten, doch die Konkurrenz unter den Wurfgeschwistern lässt das Jagdfieber steigen, und nach wiederholter Übung beherrschen sie schließlich die Technik. Gelegentlich wird der Biss nicht genau angebracht: Das Katzenjunge fasst das Beutetier an einem ungeeigneten Teil seines Körpers, so dass es sich umdrehen und das Katzenjunge beißen kann. Die erste Tötung, die ein Katzenjunges vollbringt, findet gewöhnlich zufällig statt, und erst wenn das Junge mehrere erfolgreiche Tötungen ausgeführt hat, wird es lernen, den Nackenbiss mit seinem Erfolg in Verbindung zu bringen.

Urinverspritzen

Die Geruchsmarkierung ist ein grundlegendes Verhalten aller Katzen und ist bei Tierarten vom Serval bis zum Luchs und vom Tiger bis zur Hauskatze festzustellen. Es ist eine wirkungsvolle Kommunikationsmethode, und obwohl es im Allgemeinen eher mit den Männchen der einzelnen Tierarten in Verbindung gebracht wird, praktizieren es tatsächlich auch Weibchen und kastrierte Tiere. Der Grund, warum wir es den Männchen zuschreiben, liegt wahrscheinlich darin, dass der Urin männlicher Katzen so durchdringend riecht, dass die dadurch geschaffenen Markierungen selbst vom schwächeren menschlichen Geruchssinn leicht zu erkennen sind. Der Urin von Weibchen oder kastrierten Katzen hingegen kann von uns unbemerkt bleiben.

Das Verspritzen von Urin ist eine absichtsvolle Handlung und darf nicht mit dem Urinieren auf Grund einer vollen Blase verwechselt werden. Es ist gezeigt worden, dass Katzen ungeachtet des Zustands ihrer Blase weiter in ihrer festgelegten Routine spritzen, und sowohl der Bereich, den sie bespritzen, als auch die Anzahl der Spritzer bleiben trotz schwankender Flüssigkeitsaufnahme immer gleich.

Ein weiterer grundlegender Unterschied zwischen Spritzen und Urinieren liegt in der Haltung, die die Katze dabei einnimmt. Das Urinieren findet in einer kauernden Haltung statt, während das Spritzen aus stehender Position erfolgt, wobei die Katze sich vom zu markierenden Objekt wegdreht. Die Katze steht ein paar Zentimeter von einem Baum, Strauch, Zaunpfahl oder einem anderen senkrechten Objekt entfernt, hält ihren Schwanz hoch und gibt eine kleine Menge Urin in kurzen Spritzern nach hinten ab, so dass der Urin über dem Zielbereich verteilt wird. Beim Spritzen dagegen zittert gewöhnlich ihre Schwanzspitze, wobei sie gleichzeitig häufig mit ihren Hinterbeinen tritt, den Rücken krümmt und einen Gesichtsausdruck extremer Konzentration zeigt.

Der Grund, warum Katzen ihren Urin gegen senkrechte Objekte aus stehender Position heraus verspritzen, liegt darin, dass hierdurch der Urin auf Nasenhöhe der anderen Katzen platziert wird. Das Verspritzte dient als persönliche Visitenkarte und ist weit davon entfernt, einfach nur einen unangenehmen und abstoßenden Geruch abzugeben, denn es beinhaltet alle möglichen Informationen über die Versprüherin. Man nimmt an, dass die Markierung Informationen über Alter, Geschlecht, Gesundheitszustand und Rang der Katze übermittelt und dass die Frische des Urins als Anzeiger dafür dient, wie lange es her ist, dass die Versprüherin an dieser bestimmten Stelle gewesen ist. Diese letztere Funktion ist vermutlich wichtig für das Time-Sharing-System, das unter *Revierverhalten* auf Seite 53 erklärt wird.

Es ist vorgebracht worden, das Verspritzen von Urin sei Kennzeichen eines allzu selbstbewussten Individuums und der Geruch sei ein Drohsignal für Rivalen. Beobachtungen scheinen dies jedoch zu widerlegen; so kann man beim Tiger feststellen, dass das Verspritzen von Urin verstärkt in unbekannter Umgebung stattfindet, was die Theorie unterstützt, dass die Tiere sich selbst beruhigen, indem sie ihren eigenen unverwechselbaren Geruch versprühen. Die Reaktion von Katzen auf die Geruchsmarkierungen anderer Katzen hat anscheinend nichts mit Angst zu tun. Tatsächlich scheint das Gegenteil der Fall zu sein, da Katzen positiv von Geruchsmarkierungen angezogen werden und sie mit großem Interesse beschnüffeln. Viele Katzen beriechen einen bespritzten Bereich und gehen dann ohne irgendeine sichtbare Auswirkung auf ihr Verhalten einfach fort, während andere sich vielleicht dazu veranlasst sehen, die Markierung mit ihrem eigenen Urin zu überspritzen. Sicher ist in jedem Fall, dass das Verspritzen von Urin ein sehr wichtiger Bestandteil des normalen Katzenverhaltens ist.

Verfolgungsjagd

Die Verfolgungsjagd ist fundamentaler Bestandteil des Verhaltensrepertoires der Katze; wir bewundern sie bei den Wildkatzen und fördern sie bei unseren Haustieren. Die Fähigkeit, kleine Säugetiere während der Jagd beharrlich zu verfolgen, ist unabdingbar, wenn die Katze erfolgreich beim Beutefangen sein will. Dieses Verhalten wird schon in sehr frühem Alter von den Katzenjungen erlernt. In unserem Erziehungssystem geht derzeit der Trend zum Konzept »Lernen durch Spielen« und genau dieses System kommt auch in der Natur zur Anwendung. Wenn wir Würfe mit Katzen- oder Tigerjungen beobachten, wie sie spielen und den Schwanz der anderen verfolgen, sind wir faktisch Zeugen einer detaillierten Lektion, durch die sie Fertigkeiten erlernen, die sie als Rüstzeug für die Jagd und letztendlich für ihr Überleben brauchen. Schnelle Bewegungen lösen den instinktiven Willen zum Verfolgen und Töten aus, wobei es anscheinend gleichgültig ist, ob es sich bei dem Objekt um eine Maus oder einen Kugelschreiber handelt – wenn es sich bewegt, dann wird es vom Katzenjungen verfolgt!

Visuelle Kommunikation

Konrad Lorenz hat einmal gesagt, dass es »nur wenige Tiere gibt, die ihre Stimmung so deutlich durch die Mimik zum Ausdruck bringen wie die Katze«, und wir brauchen nur ein Aufeinandertreffen von Katzen aus der Nachbarschaft zu beobachten, um zu erkennen, wie wichtig die Körpersprache in ihrer Welt ist. Löwen sind dafür bekannt, eine Fülle von visuellen Signalen in ihrer Kommunikation einzusetzen, und der deutsche Verhaltensforscher Paul Leyhausen stellte einen ähnlichen Einsatz visueller Signale bei einer Vielzahl von in Gefangenschaft gehaltenen Wildkatzen fest.

Bestimmte Gesichtsausdrücke der Hauskatze sind für uns Menschen absolut unzweideutig, etwa die angelegten Ohren, das knurrende Gesicht und der peitschende Schwanz einer Katze, die über eine Situation nicht allzu erfreut ist! Es gibt jedoch noch subtilere Beispiele visueller Kommunikation, und zwar dann, wenn die Gesichtssignale in einer schwer zu unterscheidenden Art und Weise kombiniert werden. Wahrscheinlich spielen diese Katzen nicht mit offenen Karten und verzögern durch das Verbergen ihrer wahren Gefühle die Notwendigkeit, eine Entscheidung zu treffen, wie sie reagieren sollen.

Ohren und Schwanz sind die ausdrucksstärksten Körperteile der Katze und ein peitschender Schwanz ist oft das allererste Signal für Verärgerung. Das Schwanzwedeln wird von Katzen als Zeichen des Konfliktes gezeigt, wobei die rhythmischen Bewegungen des Schwanzes erst ganz sanft ausfallen und dann bei zunehmender Reizung der Katze immer ausgeprägter werden. Auch die Position des Schwanzes übermittelt der Umgebung Informationen: Ein in die Höhe gestreckter Schwanz zeigt an, dass die Katze aktiv ist und grüßt, während ein nach unten gebogener Schwanz eine aggressive Gemütsverfassung anzeigt. Die Ohren der Katze sind ein exzellenter Anzeiger ihrer Emotionen, durch die Kombination von Positionen der Ohren mit verschiedenen Positionen der Schnurrhaare sowie unterschiedlich starker Öffnung und Schließung der Pupillen kann die Katze leicht Informationen an ihre Umgebung übermitteln.

Man nimmt an, dass die Katze neun verschiedene klar erkennbare Gesichtsausdrücke verwendet und diese mit ungefähr 16 unterscheidbaren Schwanz- und Körperpositionen kombiniert. Zusammen mit der Geruchskommunikation, die von der Katze ja so umfassend benutzt wird, wird die visuelle Kommunikation auch eingesetzt, um Konfliktmomente zu entschärfen und totale Aggression zu vermeiden.

Zoonose

Dieser Begriff beschreibt Krankheiten, die von einer Tierart auf eine andere übertragen werden können – von Katze zu Mensch und von Mensch zu Katze. Die meisten denken hierbei wahrscheinlich an Tollwut, doch es gibt noch andere häufiger vorkommende Beispiele, etwa *Toxoplasmose* (siehe Seite 82). Für dieses Buch ist es nicht relevant, alle Beispiele aufzuzählen, es sei jedoch bemerkt, dass Krankheitsübertragungen zwischen unseren beiden Spezies möglich sind.

Nach der Lektüre dieser alphabetisch angeordneten Beschreibung von normalem Katzenverhalten werden Sie auf den folgenden Seiten feststellen, dass viele Fälle von Verhaltens»problemen« tatsächlich mit ganz natürlichen Verhaltensmustern von Katzen zu tun haben. Meine Aufgabe als Tierverhaltenstherapeutin besteht darin, zuerst zu bestimmen, ob das Verhalten der Katze tatsächlich anormal ist. Ist das der Fall, dann muss mit einer Behandlung begonnen werden, und ist das Verhalten normal, dann muss ich herausfinden, warum es für die Halter ein Problem darstellt. Woraus ein Problem besteht, hängt oft vom Halter ab, doch wenn dieser sich an einen Tierverhaltenstherapeuten gewandt hat, dann stimmt offensichtlich etwas in der Beziehung zwischen Katze und Halter nicht. Es ist interessant, dass Katzenhalter im Allgemeinen dazu bereit sind, eine viel größere Störung in ihrem Leben zu tolerieren als die meisten Hundehalter, etwa in Bezug auf die Hygiene im Haushalt, und während die Halter von Hunden mit Verhaltensproblemen dazu neigen, den Hund verantwortlich zu machen, macht die große Mehrheit der Katzenhalter sich selbst für die Situation verantwortlich und leidet an enormen Schuld- und Versagensgefühlen, wenn die Beziehung zu ihrer Katze getrübt ist. Aus diesem Grund ist es wichtig, dass der Verhaltenstherapeuten den Fall mit Sensibilität angeht und praktischen Rat anbietet. Die folgenden Seiten haben genau das zum Ziel.

Teil 3:
Katzen verstehen

Katzen sind wohl die faszinierendsten aller Haustiere und sie haben vielfach den Hunden den Rang abgelaufen. Aus verhaltenstherapeutischer Sicht bereiten Katzen ihren Haltern deutlich weniger Probleme als Hunde. Doch auch wenn wir bei Katzen mit Verhaltensproblemen nicht den gleichen Grad an Aggressionen oder Zerstörung wie bei Hunden feststellen, so können die Probleme, die Katzen ihren Haltern bereiten, doch ähnlich unangenehm sein.

In diesem Teil des Buches werden wir uns eine Vielzahl von spezifischen Problemen ansehen und herausfinden, wie man ihnen begegnen kann. Die Fragen stammen von zahlreichen Haltern, die mehr darüber wissen wollen, warum ihre Katzen sich auf eine bestimmte Art und Weise verhalten. Bei manchen Fällen sind die entstandenen Probleme zwar sehr unterschiedlich, die Behandlung ist jedoch gleich, weil ein Behandlungsprogramm immer von der Ursache und nicht von den Symptomen bestimmt wird. In einigen Fällen sind die Fragen eher eine Erkundigung nach einem bestimmten Katzenverhalten und beziehen sich nicht so sehr auf ein tatsächliches Problem. In jedem Falle hoffe ich, dass die Antworten Ihnen dabei helfen werden, zu einem tieferen Verständnis Ihres Stubentigers zu gelangen.

Aggression

Dieses Thema wird eher mit Hunden in Verbindung gebracht und wenn man die Berichte in den Medien verfolgt, entsteht auch dort der Eindruck, Aggressivität sei in erster Linie eine unwillkommene Eigenschaft des Hundes. Wir wissen jedoch, dass Hunde nicht das Monopol auf für dieses Verhalten innehaben, denn auch die menschliche Spezies ist zu dramatischen Aggressionen in unterschiedlichen Kontexten fähig. So zeigt auch die Katze aggressives Verhalten und manchmal wenden sich Halter, die durch dies Verhalten ihre Beziehung zu ihrem Haustier getrübt sehen, zur Beratung an einen Tierverhaltenstherapeuten. Je nach ihrer Ursache können Aggressionen in verschiedene Kategorien eingeteilt werden – erlernte Aggression, spielbezogene Aggression, umgelenkte Aggression und andere mehr. Diese Formen der Aggression werden in den jeweiligen Kapiteln behandelt, doch erst einmal müssen wir uns ansehen, was wir überhaupt unter Aggression verstehen und wie sie sich in das Verhaltensrepertoire der Katze einfügt.

Laut Lexikon ist Aggression ein grundloser Angriff oder Überfall, wobei das gewiss eine allzu simple Auffassung dieser wichtigen Facette des Tierverhaltens ist. Bei jeder Tierart findet sich eine Anzahl normaler aggressiver Reaktionen, die allesamt notwendig für das Überleben sind, und die Katze bildet da keine Ausnahme. Wenn Katzenhalter sich allerdings mit dem beeindruckenden Waffenarsenal ihrer Katze in Form von Krallen und Zähnen konfrontiert sehen, werden sich nur wenige die Zeit nehmen, um über die Ursache des Ausbruchs nachzudenken oder zu versuchen, die Darbietung in einen Zusammenhang mit normalem Verhalten zu setzen. Das Einzige, was zählt, ist die drohende Verletzungsgefahr, denn die Auswirkungen einer Konfrontation mit einer verärgerten Katze können dramatisch und schmerzvoll sein.

Die normale menschliche Reaktion auf Aggressionen besteht darin, ihnen wiederum mit Aggressionen zu begegnen, der Glaube »Ich bin größer, deshalb werde ich gewinnen« treibt viele Menschen dazu zu versuchen, die Situation mittels Gewalt unter Kontrolle zu bringen. Das ist nicht nur ein sinnloses Unterfangen, wenn man einen Gegner mit einer solchen Beweglichkeit und Intelligenz vor sich hat, sondern es ist auch gefährlich provozierend und führt oft zu unnötigen Konflikten und Verletzungen. Es ist unabdingbar, niemals Aggression als »Behandlungsmethode« einzusetzen; stattdessen sollte man zwischen den Ursachen differenzieren und sich erst einmal detailliert ansehen, wann, warum und wie die Aggression sich ausdrückt, um dann mit Behandlungsprogrammen zu beginnen, die auf das Individuum abgestimmt sind.

Die Aggression ist in den meisten Fällen eine defensive Handlung, die von der Katze, die im Wesentlichen ein einsames Raubtier ist, gewöhnlich bei Streitigkeiten um Nahrungsquellen und Reviergrenzen eingesetzt wird. Es liegt nicht im Interesse der Katze, in unnötige Aggressionsausbrüche zu verfallen, da jeder Konflikt das Risiko einer Verletzung in sich birgt, die im Gegenzug das Überleben des Tieres gefährden könnte. Ohne ein sie schützendes Rudel verlässt sich die unabhängige Katze auf ihre eigene Fähigkeit zur Jagd und jeder Bedrohung dieser Fähigkeit wird so weit wie möglich aus dem Weg gegangen. Statt mit blitzenden Zähnen vorzupreschen, bringt die Katze eine differenzierte Körpersprache und stimmliche Äußerungen vor, die dazu dienen, die Situation zu entschärfen und einen echten Kampf erst gar nicht erforderlich werden zu lassen. Es ist faszinierend, solche Vorführungen zu beobachten; die meisten von uns, die in Gegenden mit relativ hoher Bevölkerungsdichte leben, sind schon einmal Zeugen solcher Konfrontationen zwischen den eigenen Katzen und denen der unmittelbaren Nachbarn geworden.

Vor kurzem schafften sich unsere Nachbarn einen neuen Kater an und nach der Eingewöhnungsphase, in der er in seinem neuen Zuhause eingeschlossen worden war, begann er, sich in den Garten hinauszuwagen und sein neues Revier zu markieren. Beim Betreten unseres Gartens wurde er von unserem ansässigen Kater begrüßt, der, obwohl er im Allgemeinen eine extrem gelassene Einstellung zum Leben hat, mit einer höchst beeindruckenden Vorführung begann, die etwa eine Dreiviertelstunde andauerte. Von seiner strategischen Position auf der Terrasse aus setzte mein Kater verschiedene Tricks ein: Er plusterte sein Fell auf, krümmte seinen Rücken und nahm eine seitliche Sitzposition ein, um das Beste aus seiner Statur zu machen. Er nahm eine kauernde Haltung an, ließ wiederholt ein tiefes warnendes Knurren hören und starrte seinem Gegner direkt in die Augen. Mit einer Serie subtiler Variationen seiner Körperposition und einer Vielzahl von Gesichtsausdrücken übermittelte er dem Nachbarskater die unmissverständliche Botschaft, dass dieser Garten bereits besetzt war.

Der Eindringling zog sich still zurück und der potenzielle Konflikt wurde ohne die Notwendigkeit eines echten Kampfes gelöst. Dies trifft auf den Großteil der Aufeinandertreffen von Katzen zu: Totale Aggression ist eher der allerletzte Ausweg. Wie bei jeder Tierart besteht der Verteidigungsmechanismus einer Katze aus Kampf, Flucht und Erstarren. Wird eine Katze herausgefordert, kann es sein, dass sie kurzzeitig erstarrt, doch falls ein einfacher Fluchtweg vorhanden ist, werden die meisten Katzen die Fluchtoption wählen und sich rasch vom Ort der Konfrontation entfernen. Nur, wenn eine solche Vermeidungsreaktion auf irgendeine Weise blockiert wird, kommen gewöhnlich Krallen und Zähne mit ins Spiel, so dass wir uns, wenn Katzen sich der Gewalt bereitwilliger als sonst zuwenden, fragen müssen, warum ihr Toleranzpegel gesunken ist. In einigen Fällen mag das leicht herauszufinden sein, doch in vielen anderen wird ein subtiles Zusammenspiel von Faktoren wie frühe Erfahrungen, Krankheit, gefährdete Kompetenzen und sogar Schmerzen stattfinden, die alle zum Verhalten der Katze beitragen.

Aggressionen zwischen Katern

Das spezifische Auftreten von Aggressionen zwischen zwei männlichen Katzen stellt sich am häufigsten als Kampfszenario um Reviergrenzen oder die Aufmerksamkeit von Weibchen dar. Diese totale Aggression, bei der das ganze Spektrum vom Fauchen übers Knurren bis zum Beißen und Kratzen zum Einsatz kommt, wird gewöhnlich von ritualisierten Drohgebärden eingeleitet. Die Kater krümmen den Rücken, starren sich durchdringend an und stehen sich seitlich gegenüber, um ihre Statur optisch zu vergrößern. Das Fell wird gesträubt, und die Lippen werden zurückgezogen, um die blitzenden weißen Zähne freizulegen. Tief knurrend werden die beiden Gegner sich einander nähern, wobei sie oft fast auf den Zehenspitzen gehen; sobald sie sich auf einer Höhe befinden, wird einer mit dem Angriff beginnen, der gewöhnlich auf den Kopf und den Halsbereich gerichtet ist.

Nach einer Zeit intensiven Kampfes ist es nicht ungewöhnlich, wenn die Kater sich erst einmal von der eigentlichen körperlichen Aggression erholen und sich wieder gegenseitig niederstarren, was anscheinend dazu dient, den anderen zur Aufgabe und zum Rückzug zu bewegen. Gibt keiner von beiden auf, dann werden sich beide abermals anfallen und sich bisweilen ernste körperliche Verletzungen zufügen.

Dieses Verhalten, das gewöhnlich bei unkastrierten Katern beobachtet werden kann, hat sowohl ererbte als auch erlernte Komponenten und wird direkt von der Umgebung beeinflusst, in der die Kater leben. Die verlässlichste Behandlung besteht in der Kastration, doch wenn das Problem bei bereits kastrierten Katern auftritt, was manchmal der Fall ist, ist eine medikamentöse Therapie mit Progestinen hilfreich (siehe auch *Kastration*, Seite 121 und *Kämpfe*, Seite 116).

Agoraphobie

Eines der Kennzeichen der Katze als unabhängiges Geschöpf ist ihre Fähigkeit, ein Leben im Haus mit einer Existenz in der freien Natur zu kombinieren. Immer mehr Katzen werden heute als reine Wohnungskatzen gehalten, denen nie die Möglichkeit gegeben wird, ein größeres Revier zu erkunden. Doch die meisten Menschen gehen davon aus, dass alle Katzen, wenn sie die Chance dazu hätten, sich gerne im Freien aufhalten würden. Daher ist es schwierig, sich eine Katze vorzustellen, der es widerstrebt, sich nach draußen zu wagen, ganz zu schweigen davon, dass sie sich sogar davor fürchtet, es zu tun. Die Agoraphobie wird als Angst vor offenen Flächen definiert und allgemein als Angst vor der Außenwelt verstanden, wobei es jedoch auch um die Angst vor offenen Flächen innerhalb eines Raumes gehen kann. Laut einigen führenden Verhaltensforschern ist dies die einzige echte Phobie, die man an Katzen feststellen kann, und auch wenn es sich unzweifelhaft um ein Verhaltensproblem handelt, muss doch erwähnt werden, dass es relativ selten vorkommt. Die Ursache des Problems kann bis zu der Zeit als Katzenjunges zurückverfolgt werden und Ergebnis einer nie stattgefundenen oder anderweitig verzögerten Konfrontation mit der Außenwelt sein, so dass das Katzenjunge die Erkundungsphasen in seiner Entwicklung schon überschritten hat.

Die Tatsache, dass Züchter Katzenjunge erst dann verkaufen, wenn sie alle notwendigen Impfungen erhalten haben, bedeutet, dass der Großteil der Rassekatzen sich erst im Alter von mindestens 12 Wochen in die große weite Welt hinauswagen kann. Natürlich sollten Katzenjunge vor den wichtigsten Katzenkrankheiten geschützt werden. Wenn man sich früh mit ihnen befasst und ihnen zahlreiche Herausforderungen in der Umgebung der Katzenzucht bietet, dann können sie auch die erkundenden Verhaltensmuster entwickeln, die notwendig sind, wenn sie zum ersten Mal der Außenwelt gegenüberstehen. Wird die verzögerte Konfrontation mit der Außenwelt allerdings noch durch mangelnde Anreize in der frühen Umgebung des Katzenjungen verstärkt, so wird sich diese Katze wahrscheinlich zu einem Individuum mit stark gestörten erkundenden Verhaltensmustern entwickeln und als Ergebnis unsicher oder sogar agoraphob werden.

Nicht alle Fälle von Agoraphobie haben ihre Wurzel in der Kindheit; wahrscheinlicher ist, dass die Angst von einem traumatischen Ereignis herrührt, das einen totalen Verlust der Selbstsicherheit zur Folge hatte. Solche Ereignisse können mit der Zerstörung der Reviergrenzen durch einen Hausanbau oder mit einer Begegnung mit dem Nachbarshund zu tun haben. Auch Beinahezusammenstöße mit Autos werden oft als Auslöser für die Angst vor der Außenwelt gesehen, doch das häufigste traumatische Ereignis ist das Aufeinandertreffen mit einer anderen Katze. Kämpfe mit einem Individuum, das sich der Reviergrenzen besonders stark bewusst ist, können oft mehr als nur den Verlust eines Ohrs zur Folge haben, weniger robuste Individuen können emotional stark angeschlagen aus solchen Konflikten hervorgehen.

Da ein Ausflug in die Außenwelt immer auch das ständige Risiko eines Aufeinandertreffens mit dem Übeltäter mit sich bringt, wird sich die besiegte Katze immer widerwilliger nach draußen wagen. Im Laufe der Zeit verallgemeinert sich die Phobie der Katze immer weiter, so dass sie nicht mehr in der Lage ist, mit den Anreizen ihrer äußeren Umgebung zurechtzukommen.

Selbst, wenn die andere Katze nirgends zu sehen ist, wird sie sich weigern, das sichere Haus zu verlassen.

Schließlich kann das Geräusch des Windes in den Bäumen genug sein, um sie in schiere Panik zu versetzen; selbst dann, wenn die andere Katze nirgendwo zu sehen ist, wird sie sich weigern, das sichere Haus zu verlassen. In einigen Fällen, bei denen der ursprüngliche Angriff sogar im eigenen Zuhause der Katze stattgefunden hat, können die emotionalen Auswirkungen verheerend sein: Solche Katzen können nicht nur eine Angst vor der Außenwelt entwickeln, sondern wagen sich auch nur noch widerwillig in die Mitte eines Raumes. In den meisten Fällen verschlimmert sich die Phobie allmählich und diese Katzen geraten sichtbar in Panik, wenn sie nach draußen gezwungen werden.

Frage
Vor kurzem habe ich einen verwilderten Kater aufgenommen. Er wurde verlassen unter einer Hecke an einer viel befahrenen Straße aufgefunden und zum örtlichen Tierarzt gebracht, der bei dem Kater kleinere Schnittwunden und Blutergüsse behandelte, bevor er vermittelt wurde. Er lebt sich sehr gut in unseren Haushalt ein und er ist wirklich ein reizender Kater und das liebenswürdigste Tier, das man sich nur wünschen kann. Wenn ich aber die Hintertür öffne, läuft er davon und versteckt sich unter dem Tisch. Als ich einige Male versuchte, ihn hinauszuscheuchen, verfiel er in totale Panik und fügte mir bei seinen verzweifelten Versuchen, wieder zurück ins Haus zu gelangen, heftige Kratzer zu. Ich habe gar nichts dagegen, dass er ein häuslicher Kater ist, aber ich habe das Gefühl, dass ihm so all die schönen Seiten der Unabhängigkeit einer Katze entgehen.

Antwort
In diesem Fall ist es unmöglich herauszufinden, was in seiner frühen Kindheit passiert ist, und wir können nur spekulieren, was die Gründe für seine offensichtliche Aussetzung waren. Die Tatsache allerdings, dass der Kater in der Nähe einer Straße aufgefunden wurde und er wegen Schnittwunden und Blutergüssen behandelt werden musste, lässt bei mir die Frage aufkommen, ob er möglicherweise in einen Verkehrsunfall verwickelt wurde. Falls er tatsächlich nur knapp einem Auto entkommen ist, würde das seinen Unwillen erklären, sich jetzt nach draußen zu wagen.

Zur Behandlung Ihres Katers und aller Katzen, die an Agoraphobie leiden, gehört die Verringerung ihrer Angst durch einen Prozess namens systematische Desensibilisierung. Dazu gehört ein großes, sicheres Gehege, ähnlich denen, die von Züchtern für die Jungenaufzucht benutzt werden, das zu einem sicheren Zufluchtsort für die Katze werden kann und ihr während der frühen Konfrontationsphasen den so dringend benötigten Schutz bietet. Der Stall wird im Garten aufgestellt und die Katze wird jeden Tag einen immer längeren Zeitraum darin verbringen. Es kann hilfreich sein, wenn man das Futter der Katze in einige kleine Mahlzeiten aufteilt und sie ihr innerhalb des Stalls gibt, wodurch angenehme Assoziationen mit der Außenwelt entstehen und die Katze auch abgelenkt wird, wenn sie sich besonders verletzlich fühlt.

Bei Fällen, in denen die Agoraphobie auf einen Konflikt mit einer bestimmten Katze zurückverfolgt werden kann, ist es natürlich unabdingbar sicherzustellen, dass der Aggressor während des Behandlungsprogramms nicht in Ihren Garten gelangen kann! Wie bei jeder Phobie werden die Erfolgsaussichten der Behandlung durch eine Konfrontation mit dem totalen Angststimulus stark verringert und obwohl es ja auch die These gibt, es würde helfen, Menschen ins Wasser zu werfen, um ihnen die Angst davor zu nehmen, müssen Sie bedenken, dass dabei immer das Risiko besteht, dass sie einfach ertrinken. In Ihrem Fall bestünde die einzige Vorkehrung also darin, das Gehege nicht im Vorgarten neben der Straße aufzustellen, aber ich hoffe, dass sich das von selbst versteht!

Hat der Kater erst einmal akzeptiert, dass die Außenwelt an sich nicht bedrohlich ist, dann sollte er ohne den Schutz des Geheges in den Garten gebracht werden. Dies macht man am besten, indem man ihn an die Leine nimmt, so dass der Halter als Sicherheitsbrücke dienen kann und ihm hilft, seine Selbstsicherheit aufzubauen. Schließlich kann er dazu ermutigt werden, allein hinauszugehen, wobei es hilfreich sein kann, ihm weiterhin häufig kleine Mahlzeiten zu geben und seinen Futternapf direkt vor die Hintertür zu stellen. Die Prognose für die Behandlung einer agoraphoben Katze ist im Allgemeinen gut, so lange wir einigermaßen Kontrolle über die ursprüngliche Ursache erlangen können. Falls die Katze früher gerne draußen herumspazierte, dann stellen wir einfach nur wieder ein neues Verhaltensmuster auf, und diese Fälle sind gewöhnlich einfacher als diejenigen, in denen man einer bereits erwachsenen Katze beibringt, zum ersten Mal überhaupt die freie Natur zu akzeptieren.

Es ist unwahrscheinlich, dass Ihr Kater sich jemals gerne über den Garten hinauswagen wird. Verkehrsgeräusche können auch weiterhin noch eine Zeitlang Angst in ihm hervorrufen, doch viele Halter sehen genau das auch als ausgesprochenen Vorteil, weil dadurch ihr geliebtes Haustier von der Straße fern gehalten wird.

Angstaggression

Das Wort »Aggression« beschwört das Bild eines Schlägertyps herauf, der mit einem nichts ahnenden Passanten einen Streit vom Zaun bricht, doch Aggression muss nicht von Natur aus offensiv, sondern kann auch Ergebnis von Angst sein und damit als defensive Handlung eingesetzt werden. Im Allgemeinen hat Angst eine von drei Reaktionen zur Folge – Flucht, Kampf oder Erstarren; die Erstere wird eingehender unter dem Stichwort *Nervosität* (Seite 140) erläutert.

In den meisten Fällen wird die Fluchtoption gewählt; ist der Fluchtweg jedoch versperrt und sieht die Katze sich mit einem Angstreiz konfrontiert, dann wird sie sich entweder niederkauern und bewegungslos verharren, oder sie wird mit ihren Vorderpfoten vorstoßen und dabei fauchen und zischen. Diese letztere Reaktion wird allgemein Angstaggression genannt und ist bei der Hauskatze eine verbreitete Verhaltensform. Sie kann von anderen Aggressionsformen nicht nur durch die Umstände, in denen sie auftritt, unterschieden werden, sondern auch durch die defensive Körperhaltung der angreifenden Katze. Sie setzt Aggression ein, um einen Angstreiz abzuwehren, und nachdem sie den »Feind« mit dieser Vorführung in Schrecken versetzt hat, wird sie versuchen, die nächste Gelegenheit zur Flucht zu ergreifen.

Frage

Freddie ist normalerweise ein sanfter Kater, auch wenn er zeitweilig leicht reserviert ist, doch immer, wenn ich versuche, ihn in seinen Katzentransportkorb zu setzen, um ihn zum Tierarzt oder zur Katzenpension zu bringen, wird er plötzlich vollkommen wild und kratzt meine Hand, bis sie blutet. Wenn er die Gelegenheit zur Flucht bekommt, rast er wie ein erschrockenes Kaninchen davon und rennt durch die Katzenklappe nach draußen. Ich kann gar nicht mehr zählen, wie oft ich schon Termine beim Tierarzt absagen musste, weil er verschwunden war! Wenn der Korb nicht benutzt wird, verstecke ich ihn, aber der Kater muss ein sehr gutes Gedächtnis haben, weil er sich, sobald er ihn erblickt, anschickt, wie wild in Richtung Tür zu stürzen.

Letzte Woche verursachte sein Verhalten beinahe eine größere Katastrophe, da ich einen Urlaub gebucht hatte und ihn zur Katzenpension bringen wollte. Als ich versuchte, ihn in seinen Korb zu setzen, attackierte er meine Hand und schaffte es, zu entkommen. Zum Glück fand ich ihn schließlich im Garten, ich konnte ihn einfangen, aber er hätte fast dafür gesorgt, dass ich den Flug verpasst hätte! Kann ich irgendetwas tun, um vor meinem nächsten Urlaub irgendwie seine Reaktion auf den Korb zu verbessern?

Antwort
Das Problem mit Katzentransportkörben tritt beim Großteil der Katzen nur dann auf, wenn ein Besuch an einem von zwei Orten ansteht. Entweder bringt der Halter sie zu irgendeinem Fremden und verschwindet tagelang oder die Katze wird auf einen Behandlungstisch gehievt und mehr als wahrscheinlich eine oder mehrere Injektionen erdulden müssen. Keines dieser Erlebnisse ist besonders angenehm für die Katze und viele werden daher rasch eine Assoziation zwischen dem Korb und dem darauffolgenden Martyrium aufstellen.

Um dieses Problem zu behandeln, ist es notwendig, angenehme Assoziationen mit dem Transportkorb und, wenn möglich, auch mit den Zielorten zu bilden. Es lohnt sich, wenn Sie sich einmal kritisch den Korb ansehen, den Sie benutzen, denn nicht alle Sorten kommen für alle Katzen in Frage. Einige bevorzugen es, hinaussehen und von dem Notiz nehmen zu können, was um sie herum geschieht, während andere lieber vollkommen eingeschlossen und geschützt sind. Sie müssen den Korb an Ihre Katze anpassen.

Haben Sie das einmal getan, sollte der Korb so im Haus stehen, dass Freddie ihn regelmäßig sehen kann, ohne dass jemand versucht, ihn hineinzusetzen. Allmählich wird er das Vorhandensein des Korbs akzeptieren und wird vielleicht sogar anfangen, sich an ihm zu reiben, um seinen Geruch an ihm anzubringen und ihn so zu einem Teil seiner Umgebung zu machen. Haben Sie einmal diese Stufe der Akzeptanz erreicht, sollten Sie damit anfangen, den Korb mit angenehmen Aktivitäten wie Fressen zu assoziieren, und wenn Sie ein paar Leckereien in den offenen Korb legen und es Freddie überlassen, selbst nach eigenem Zeitplan Erkundungen anzustellen, wird er sich ihm bald gerne nähern und sogar Futter aus ihm annehmen. Dann können Sie schrittweise die Situation erreichen, in der Freddie tatsächlich im Korb frisst und dieser somit zu einem äußerst angenehmen Ort wird!

Nachdem so die Angst vor dem Korb überwunden ist, müssen Sie sich als Nächstes mit der Angst vor dem Tierarzt oder der Katzenpension befassen, die überhaupt zu dem Problem geführt hat. Gewöhnlich wird zum Besuch beider Orte eine Autofahrt gehören, die alleine schon für die meisten Katzen ein beängstigendes Erlebnis ist, da sie selten aus anderen Gründen ins Auto gesetzt werden. Hundehalter legen oft Wert darauf, ihre Tiere von klein auf an das Auto zu gewöhnen, da sie möchten, dass sie gerne darin fahren, doch nur wenige Katzenhalter folgen dieser Methode. Sie müssen Ihre Katze nicht täglich auf Ausflüge oder zum Spazieren im Park mitnehmen, doch es wird Zeiten geben, in denen eine Autofahrt notwendig ist, und durch eine frühe

Konfrontation damit wird das Thema Autofahrt weitaus weniger traumatisch für alle Beteiligten.

Zur Bildung von angenehmen Assoziationen mit der Tierarztpraxis und der Katzenpension wird auch die Kooperation der Mitarbeiter dort gehören und die meisten werden Ihnen nur allzu gern dabei behilflich sein. Was die Tierarztpraxis angeht, wird es hilfreich sein, einen Termin zum Ende der Sprechstundenzeiten zu vereinbaren, wenn Sie alle wahrscheinlich weniger in Eile sind und Freddie die Möglichkeit hat, den Raum zu erkunden, bevor er behandelt wird. Im Allgemeinen gilt: Je weniger Einschränkungen, desto besser, wobei es jedoch natürlich trotzdem unerlässlich ist, auf die Sicherheit von Halter und Tierarzt gleichermaßen zu achten und unnötige Verletzungen zu vermeiden!

Dem Kater Futter anzubieten, während er sich auf dem Behandlungstisch befindet, kann bei der Überwindung seiner Angst hilfreich sein. Falls nötig, können niedrige Dosen eines Beruhigungsmittels (siehe Seite 111), die vor dem Besuch gegeben werden, seine Toleranz erhöhen, so dass er besser lernen kann, wie er am besten mit den Herausforderungen des Behandlungsraums klarkommt. Allerdings sollte eine solche Behandlung mit Beruhigungsmitteln eine zeitlich begrenzte Maßnahme sein und nicht als Alternative zur Verhaltenstherapie eingesetzt werden.

Bei besonders ängstlichen Katzen habe ich die Halter dazu angehalten, mir ihre Katzen außerhalb der normalen Sprechzeiten zu bringen, damit sie nicht mit dem vollen Wartezimmer zurechtkommen mussten, und sie auch gelegentlich vorbeizubringen, wenn gar keine medizinische Behandlung anstand, so dass nicht jede Reise zur Praxis zwangsläufig auf eine schmerzvolle Injektion oder eine unwürdige Untersuchung hinauslief.

Anorexie

Anorexie ist ein medizinischer Begriff, mit dem ganz einfach die Verminderung oder die Einstellung des normalen Fressverhaltens gemeint ist; oftmals wird der Halter erst bei einer Veränderung des Fressverhaltens auf ein mögliches Problem aufmerksam. Jede Katze, die den Appetit verliert, muss untersucht werden, denn es gibt zahlreiche medizinische Gründe für mangelndes Interesse am Futter. Diese reichen von schweren Erkrankungen über Zahnfleischentzündungen bis hin zu schlechten Zähnen – mit einem Besuch beim Tierarzt kann das Problem ermittelt werden.

Falls die Zähne Ursache des Problems sind, wird die Katze gewöhnlich gerne fressen wollen, sich aber dann nach nur einigen Happen auf Grund der eintretenden, oft starken Schmerzen vom Futternapf abwenden. Heutzutage bieten Tierärzte ihren Patienten auch einen umfassenden zahnärztlichen Service; es lohnt sich immer, den Tierarzt zu bitten, sich einmal die Zähne Ihrer Katze anzusehen, wenn Sie die Praxis besuchen. Wie bei so vielen Dingen ist Vorbeugen besser als Heilen und mit ein wenig Achtsamkeit bei Ernährung und Zahnpflege können die meisten Zahnprobleme vermieden werden.

Gelegentlich berichten Halter, dass ihre Katzen lieber verhungern, als irgendein anderes Futter als ihre Lieblingssorte zu fressen – tatsächlich gibt es besonders wählerische Katzen. Diese leiden gewöhnlich nicht an irgendwelchen medizinischen Beschwerden, haben aber gelernt, dass sie durch die Essensverweigerung ihre Halter dazu zwingen können, ihnen eine schmackhaftere Sorte vorzusetzen! Ich bin immer wieder erstaunt über die große Anzahl von Haltern, die täglich eine Mahlzeit mit frischem Fleisch oder Fisch für ihre geliebte Katze zubereiten oder sie sogar mit der Hand füttern, »weil sie nicht aus dem Napf fressen will«!

Die Situation ist im Grunde die Gleiche wie bei einem dreijährigen Kind, das sich weigert, etwas anderes als Fischstäbchen und Pommes frites zu essen, und die Behandlung ist im Grunde ebenfalls die Gleiche. Der Halter muss standhaft und beharrlich sein, doch für die Halter einiger Katzen, die süchtig nach einer bestimmten Sorte Futter geworden sind, kann sich die Umstellung alles andere als einfach gestalten.

Eine gesunde und ausgewogene Ernährung ist natürlich unerlässlich. Man muss daran denken, dass bestimmtes Futter, das im Übermaß gegeben wird, medizinische Probleme hervorrufen kann, etwa wenn man Katzen über lange Zeit ausschließlich mit Leber füttert, was einen Zustand namens Hypervitaminose A zur Folge hat, der zu Abnormitäten des Skelettes führt.

Standhaft zu bleiben und darauf zu bestehen, dass eine Katze ihre Ernährungsgewohnheiten ändert, kann zeitweilige Entrüstung zur Folge haben, doch sollten sich die Halter selbst zum Durchhalten ermutigen in dem Wissen, dass sie das Beste für ihr Haustier tun. Jede Veränderung der Ernährung sollte schrittweise erfolgen, wobei es oft hilfreich ist, wenn man damit anfängt, etwas vom neuen Futter mit dem alten zu vermischen. Dann wird schrittweise die Menge des neuen Futters gegenüber dem alten erhöht, wodurch nicht nur dem Verdauungssystem Zeit gegeben wird, sich dem neuen Menü anzupassen, sondern der Katze auch die Möglichkeit gegeben wird, sich an den neuen Geschmack zu gewöhnen. Erwarten Sie aber von einer wählerischen Katze nicht, dass sie über Nacht eine neue Ernährungsweise annimmt – das wird Ihnen nur extreme Frustration und Enttäuschung einbringen. Appetitverlust als Folge einer Krankheit oder Verletzung ist bei der Katze relativ verbreitet. Bei der Pflege dieser Individuen kommt es ganz auf die liebevolle Zuwendung an, genauso wie bei Katzen, deren Anorexie Ergebnis eines psychologischen und nicht eines physischen Traumas ist. Katzen leiden nicht an Anorexia nervosa im menschlichen Sinne. Sie sehen keine Notwendigkeit, dünn zu sein, um für die Gesellschaft akzeptabel zu sein, und sie denken sich auch keine Techniken wie heimliches Hochwürgen oder selbst herbeigeführtes Erbrechen aus, um ihren Körper von unerwünschter Nahrung zu befreien. Allerdings gibt es Belege dafür, dass Katzen als Folge einer Depression hungern, etwa durch den Verlust ihres Halters oder eines anderen Tieres oder auf Grund von Angst, die mit der Ankunft eines neuen Bewohners (ob Mensch oder Katze) in ihrem Zuhause zusammenhängt. Wird eine Angst als Ursache für zurückgehenden Appetit festgestellt, dann muss die Behandlung ein Programm zur Desensibilisierung für den Angst auslösenden Stimulus beinhalten (siehe *Nervosität*, Seite 140).

Frage

Vor kurzem mussten wir eine unserer geliebten Katzen nach einer langen Krankheit einschläfern lassen und seitdem weigert sich unsere andere Katze zu fressen. Die beiden Katzen waren 12 Jahre zusammen und nie voneinander getrennt. Sie schliefen zusammen eingerollt auf einem bestimmten Stuhl und fraßen Seite an Seite ihr Futter in der Küche. Unser Tierarzt kann keinen medizinischen Grund für diesen plötzlichen Appetitverlust finden. Kann das mit dem Tod der anderen Katze zusammenhängen?

Antwort

Da keine medizinischen Ursachen für die Futterverweigerung Ihrer Katze vorliegen, würde ich Ihnen darin zustimmen, dass sie tatsächlich mit dem Verlust Ihrer anderen Katze zusammenhängt. Obwohl einige Autoren uns glauben machen wollen, die Katze sei ein vollkommen unsoziales und einzelgängerisches Tier, wissen wir doch aus unseren eigenen Beobachtungen, dass diese Auffassung nur allzu simpel ist. Diejenigen von uns, die in Haushalten mit mehreren Katzen leben, erkennen bei bestimmten Individuen oft eine besondere Verbundenheit und anscheinend machen sie eine Zeit der Trauer durch, wenn eine aus dem Pärchen stirbt. Genau das ist zurzeit bei Ihrer Katze der Fall und die Behandlung wird von Ihnen viel Geduld erfordern.

Manchmal hilft es, die verstorbene Katze durch eine andere zu ersetzen, damit die Überlebende mit der neuen Bewohnerin eine neue Verbindung bildet. Das ist jedoch keinesfalls sicher; bei einigen Tieren wird durch den Stress, der damit verbunden ist, eine fremde Katze im Zentrum ihres Reviers zu akzeptieren, das Trauma nur noch verstärkt und alles wird noch schlimmer!

Bei Anorexie-Fällen auf Grund des Verlustes einer Gefährtin konzentriert sich die Behandlung auf eine langsame und stetige Ermutigung und darauf, das Futter so attraktiv wie möglich zu gestalten. Die Erwärmung des Futters auf Körpertemperatur ist hilfreich, um appetitanregende Aromen freizusetzen, die für die geruchsorientierte Katze außerordentlich wichtig sein können. Auch die Verwendung von Babynahrung kann von Vorteil sein, da sie leicht aufzunehmen ist; weiterhin kann das Hinzufügen von ein paar Stückchen stark gewürzter und stark duftender Nahrung ein nützlicher Trick sein. Es ist wichtig, die Katze während des Fütterns zu ermutigen und ihr zu helfen, ihr Sicherheitsgefühl zu Hause zu verstärken.

In einigen Fällen kann der Einsatz von Medikamenten (siehe *Homöopathie, Seite* 111), die den Appetit vergrößern und die Ängstlichkeit verringern sollen, von Vorteil sein. Allerdings sollte wie bei jedem Verhaltensproblem das Medikament im Idealfall nur über relativ kurze Zeit gegeben werden und die Dosis stetig abnehmen, um zu vermeiden, dass die Symptome lediglich verdeckt werden und die Ursache nicht bereinigt wird.

Anthropomorphismus

Dies ist eines der vielen langen Wörter mit einer einfachen Bedeutung, die gerne in ein Gespräch eingeworfen werden, um zu beeindrucken, kein Buch über Verhalten wäre ohne diesen Begriff vollständig. Er bedeutet, einem Tier menschliche Eigenschaften zuzuschreiben und wird gut in vielen Fabeln und in neuerer Zeit auch in Zeichentrickfilmen veranschaulicht.

Der Anthropomorphismus ist jedoch nicht nur auf die Welt der Fantasie beschränkt, denn viele Tierhalter gewähren ihren Gefährten einen menschlichen Status und erwarten von ihnen, zu menschlichen Denkprozessen und Gefühlen fähig zu sein. Es wird oft gesagt, Katzenhalter neigten dazu, ihre Haustiere als Ersatzkinder zu betrachten und es ist sicherlich wahr, dass viele Katzen als sehr wichtiger Teil der Familie angesehen werden. Gewiss sind wir uns alle einig, dass daran nichts Schlimmes ist, doch wenn die Katze nicht mehr als ein Tier betrachtet wird, können Probleme entstehen.

Da die Katze ein so hohes Maß an Unabhängigkeit wahrt und sich leicht unnahbar gibt, hilft ihr das auf vielfältige Weise dabei, den vollen Auswirkungen des Anthropomorphismus zu entgehen und erlaubt es ihr, noch eine gewisse Ehrbarkeit aufrechtzuerhalten. Während viele Hundehalter sich als »Frauchen« oder »Herrchen« bezeichnen, neigen Katzenhalter nicht dazu, sich mit solchen Titeln zu schmücken, da diese ein Bild der Abhängigkeit heraufbeschwören, das nicht zu rechtfertigen ist.

Wahr ist allerdings, dass die Beziehung des Katzenhalters zu seinem Haustier grundlegd mütterlicher Natur ist: Die Katze übernimmt eine Rolle ähnlich der eines Katzenjungen und sieht den Menschen als eine Mutterfigur, wohingegen der Hund seine Menschen als die dominanteren Mitglieder eines sozialen Rudels betrachtet. So hat also der Katzenhalter eher Grund, sich als »Mama« oder »Papa« der Katze zu bezeichnen, doch das hieße eigentlich, die Beziehung für selbstverständlich zu halten, was wiederum die wilde Seite der Natur der Katze nicht gestattet.

Frage

Immer, wenn ich meinen Kater dabei erwische, dass er etwas Unerlaubtes tut, schleicht er sich fort und ist stundenlang eingeschnappt. Er sitzt mit absichtlich abgewandtem Rücken da und weigert sich, mir Beachtung zu schenken, wenn ich ihn rufe. Ich weiß, dass er mich hört, weil er seine Ohren zurückdreht, aber er benimmt sich genau wie ein Kind, das nicht zugeben will, dass es Unrecht hat. Was kann ich tun, damit er mir nicht mehr die kalte Schulter zeigt?

Antwort

In diesen wenigen Zeilen haben Sie Ihrem Kater eine Reihe von menschlichen Gefühlen zugeschrieben und uns das Bild eines eingeschnappten Katers vermittelt, der seinen verletzten Stolz nährt und sich weigert zuzugeben, dass er Unrecht hat. In Ihrer Beschreibung hat Ihr Kater große Ähnlichkeit mit der Comicfigur Tom (aus *Tom und Jerry*), der beim Stehlen von Essen aus dem Kühlschrank erwischt worden ist.

Zweifellos verhält sich Ihr Kater genau so, wie Sie es beschreiben, doch der Schlüssel zu dem, was tatsächlich vor sich geht, liegt in Ihrer Reaktion auf das schlechte Betragen des Katers. Nachdem Sie festgestellt haben, dass er sich schlecht benommen hat, reagieren Sie ärgerlich und schelten ihn mit erhobener Stimme und wahrscheinlich einem bohrenden Blick. Im Verhaltensrepertoire der Katze ist das Anstarren eine äußerst einschüchternde Handlung, Ihr Kater reagiert darauf, indem er sich absichtlich abwendet, um Ihrem bohrenden Blick zu entgehen. Würde er zurückstarren, dann würde er noch mehr

Feindseligkeit riskieren – somit handelt er defensiv. Er ist weit davon entfernt, ein hochmütiges, aufsässiges Individuum zu sein und demonstriert lediglich das Gefühl einer sozial untergeordneten Stellung. Wenn Sie die Pose Ihres Katers in menschliche Kategorien einordnen, laufen Sie Gefahr, seine Signale falsch auszulegen und sein Verhalten misszuverstehen.

Babys und Kleinkinder

Die Ankunft eines neuen Babys ist für jede Familie eine aufregende Zeit; es ist auch eine Zeit, in der die Eltern das tiefe Bedürfnis haben, ihren Nachwuchs vor jeder potenziellen Gefahr zu schützen. Dies gilt auch schon in der Zeit vor der Geburt, und besonders für Frauen bringt die Schwangerschaft ein überwältigendes Verantwortungsgefühl für das Wohlergehen des ungeborenen Kindes mit sich.

Immer wieder werden die potenziellen Auswirkungen einer Krankheit namens Toxoplasmose auf Schwangere diskutiert, wobei gleichzeitig der Zusammenhang dieser Krankheit mit Hauskatzen beleuchtet wird. Dies führt zu vielen Fragen besorgter Katzenhalter über mögliche Probleme durch die Katzenhaltung während der Schwangerschaft. In vielen Fällen wurde nicht erst lange gefragt, sondern es wurden einfach die Katzen »abgeschafft«, um nichts zu riskieren.

Es stimmt, dass Katzenkot eine potenzielle Quelle des einzelligen Parasiten *Toxoplasma gondii* ist, der diese Krankheit verursacht, doch ist er nicht die einzige Quelle. Das Risiko, von Ihrer Hauskatze infiziert zu werden, muss man einmal ganz nüchtern betrachten. Andere mögliche Infektionswege können der Verzehr von rohem oder nicht gegartem Fleisch, von ungewaschenem oder rohem Obst oder Gemüse, von unpasteurisierter Ziegenmilch oder von Ziegenmilchprodukten sein. Es ist daher vernünftig, während der Schwangerschaft besonders auf die Essenszubereitung zu achten und sicherzustellen, dass Fleisch immer hinreichend gekocht ist, bevor es verzehrt wird.

Die meisten Katzen, die jagen oder mit rohem Fleisch gefüttert werden, können sich mit dem Parasiten infizieren, und auch wenn die Katzen nicht unbedingt selbst Krankheitssymptome entwickeln, kann sich eine beträchtliche Anzahl der infektiösen Erreger in ihrem Kot verteilen. Aus diesem Grund sollte während der Schwangerschaft der Kontakt mit schmutzigen Katzentoiletten und mit Boden, der mit Katzenkot kontaminiert wurde, vermieden werden. Falls Sie niemanden finden können, der für Sie die Katzentoilette reinigt, tragen Sie dabei immer Handschuhe und waschen Sie nach der Reinigung immer sowohl Handschuhe als auch Hände. Stellen Sie auch bei der

Gartenarbeit sicher, dass Sie Handschuhe tragen und Ihre Hände gründlich gereinigt sind, wenn Sie wieder das Haus betreten. Es ist in Ordnung, wenn Sie sich wie gewohnt mit Ihrer Katze befassen, vorausgesetzt, dass normale hygienische Vorkehrungen getroffen werden, etwa das Waschen der Hände nach dem Kontakt und vor dem Essen oder der Essenszubereitung, so dass Sie während der Schwangerschaft weiter die Gesellschaft Ihrer Katze genießen können. Im Zweifel ist es sicher sinnvoll, sich umfassend über Toxoplasmose zu informieren, denn Information ist äußerst wichtig, wenn wir die tragischen Konsequenzen der Krankheit eindämmen und gleichzeitig unnötigen Sorgen über die Katzenhaltung während der Schwangerschaft zuvorkommen wollen.

Frage
Nach der Geburt meines ersten Kindes mache ich mir immer mehr Sorgen über das Verhalten meines Katers. Er ist ein großer dreijähriger, kastrierter Kater und hat ein sehr flauschiges, langhaariges Fell. Ich habe festgestellt, dass er immer, wenn er sich im selben Raum wie mein Sohn befindet, sehnsüchtig auf das Babykörbchen oder die Tragetasche blickt, und ich bin mir sicher, dass er bei der geringsten Chance hineinspringen würde. Was kann ich tun, um ihn aufzuhalten und einen schlimmen Unfall zu verhindern?

Antwort
Die meisten Ängste der Eltern von Neugeborenen in Bezug auf Katzen rühren aus einem Ammenmärchen, laut dem Katzen wegen des Geruchs von Milch gerne auf den Gesichtern von Babys schlafen und sie damit ersticken. Viele Menschen gehen so weit und entledigen sich ihres geliebten Tiers, weil es ihrem Neugeboren Schaden zufügen könnte, während andere die Anschaffung einer Katze hinausschieben, weil sie sie als potenzielle Bedrohung ansehen. Ich habe keinen Zweifel daran, dass Ihr Kater es sich gerne neben Ihrem Sohn in der Tragetasche gemütlich machen würde, aber sein Grund dafür ist einfach nur, dass die Tragetasche ein warmer und sicherer Ort ist und nicht, dass der Kater Ihrem Baby Schaden zufügen will. Falls er allerdings hineinkommen könnte und dann versehentlich das Gesicht Ihres Kindes mit seinem flauschigen Fell bedecken würde, wäre sein Motiv ziemlich irrelevant – natürlich ist es nötig, diese Möglichkeit zu verhindern.

Die Antwort auf Ihre Frage lautet: Stellen Sie einfach sicher, dass Ihr Kind *niemals* unbeaufsichtigt mit Ihrem Kater allein gelassen oder in einer Situation belassen wird, in der Ihr Kater sich Zugang zu ihm verschaffen könnte –

zum Beispiel durch ein offenes Fenster oder eine Katzenklappe. Diese Regel gilt nicht nur für das Neugeborene, obwohl man es natürlich als besonders verletzlich ansieht, sondern auch für den Krabbler und das enthusiastische Kleinkind. Anfangs besteht das Ziel darin, das hilflose Kind zu beschützen, doch im Laufe der Zeit wird der Kater derjenige sein, der Schutz braucht! Wenn Sie Ihr Kind im Garten in seinem Kinderwagen lassen, vergessen Sie nicht, ein Katzennetz zu verwenden. Selbst wenn Ihr Kater sich außer Reichweite sicher im Haus befindet, werden unzweifelhaft andere Katzen in der Nachbarschaft sein, die vielleicht gerade auf der Suche nach einem warmen Platz für ein Nickerchen sind. Selbstverständlich ist es wichtig, dass Ihr Kater lernt, den neuen Familienzuwachs zu akzeptieren; sie permanent voneinander getrennt zu halten, ist weder praktisch noch wünschenswert. Sie wollen, dass Baby und Kater von Anfang an voneinander erfahren: Mit Hilfe von kontrollierten und, was am wichtigsten ist, beaufsichtigten Zusammenführungen sollte dem Kater die Gelegenheit gegeben werden, den Geruch des Babys und des ganzen Drum und Dran wie Kinderbett, Kinderwagen, Windeln und so weiter zu akzeptieren. Er muss erkennen, dass weder das Baby noch die Babyausstattung irgendeine Bedrohung seiner Sicherheit oder seines Rechts auf Ihre Zuneigung darstellen.

Für die meisten Katzen wird die Tatsache, dass Sie einen großen Anteil Ihrer Zeit mit dem Neuankömmling verbringen, kaum eine Rolle spielen – schließlich sind sie nicht so abhängig von Menschen wie Hunde und sind daran gewöhnt, nur nach Aufforderung Aufmerksamkeit zu erhalten. Von einigen Mitgliedern der anspruchsvolleren Rassen kann ein Baby allerdings durchaus als Konkurrent um die Zuneigung des Halters angesehen werden. Es ist wichtig, die Katze dahingehend zu erziehen, dass sie Ihre Aufmerksamkeit allein auf Ihre Veranlassung hin und nicht auf ihre eigene erhält. Dadurch stellen Sie sicher, dass von Ihnen nicht erwartet wird, allzeit verfügbar zu sein. Wenn Sie Ihre Aufmerksamkeit für die Katze mit der Anwesenheit des Babys kombinieren, wird die Katze es schließlich als einen Freund und nicht als unwillkommenen Eindringling betrachten.

Begrüßung

Es ist wohl kaum etwas mit der bedingungslosen Akzeptanz Ihrer Hauskatze zu vergleichen, wenn für Sie ein besonders spannungsgeladener Tag im Büro zu Ende gegangen ist. Wenn alle um Sie herum verrückt zu werden scheinen, hilft Ihnen die warme Begrüßung der Katze, die Sorgen des Tages hinter sich zu lassen und sich zu entspannen.

Viele Katzenhalter sind erstaunt, wie ihre sonst so unnahbare und unabhängige Katze auf einmal so einladend und warmherzig sein kann, und mir werden immer wieder Fragen dazu gestellt, warum Katzen uns auf diese Weise begrüßen. Zwar handelt es sich nicht um ein Verhaltensproblem, doch nach der Häufigkeit der Fragen zu urteilen ist dies offenkundig ein Bereich des Katzenverhaltens, der viele fasziniert und den sie verstehen wollen.

Wenn ein Halter nach Hause kommt und die Katze schlafend auf einem Wohnzimmerstuhl vorfindet, wird die Begrüßung der Katze wahrscheinlich so aussehen, dass sie sich auf den Rücken rollt, gähnt, sich streckt und dann den Halter anstarrt, während sie langsam mit der Schwanzspitze zuckt. Diese Art der Begrüßung ist für Menschen reserviert, die die Katze gut kennt, und ist ein sehr freundliches und vertrauensvolles Zeichen. Im Verständnis der Katze ist das Zeigen des Bauches ein Zeichen großer Verletzbarkeit, und wenn die schläfrige Katze sich herumrollt und zum Kontakt mit diesem wichtigen Körperteil einlädt, soll dies zeigen, dass sie bereit ist, ein Risiko einzugehen. Das Gähnen und Strecken sind Teil des Aufwachprozesses, und das Zucken des Schwanzes zeigt vermutlich den Grad eines inneren Konfliktes der Katze an, was andeuten mag, dass sie sich womöglich doch nicht ganz so sicher fühlt!

Obwohl man sich durch diese einladende Haltung dazu verleitet fühlen könnte, den flauschigen ausgestreckten Bauch zu kraulen, wissen viele Halter, dass dergleichen einer Bitte um einen verärgerten Pfotenhieb gleichkäme. Es mag eine Sache sein, Vertrauen zu bekunden, indem der Bauch präsentiert wird, doch es ist etwas vollkommen anderes, körperlichen Kontakt zu gestatten, und viele Katzen haben das Gefühl, selbst ihre Halter hätten ein solches Privileg nicht verdient.

Falls die Katze nicht gerade schläft, wenn ihr Halter zurückkehrt, sondern hellwach und aktiv ist, dann wird die Begrüßung anders aussehen. Die Katze streicht dann wiederholt mit ihrem Körper um ihren Halter herum und reibt ihr Gesicht an seinen Beinen, bevor sie dann ihren Schwanz um sie schlingt. Wenn der Halter hinunterreicht, um sie zu streicheln, wird die Katze ihr Reiben verstärken und ihn oft eindringlich mit den Ecken ihres Mauls anstupsen, bevor sie sich entfernt und hinsetzt, um sich gründlich zu putzen.

Findet eine Begrüßung zwischen zwei Katzen statt, so wird der Kontakt von Gesicht zu Gesicht erfolgen, denn die Tatsache, dass unsere Katzen uns um die Beine streichen, ist eine Anpassung aus reiner Notwendigkeit, da wir zu groß sind, um ihnen zu gestatten, unser Gesicht zu reiben. Katzenjunge, die versuchen, ihre Mutter zu begrüßen, treffen auf ähnliche Schwierigkeiten, obwohl der Größenunterschied erheblich geringer ausfällt. Um das Problem zu überwinden, werden die Jungen eine absichtliche Hüpfbewegung vollführen, indem sie ihre Vorderbeine vom Boden hochnehmen und den Kopf anheben, um in Kontakt mit dem Gesicht ihrer Mutter zu kommen, die ihnen wiederum entgegenkommt, indem sie ihren Kopf senkt.

Die gleiche Bewegung wird oft bei Katzen gesehen, die versuchen, ihre Halter zu begrüßen, wobei viele sogar noch einen Schritt weiter gehen und auf eine Stuhllehne springen, um in Kontakt mit dem Gesicht ihres Halters zu kommen.

Durch all das freundliche Gehabe fühlen sich die Halter als etwas ganz Besonderes, doch was wir oft nicht erkennen, ist, dass die Katze dadurch, dass sie sich so liebenswürdig an uns reibt, tatsächlich Geruch mit uns austauscht. Für die geruchsorientierte Katze ist es wichtig, dass alle Mitglieder des Haushalts einen bekannten Geruch haben, und so markiert sie uns unter Einsatz ihrer speziellen Duftdrüsen, die sich auf den Schläfen, am Schwanzansatz und in den Ecken ihres Mauls befinden, mit ihrem eigenen Geruch. Hat sie das erledigt, muss sie als Nächstes unsere Geruchssignale lesen, indem sie vorsichtig das Fell ihrer Flanken ableckt, die sie gerade an uns gerieben hat, und so unseren Geruch »schmeckt«. Wir sehen also, dass das Begrüßungsverhalten unseres Haustiers aus einer komplizierten Mischung aus Lautsprache, Körpersprache und Geruchskommunikation besteht, was bei den Katzen ein Gefühl der Sicherheit und bei uns ein Gefühl des Gebrauchtwerdens erweckt.

Beißen

Obwohl man beim Thema Beißen gewöhnlich an einen wütenden Hund denkt, der unter Freilegung einer beeindruckenden Reihe von blitzenden weißen Zähnen auf einen zustürzt, sind Hunde keineswegs die einzigen Geschöpfe, die mit ihren Zähnen erhebliche Verletzungen verursachen können. In den meisten Fällen denken wir bei Verletzungen, die von Katzen verursacht werden, an tiefe, durchdringende Kratzer, doch auch der Biss einer Katze kann genauso schmerzvoll sein und ein ebenso hohes Infektionsrisiko mit sich bringen. An Zähnen und Krallen der Katze befinden sich zahlreiche Bakterien und andere Krankheitserreger und es ist vernünftig, jede Verletzung durch eine Katze als potenziell problematisch zu behandeln und darauf zu achten, dass die Wunde gründlich gereinigt wird.

Die Bakterienart *Pasteurella* ist ein besonders unangenehmer Organismus, der, wenn er sich als Folge eines Katzenbisses tief in der Haut einnistet, eine

Blutvergiftung verursachen kann, so dass man nicht vorsichtig genug sein kann. Im Abschnitt über *Aggressionen* (Seite 68) haben wir gesehen, dass Katzen im Allgemeinen versuchen werden, den totalen Konflikt zu vermeiden, um sich ein Verletzungsrisiko zu ersparen; für einige Halter allerdings ist das Beißen ihrer Katze eine übliche, wenn nicht sogar alltägliche Angelegenheit. In vielen Fällen erfolgen die Angriffe nicht nur unerwartet und ohne Veranlassung, sondern sie sind auch äußerst frustrierend, weil sie oft eintreten, wenn der Halter die Katze streichelt und ihr seine Liebe und Zuneigung zeigt. Die Katze hat vielleicht einige Zeit lang zufrieden mit ihrem Halter zusammengesessen, bis sie sich unvermittelt umdreht und in die Hand beißt, die sie streichelt.

Frage
Ich besitze eine ganz besondere, kleine Katze, die 90 % der Zeit ein perfektes Haustier ist. Es gibt lediglich einen Aspekt in ihrem Verhalten, den ich faszinierend, aber gleichzeitig auch sehr problematisch finde. Da ich allein lebe, ist meine Katze meine wichtigste Gefährtin; ich sitze gerne abends mit ihr zusammen und schmuse mir ihr, allerdings wird das für mich immer gefährlicher!
Wenn ich sie hochnehme und anfange, sie zu streicheln, schnurrt sie zufrieden und liegt vollkommen entspannt in meinen Armen, doch dann, ganz unvermittelt und ohne jede Vorwarnung, greift sie mich plötzlich an. Sie packt meinen Arm mit ihren Vorderpfoten, tritt wie wild mit ihren Hinterbeinen, kratzt mich dabei und versenkt dann ihre Zähne in meinem Arm. Während des Angriffs scheint sie verwirrt und desorientiert zu sein, danach springt sie von meinen Armen herunter und stürzt wie in blinder Panik davon. Manchmal hält sie in kurzem Abstand von mir an und setzt sich hin, um sich wie rasend zu putzen. Es ist fast so, als wäre sie eine Figur aus Jekyll und Hyde, ihre ungerechtfertigten Aggressionen machen mich nervös. Was kann ich tun?

Antwort
Was Sie in Ihrem Brief beschreiben, ist ein Syndrom, das die Amerikaner »Streichel- und Beißsyndrom« nennen. Ihre Katze reagiert ganz natürlich auf das Gefühl, in der Falle zu sitzen und verletzlich zu sein. Und natürlich möchten wir wissen, warum sie sich plötzlich von uns bedroht fühlt, wo sie es doch nur wenige Augenblicke vorher genossen hat, im Mittelpunkt der Aufmerksamkeit zu stehen. Zunächst müssen wir festhalten, dass diese Verhaltensweise bei den meisten Katzen ausgelöst werden kann; Unterschiede gibt

es bei dem Punkt, ab dem sie von der Akzeptanz der Zuwendung zu einer gewaltsamen Reaktion wechseln – mit anderen Worten: ihrer Toleranzschwelle. Von einigen Katzen wird schon der Versuch, sie hochzunehmen, mit einer Reihe von Aggressionen begrüßt, doch der Mehrheit ist der Kontakt und das Schmusen selbst, zumindest über einen kurzen Zeitraum hinweg, willkommen.

Eine Erklärung für diese Verhaltensweise lautet, dass sie mit der Vergangenheit des individuellen Tieres verknüpft ist, womit also eine Verbindung zwischen seinen frühen Kontakterfahrungen und der anschließenden Toleranzschwelle für den menschlichen Kontakt gezogen wird. Katzen, die schon früh menschlichen Kontakt hatten und daran gewöhnt sind, gepflegt zu werden, haben gewöhnlich eine hohe Toleranzschwelle und zeigen äußerst selten Aggressionen, während andere, die als Katzenjunge kaum und als erwachsene Tiere nicht besonders häufig menschlichen Kontakt hatten, innerhalb weniger Minuten, nachdem sie hochgehoben wurden, eine aggressive Reaktion zeigen. Es ist vorgebracht worden, dass es sogar eine Verbindung zwischen diesen plötzlichen Angriffen und der Erinnerung der Katze an eine unangenehme Erfahrung geben könnte. Möglicherweise hat irgendwann in der Vergangenheit einmal jemand die Katze sanft gestreichelt, bevor er sie plötzlich packte und hinunterbeförderte, und als Folge sieht die Katze nun eine freundliche Hand als potenzielle Bedrohung, so dass schließlich die Angst davor, gepackt zu werden, den Wunsch, gestreichelt zu werden, übersteigt und die Katze auf den Menschen losgeht.

Die andere Erklärung für das Verhalten Ihrer Katze gründet sich auf die gegenseitige Fellpflege der Katzen. Eine Katzenmutter wird ziemlich lange Zeit damit verbringen, ihren Nachwuchs abzulecken, wenn er noch jung ist, und es wird angenommen, dass die menschliche Hand von der infantilen Hauskatze als die Zunge ihrer Mutter betrachtet wird. Getröstet von unserem mütterlichen Streicheln lehnen sich unsere Katzen gerne zurück und entspannen sich in unseren Armen, doch irgendwann kommt ein Punkt, an dem sie plötzlich wieder ins Erwachsenenalter zurückkehren und sich in der Falle und verletzlich fühlen. Die Bewegung unserer Hand ähnelt nicht länger dem beruhigenden Streicheln der Mutter, sondern eher der bedrohlichen Pfote einer anderen Katze, und so reagiert unser sanftmütiges Haustier mit einem natürlichen Verteidigungsangriff.

Die Behandlung Ihrer Katze muss zum Ziel haben, ihre Reaktionsschwelle zu erhöhen, wobei es wichtig ist, langsam vorzugehen, um sie nicht zu überfordern. Für den Anfang sollten Sie sie immer nur kurz streicheln, ohne sie überhaupt erst hochzunehmen, so dass sie selbst entscheiden kann, sich zurückzuziehen, sobald sie die Notwendigkeit verspürt. Akzeptiert sie einmal bereitwillig diese Aufmerksamkeit, können Sie damit anfangen, sie auf Ihren Schoß zu setzen und sie sanft zu streicheln, aber denken Sie daran, sich dabei auf den Rücken und den Kopf zu konzentrieren und die empfindlicheren Partien wie den Bauch und die Beine zu vermeiden – geben Sie ihr auf jeden Fall die Möglichkeit, leicht zu entkommen, wenn sie das wünscht. Von jetzt an können Sie schrittweise die Zeitspanne des Streichelns Ihrer Katze erhöhen, wobei es jedoch vernünftig ist, sie niemals gewaltsam festzuhalten, da dies nur dazu führt, ihre Toleranzschwelle zu senken und alles zunichte macht, was Sie so geduldig erarbeitet haben.

Bestrafung

Egal ob im Kontext der Erziehung oder einer Behandlung hat die Bestrafung keinen Platz in unseren Interaktionen mit Hauskatzen, da sie selten den gewünschten Effekt erbringt und oft weitaus mehr Schaden als Gutes anrichtet. Es ist eine allgemeine Fehlvorstellung, Bestrafung als das Gegenteil von Belohnung anzusehen, denn das Gegenteil von Belohnung ist vielmehr das Fehlen von Belohnung, und Bestrafung kann nur zu Irritationen beitragen.

Hinzu kommt, dass das Ergebnis einer Bestrafung bei Katzen immer unvorhersagbar ist, und wenn wir unter Bestrafung körperliche Maßnahmen verstehen, dann werden wir nur die Reaktionen der Katze verstärken und so die Möglichkeit einer aggressiven Reaktion erhöhen. Oft assoziiert das Tier die Bestrafung mit seinem Halter und nicht mit der unerwünschten Handlung, und im Extremfall hat das eine Katze zum Ergebnis, die alles in ihrer Macht Stehende unternehmen wird, um die sie umgebenden unberechenbaren Menschen zu meiden.

Viele von uns werden Sympathie für den Halter hegen, der wegen einer Katze, die wiederholt das Haus verschmutzt, am Ende ist, und mir wird häufig gesagt: »Sogar Bestrafung macht bei ihr keinen Unterschied.« Zweifellos haben diese Halter jede vernünftige Methode ausprobiert, die ihnen in den Sinn kam, doch wenn sie an ihre Grenzen geführt werden, werden die meisten Menschen sich der körperlichen Bestrafung zuwenden in der Hoffnung, ihr sündiges Haustier so zu bessern. Allerdings ist jede Bestrafung vollkommen zwecklos bei der Behandlung sowohl von Katzen, die das Haus verschmutzen, als auch von denen, die darin Markierungen setzen. Wenn das Timing nicht absolut genau ist, dann wird die Katze nicht ahnen, worauf sich die Bestrafung bezieht, und selbst im unwahrscheinlichen Fall, dass die Katze auf frischer Tat ertappt wurde, wird sie trotzdem nicht verstehen, warum sie für etwas bestraft wird, was schließlich eine ganz normale Funktion ist.

Bei denjenigen Katzen, deren Problem von nervösem Urinieren herrührt, ist der Einsatz von Bestrafungen definitiv keine gute Idee, da dies den Nervositätsgrad der Katze noch steigern wird, besonders in Anwesenheit des Halters, und die Situation nur noch zehnmal schlimmer machen wird.

Haben wir also akzeptiert, dass Bestrafung keine Lösung darstellt, so müssen wir nichtsdestotrotz anerkennen, dass bestimmte Verhaltensprobleme von Katzen irgendeine Art der Intervention erfordern, um unsere geliebten Haustiere von etwas abzuhalten, das sie nicht tun sollten. Mein eigener Kater ist schon öfters auf die Arbeitsfläche neben dem Herd gesprungen und hat versucht, die dort kochende Hühnersuppe zu trinken! Dieses Verhalten ist nicht nur aus hygienischer Sicht unerwünscht, sondern es könnte auch höchst gefährlich für ihn werden, nicht zuletzt, weil er langhaarig ist und ich mit Gas koche.

In solchen Fällen ist es wichtig, dafür zu sorgen, dass die Intervention eher überraschend als strafend ist, und sicherzustellen, dass sie nicht auf den Halter zurückverfolgt werden kann. Mit anderen Worten muss unsere negative Konditionierung von der Katze als direkte Konsequenz ihres eigenen Handelns angesehen werden. Die Intervention sollte unangenehm, aber niemals schmerzhaft sein, wobei der Einsatz von Wasser und von Geräuschen am effektivsten sein kann.

Im Falle meines auf die Arbeitsfläche springenden Katers muss ich bewerkstelligen, dass sein Handeln irgendeine unangenehme Erfahrung zur Folge hat, sei es eine Dusche aus einer zielgenau abgefeuerten Wasserpistole oder ein Schock durch einen herabstürzenden Topfdeckel, der gefährlich nahe am Rand postiert war. In jedem Fall wird der Kater nur ungern zurückkehren, aus Angst vor dem, was die Arbeitsfläche wohl als Nächstes zu bieten hat, und wird stattdessen Trost und Bestätigung bei seiner ihn liebenden Halterin suchen.

Gelegentlich erwischen Sie Ihre Katze vielleicht dabei, wie sie ein unerwünschtes Verhalten zeigt, haben aber nicht mehr genug Zeit, um nach der Wasserpistole zu greifen; in solchen Fällen wird ein scharfes Fauchgeräusch, das in der Sprache der Katzen als Warnung interpretiert wird, oft ausreichen, um ihrem Tun Einhalt zu gebieten.

Dermatitis

Probleme mit der Haut sind auch bei Katzen gleich häufig anzutreffen, die Ursachen für die oftmals sehr ähnlichen Symptome sind überaus vielfältig. Die entmutigende Aufgabe eines Tierarztes besteht darin zu versuchen, die Ursache ausfindig zu machen, statt einfach nur die Symptome zu behandeln, was sich jedoch extrem schwierig gestalten kann.

Die möglichen Ursachen für Dermatitis reichen mit ihren komplexen Krankheitsprozessen von einer Allergie bis zu Flöhen; eine vollständige medizinische Untersuchung ist unerlässlich, um jede mögliche gesundheitliche Grundlage des Problems auszuschließen. Bei Fällen allerdings, in denen solche Untersuchungen ins Leere laufen, muss man die Möglichkeit eines psychischen Einflusses in Betracht ziehen.

Frage

Mein Kater *Muffet* muss wegen eines Hautproblems neuerdings regelmäßig zum Tierarzt, doch trotz umfassender Tests war es bislang nicht möglich herauszufinden, was seinen Zustand verursacht. Mein Tierarzt hat den Eindruck, die Tatsache, dass es sich um ein extrem nervöses Tier handelt, könnte von Bedeutung sein.

Immer, wenn wir Besuch haben, versteckt sich der Kater in einem unserer Gästeschlafzimmer und weigert sich herauszukommen; wenn die Besucher einige Tage bleiben, muss ich eine Katzentoilette und einen Futternapf in das Zimmer stellen und es für ihn als Wohnschlafzimmer herrichten! Eigentlich ist das kein Problem, aber ich habe festgestellt, dass er sich, wenn die Besucher im Haus sind und auch noch einige Tage nach ihrer Abreise, fortwährend in die Haut um seinen Schwanzansatz herum beißt und sich das Fell ausreißt. Wenn die Besucher abgereist sind, ist er entlang seines Rückens praktisch kahl, seine Haut ist inzwischen sehr schuppig und trocken geworden. Ich weiß, dass eine einfache Lösung darin bestünde, Besuch zu verweigern, was ich aber eigentlich nicht möchte, und ich habe das Gefühl, dass der Kater Hilfe braucht, um dieses Problem zu überwinden, statt es einfach nur zu vermeiden.

Antwort

Ich stimme Ihnen zu, dass es keine Lösung ist, einfach keinen Besuch mehr zu empfangen. Ausgehend von Ihrer Beschreibung von Muffets Verhalten und dem Fehlen einer gesundheitlichen Ursache wäre die wohl wahrscheinlichste Erklärung die Diagnose einer psychogenen oder nervösen Dermatitis.

Für eine Katze ist es absolut normal, enorm viel Zeit mit ihrer Fellpflege zu verbringen, um Schmutz, loses Fell und auch Parasiten zu entfernen (siehe *Fellpflege*, Seiten 43 und 101), doch das Ablecken und Beißen einer bestimmten Stelle auf eine Art und Weise, wie Sie sie beschreiben, ist wahrscheinlich eine Reaktion auf irgendeine Stressquelle, bei der der Kater das Gefühl hat, er komme nicht mit ihr klar.

Sie sagen, es handele sich um einen nervösen Kater, und offenkundig ist er sehr empfindlich gegenüber Veränderungen in seiner häuslichen Umgebung. Indem er längere Zeitspannen mit sehr energischer Fellpflege verbringt, was zu Irritationen der Haut und zu bedeutendem Fellverlust führt, vermeidet er die Notwendigkeit, sich dieser Herausforderung zu stellen.

Zu der Behandlung muss eine medizinische Behandlung der körperlichen Symptome gehören, kombiniert mit einem Programm, das seine Fähigkeit erhöht, mit Stresssituationen zurechtzukommen. Anfangs kann es hilfreich sein, ihn von Stressquellen zu entfernen. Falls das in der häuslichen Umgebung nicht möglich ist, kann ein kurzer Aufenthalt in einer Tierklinik eine sinnvolle Methode sein, um für ihn einen entspannten Zeitraum zu schaffen, in dem die Behandlung seiner Haut erfolgen kann.

Eines der Hauptprobleme bei der Behandlung von psychogener Dermatitis besteht darin, dass sich ein Juck-Kratz-Kreislauf entwickelt, wobei die Irritation der geschädigten Haut die Katze dazu bringt, weiterzukratzen, auch wenn die ursprüngliche Ursache des Problems gar nicht mehr existiert. Eine spezielle Halskrause, um die Katze am Kratzen und Beißen zu hindern, wird helfen, diesen Kreislauf zu durchbrechen und wird der Haut ermöglichen, sich zu regenerieren.

In der Zwischenzeit gehört zur Behandlung der psychologischen Aspekte des Verhaltens die kontrollierte Konfrontation mit herausfordernden Situationen, genau wie bei der Behandlung von nervösen Katzen (siehe *Nervosität*, Seite 140). Hierbei kann es hilfreich sein, eine stetig abnehmende Dosis eines geeigneten Beruhigungsmittels (siehe Seite 111) zu geben, allerdings sollte man wie immer der Versuchung widerstehen, sich allein auf Medikamente zu verlassen. Auch wenn gute Fortschritte erzielt werden und die Katze ihrer Umgebung deutlich mehr zu vertrauen scheint, können die Halter trotzdem noch feststellen, dass sich das Hautproblem in Zeiten intensiven Stresses, etwa beim Umzug in ein anderes Haus, noch einmal zeigt. Eine kurzzeitige Verwendung von Medikamenten wird jedoch gewöhnlich ausreichen, um der Katze über diese Krisenpunkte hinwegzuhelfen und zu verhindern, dass sie von neuem in das Verhalten verfällt.

Desensibilisierung

Dies ist ein von Verhaltenstherapeuten häufig verwendeter Begriff. Er beschreibt den Prozess, in dem einem Individuum geholfen wird, sich mit etwas abzufinden, das vorher eine nervöse oder gar furchtsame Reaktion bei ihm verursacht hat. Dazu gehört die kontrollierte und graduelle Konfrontation mit dem jeweiligen Reiz, während die Katze gleichzeitig für ihre Akzeptanz belohnt wird. Zu den Beispielen gehört die agoraphobe Katze, die gegenüber ihrer äußeren Umgebung desensibilisiert wird, oder die extrem nervöse Katze, die ihre Angst vor Besuchern überwinden muss.

In jedem Fall gilt die goldene Regel, sich Zeit zu nehmen: Beginnen Sie mit einer sehr milden Form des Reizes und konfrontieren Sie die Katze schrittweise mit höheren Intensitäten. Die Desensibilisierung darf niemals überstürzt werden; falls die Katze zu irgendeinem Zeitpunkt furchtsam oder ängstlich reagiert, ist es wichtig, auf dieser Stufe stehen zu bleiben oder sogar zu einer niedrigeren Intensität zurückzukehren und sicherzustellen, dass Sie auch die Akzeptanz der Katze erreicht haben, bevor Sie fortfahren. Jede plötzliche Eskalation während der jeweiligen Herausforderung kann alles Positive wieder zunichte machen, das Sie bis dahin schon erreicht hatten.

Vorausgesetzt, dass sie korrekt durchgeführt wird, ist die Desensibilisierung eine sehr nützliche Methode bei der Behandlung von Verhaltensproblemen von Katzen und kommt in diesem Buch in vielen meiner Antworten zur Sprache.

Dressur

Die meisten Menschen verbinden Dressieren eher mit Hunden, doch die Anwesenheit von Katzen in Filmen und in der TV-Werbung ist der Beweis dafür, dass es auch möglich ist, Katzen zu dressieren, falls wir das denn wünschen. Katzen sind sehr wohl in der Lage zu lernen und tun dies bemerkenswert schnell, vorausgesetzt, dass grundlegende Dressurprinzipien eingehalten werden.

Zunächst einmal ist es wichtig, das natürliche Katzenverhalten zu studieren, damit wir leichter ihre natürlichen Reaktionen vorhersagen und diese in unserem menschengemachten Kontext einsetzen können, weiterhin müssen wir uns an die Regel »Belohnung statt Bestrafung« halten. Zwar lassen sich Hunde meist ohne Beachtung dieser Regel dressieren, aber wenn wir versuchen, die gleiche ungeschickte Methode bei der Dressur unserer Katzen zu gebrauchen, werden wir in jedem Falle scheitern. Die Dressur muss positiv sein, und der Trainer muss über ein endloses Maß an Geduld und

Verständnis verfügen, wenn er erfolgreich sein will. Einfach ausgedrückt sollte niemals zugelassen werden, dass die Katze scheitert, und wenn sie das geforderte Verhalten zeigt, muss sie angemessen, schnell und konsequent belohnt werden.

Diejenigen, die Katzen sowohl fürs Fernsehen als auch für Filme dressieren, werden Ihnen erzählen, dass es unmöglich ist, eine Katze dazu zu zwingen, menschlichen Forderungen zu entsprechen, dass es aber durchaus möglich ist, sie zu dressieren, wenn das Trainingsprogramm auf einer interaktiven Beziehung und einer freundlichen und geduldigen Herangehensweise basiert. Es ist hilfreich, mit dem Training anzufangen, wenn die Katze noch sehr jung ist und willens, auf neue Erfahrungen und Situationen zu reagieren, wobei es noch zusätzlich von Vorteil ist, wenn das Katzenjunge von sich aus neugierig und äußerst begeisterungsfähig ist.

Die beim Training eingesetzte Belohnung muss von der Katze als solche wahrgenommen werden; es kann sich als weit schwieriger erweisen, ein geeignetes Belohnungssystem für die Katze zu finden als für den bereitwilliger dressierbaren Hund. Hunde werden oft positiv auf Futter reagieren, egal, ob sie überhaupt hungrig sind, doch die meisten Katzen sind weniger mit schmackhaften Bissen und verführerischen Leckereien zu beeindrucken. In gleicher Weise haben auch Lob und Zuneigung nicht den gleichen Reiz für ein im Wesentlichen unabhängiges Geschöpf, das uns jederzeit seine Aufmerksamkeit zollen und auch wieder verwehren kann.

Daher ist es wichtig, die Belohnung darauf auszurichten, dass die individuellen Anforderungen nicht nur der Katze, sondern auch der jeweiligen Situation erfüllt werden: Flexibilität ist hierbei unabdingbar. Der andere entscheidende Faktor ist der Zeitpunkt der Belohnung, denn Verzögerungen von nur wenigen Sekunden können zu einem unnötigen Scheitern führen. Die Belohnung muss direkt mit der Handlung assoziiert und daher sofort gegeben werden. Eine konsequente Belohnung wird dafür sorgen, dass die Katze schnell lernt. Unter Anwendung dieser Prinzipien ist es möglich, Katzen dazu zu dressieren, eine Reihe von Kunststücken vorzuführen, allerdings erwachsen dem durchschnittlichen Katzenhalter hieraus wohl kaum Vorteile. Die Dressur kann jedoch auch für die normale Hauskatze relevant sein, etwa zur leichteren Akzeptanz dieser populären Erfindung namens Katzenklappe.

Frage
Bis vor kurzem habe ich in einer Wohnung im zweiten Stock gewohnt und meine Katze verschaffte sich immer Zugang durch ein offenes Fenster, ob-

wohl es immer ein Geheimnis blieb, wie sie das bewerkstelligte. Jedenfalls habe ich nun ein Haus gekauft und ich glaube, aus Sicherheitsgründen ist es nicht vernünftig, auch hier ein Fenster offen zu lassen, während ich den ganzen Tag außer Haus arbeite. Die Katze ist aber an ihre Freiheit gewöhnt, und ich will nicht, dass sie den ganzen Tag über eingesperrt ist, aber genauso schlimm finde ich den Gedanken, dass sie bei Kälte und Regen den ganzen Tag ausgesperrt wäre. Folglich fuhr ich zum hiesigen Zoohandel und investierte in eine dieser Super-Katzenklappen mit elektronischem Automatikverschluss, so dass sie allein die Klappe benutzen kann, jedoch keine anderen Katzen in ihr Zuhause gelangen können. Ich dachte wirklich, ich wäre großzügig gewesen, aber die Katze ist alles andere als beeindruckt von meinem Geschenk und weigert sich kategorisch, es zu benutzen. Können Sie irgendetwas vorschlagen, denn ich habe das Gefühl, dass sie im Moment unnötigerweise etwas vom Leben verpasst?

Antwort

Das Leben wäre so viel einfacher, wenn Katzen lesen könnten, aber leider ist dem nicht so. Ihrer Katze muss verziehen werden, dass sie nicht bemerkt, dass die Katzenklappe ein äußerst gut gemeintes und großzügiges Geschenk ihres Halters ist. Eines ist sicher: Sie ist nicht allein mit ihrem Unwillen, eine Katzenklappe zu benutzen. Schon viele Halter haben mir wegen dieses frustrierenden Problems geschrieben. Sie sagen nicht, wie alt das Tier ist, aber ausgehend von Ihren Kommentaren würde ich annehmen, dass sie nicht mehr allzu jung ist. Es ist immer schwieriger, erwachsene Katzen mit neuartigen Erfahrungen bekannt zu machen als Katzenjunge, die noch klein und lernbegierig sind. Doch vorausgesetzt, dass Sie über ein gutes Maß an Geduld verfügen, ist es sehr wahrscheinlich, dass sie lernen wird, die Katzenklappe zu benutzen, und wenn sie das einmal tut, wird sie Ihnen zweifellos für Ihre Aufmerksamkeit danken.

Sie müssen sich an die Dressurprinzipien halten und Ihre Methode auf die Verwendung von Belohnungen und die Abkehr von Bestrafungen gründen. Wenn Sie die Katze zwingen, die Katzenklappe zu benutzen, indem Sie sie körperlich hindurchschieben, wird das wahrscheinlich kontraproduktiv sein und kann sie sogar so verängstigen, dass sie sich in Zukunft nur noch ungern der Hintertür nähert. Zunächst sollten Sie die Katzenklappe offen lassen und sich erst einmal vorübergehend mit dem Durchzug abfinden! Bei weit geöffneter Klappe kann die Katze dann sanft durch das Loch gelockt werden, indem Sie sie beruhigend rufen und ihr Futter anbieten, so dass sie bald die

Tatsache akzeptiert, dass es möglich ist, hindurchzutreten und das Zentrum ihres Reviers an diesem Punkt zu verlassen.

Ist diese erste Stufe erfolgreich abgeschlossen, sollte die Klappe schrittweise heruntergeklappt werden, so dass die Katze auf der anderen Seite noch Tageslicht sehen kann und nur sanften Druck ausüben muss, um die Klappe so weit zu öffnen, dass sie hinaus kann. Falls sie sich in irgendeiner Phase weigert zu versuchen, die Klappe zu benutzen, sollten Sie wieder einen Schritt zurückgehen und sie noch etwas länger aufgeklappt lassen.

Schließlich sollten Sie den Punkt erreichen, an dem das Tier lernt, die geschlossene Katzenklappe aufzudrücken, doch denken Sie daran, dass einige der teureren Klappen nach dem Schließen extrem fest geschlossen sind und von der Katze einiges an Kraftaufwand erfordern, um sie wieder zu öffnen. Nehmen Sie sich Zeit und lassen Sie ihr viel Ermutigung zukommen, ich bin mir sicher, dass Ihre Investition in die Katzenklappe nicht umsonst war.

Erbrechen

Erbrechen kann natürlich Zeichen eines gesundheitlichen Problems sein und alles, was mehr ist als ein wirklich nur gelegentliches Vorkommnis, muss genau von einem Tierarzt untersucht werden. Oft ist es alles andere als einfach, die Ursache zu bestimmen, und wenn die Katze einen Großteil der Zeit draußen verbringt, kann es schwierig werden, das zu Grunde liegende Muster des Problems zu erkennen. Manchmal allerdings, trotz einer ausführlichen Vorgeschichte und einer kompletten medizinischen Untersuchung einschließlich Röntgenaufnahmen, erweist es sich als unmöglich, eine körperliche Ursache herauszufinden, sogar Änderungen bei der Ernährung oder der Fütterungszeit können sich als nicht hilfreich erweisen. Ist das der Fall, dann ist der Zeitpunkt gekommen, um einen psychologischen Zusammenhang in Betracht zu ziehen, da psychogenes Erbrechen und Wiederhochbringen von Nahrung häufige Phänomene sind.

Frage
In den letzten Monaten habe ich immer wieder kleine Häufchen mit Erbrochenem überall in meinem Haus in verschiedenen Zimmern vorgefunden und in einem Haushalt mit acht Katzen hat es sich als recht schwierig erwiesen, den Übeltäter zu finden. Nach einer Menge detektivischer Arbeit und genauer Beobachtung aller Katzen habe ich nun festgestellt, dass *Teddy*, mein sechsjähriger Tabby-Kater, die Quelle des Problems ist. Aus irgendeinem Grund hat er angefangen, sich bis zu dreimal pro Woche zu erbrechen, und jedes Mal

Es ist nichts Ungewöhnliches, wenn Katzen sich gelegentlich erbrechen.

scheint das entweder mit einem Besuch unseres ziemlich lauten und extravaganten Nachbarn oder mit einer familiären Unstimmigkeit zusammenzuhängen. Mein Tierarzt, der sich hervorragend mit Katzen auskennt, hat zahlreiche Tests gemacht und Teddy sogar in eine Tierklinik überwiesen, um sein Verhalten zu beobachten, aber er ist bisher nicht in der Lage, eine Lösung zu finden. Keine der Tabletten, die ich erhalten habe, haben irgendeinen Effekt, und Versuche, seine Ernährung umzustellen, brachten ebenfalls keinen Unterschied. Auf Grund der zeitlichen Abfolge dieser Episoden und der Tatsache, dass Teddy nicht gerade ein selbstsicheres Individuum ist, habe ich mich gefragt, ob nicht ein mentales Problem vorliegt!

Antwort
Es ist nichts Ungewöhnliches, wenn Katzen sich gelegentlich erbrechen, und für die langhaarigen Rassen sowie für einige Kurzhaarkatzen ist dies oft eine Methode, um unerwünschte Haarballen aus ihrem Verdauungssystem zu entfernen. In Teddys Fall hat der Tierarzt offenkundig solche einfachen Erklärungen und auch die üblichen gesundheitlichen Ursachen ausgeschlossen. Das Erbrechen ist zu einer ziemlich regelmäßigen Angelegenheit geworden und die Tatsache, dass es im Haus stattfindet, kann hier von einiger Bedeutung sein.

Mir ist aufgefallen, wie Sie Ihren Nachbarn beschreiben, und es würde mich interessieren, ob Teddy irgendwelche offenkundigen Anzeichen von Bedrängnis zeigt, wenn diese bestimmte Person im Haus erscheint. Sie erwähnen außerdem familiäre Unstimmigkeiten und Ihre eigenen Beobachtungen scheinen einen Zusammenhang zwischen Spannungen im Haus und Teddys zeitweiligem Erbrechen nahe zu legen. Viele Menschen, die einmal besonders stressreichen Erlebnissen wie Examen, beruflichen Problemen oder einer Hochzeit (!) ausgesetzt waren, werden schildern, wie ihre innere Spannung und ihre Ängstlichkeit ihnen das Gefühl gaben, körperlich krank zu sein. Nur in seltenen Fällen wird dieses Gefühl dann tatsächlich durch den Akt des Erbrechens zum Ausdruck gebracht, doch wenn die Umstände stressig genug sind, kann dies passieren.

Genauso können sich einige Katzen vom Leben so konstant unter Druck gesetzt fühlen, dass ihre Stressschwelle ungewöhnlich stark absinkt und die kleinste Spannung ausreichen kann, um sie dazu zu veranlassen, ihren Mageninhalt über dem gesamten Wohnzimmerteppich zu entleeren. Für einige Katzen reicht ein einziger Akt des Erbrechens aus, um die Spannungen abzubauen und ihr Leben normal fortzuführen, doch andere würgen und erbrechen sich immer wieder, so lange, wie sie sich herausgefordert fühlen.

Teddy mag keine anderen Anzeichen von Nervosität aufweisen, aber Sie erwähnten in Ihrem Brief, er sei »nicht gerade ein selbstsicheres Individuum«. Die Behandlung muss darauf abzielen, Teddys Selbstsicherheit zu erhöhen, und falls spezifische Herausforderungen ausfindig gemacht werden können, etwa in Form Ihres Nachbarn, wird es lohnend sein, Teddy zu desensibilisieren, indem Sie die Technik der kontrollierten Konfrontation anwenden (siehe *Nervosität*, Seite 140). Aufeinandertreffen der beiden sollten im Idealfall stattfinden, wenn Teddy einen leeren Magen hat, und auch leicht verdauliche Nahrung, die sich schnell durch sein Verdauungssystem bewegt, kann hilfreich sein.

Die Tatsache, dass Teddy in einem Haus mit sieben anderen Katzen lebt, kann ein zusätzlicher Faktor sein, da hierdurch der Stressgrad wahrscheinlich höher ist als in einem Haushalt mit nur einer oder zwei Katzen. Ich bezweifle, dass Sie das Problem als so schwer wiegend ansehen, dass Sie überlegen, ihn abzugeben, was bei der Abwesenheit anderer stressbezogener Symptome auch wirklich eine sehr drastische Handlungsalternative wäre, doch eine kurzzeitige, abnehmende Dosis eines Beruhigungsmittels kann hilfreich sein, um den Kater zu unterstützen, während die Behandlung im Gange ist. Wie immer betone ich, dass Sie sich bei der Behandlung des Problems nicht allein auf Medikamente verlassen sollten, die Sie nur als zeitlich begrenzte Hilfestellung für die Verhaltenstherapie einsetzen sollten.

Ein Teil des Behandlungsprogramms besteht ganz offensichtlich auch im Abbau von Spannungen innerhalb des Haushalts; halten Sie Ihren Nachbarn also dazu an, sich in Teddys Anwesenheit etwas weniger »extravagant« zu verhalten, versuchen Sie, die »familiären Unstimmigkeiten« um des Katers willen zu minimieren. Diese beiden Schritte werden einen positiven Beitrag zur Situation leisten.

Erlernte Aggression

Frage
Mein Kater *Bitsy* ist normalerweise ein sehr liebenswürdiges Individuum, aber er hat eine sehr Besorgnis erregende, um nicht zu sagen schmerzvolle Angewohnheit, die mittlerweile nicht mehr lustig ist. Jeden Abend, wenn ich die Treppe nach oben ins Bett gehe, fällt Bitsy mich an und schnappt nach meinen Fußgelenken. Ich weiß, dass das ein sehr amüsantes Bild abgibt, aber glauben Sie mir, der Humor geht ganz schnell verloren. Meine Haut ist grün und blau von den nächtlichen Angriffen, und meistens fließt auch noch Blut. Wenn er mich einmal erwischt hat, beißt er in meine Haut, tritt wie wild mit seinen Hinterbeinen und kratzt mich mit seinen scharfen Krallen.

Das Problem hat vor etwa sechs Monaten angefangen, beim ersten Mal packte er mich einfach am Treppenansatz und fügte mir keinerlei körperlichen Schaden zu. Ich interpretierte sein Verhalten damals als Verlangen nach Futter, ging daher zurück in die Küche und füllte seinen Napf auf. Er war äußerst dankbar und ich dachte nicht weiter darüber nach. Von diesem Zeitpunkt an fand das Abfangen auf der Treppe jedoch immer häufiger statt, und nach einigen Vorkommnissen, bei denen ich umkehrte, um ihn zu füttern, bevor ich weiter nach oben ging, merkte ich, wie seine Angriffe immer boshafter wurden.

Mittlerweile haben wir eine Situation erreicht, in der jeder, der versucht, spätabends auf der Treppe nach oben zu gehen, angegriffen wird, und vor kurzem wurde einer meiner Besucher sehr schlimm in sein Fußgelenk gebissen, als er versuchte, sich ins Bett zu begeben.

Ich habe festgestellt, dass dieses Verhalten nur abends auftritt, denn jeder kann vollkommen sicher tagsüber nach oben gehen. Die Angriffe sind immer nur von kurzer Dauer, und Bitsy beruhigt sich rasch, wenn man ihn füttert. Tatsächlich ist es sogar möglich, seine Angriffe zu verhindern, wenn man

Bitsy einfach füttert, bevor man versucht, nach oben zu gehen, aber ich denke nicht immer daran und habe auch das Gefühl, dass sein Verhalten langsam außer Kontrolle gerät. Ich mache mir Sorgen, dass er irgendwann jemandem eine ernste Verletzung beibringt, wenn wir ihn nicht von dieser schrecklichen Angewohnheit kurieren.

Antwort
Bitsy hat Sie genau dahin gebracht, wo er Sie haben will. Er hat entdeckt, dass er Sie, wenn er Sie auf Ihrem Weg ins Bett angreift, dazu bringen kann, ihm einen spätabendlichen Snack vorzusetzen, und leider hat er die Botschaft erhalten, dass Aggression sich auszahlt. Beim allerersten Mal hatte er möglicherweise wirklich Hunger und packte Sie auf der Treppe, um Ihre Aufmerksamkeit zu erregen, oder vielleicht spielte er auch einfach nur. Was auch immer seine Motivation war – das Resultat seines Verhaltens bestand in einer Mahlzeit, und er erkannte rasch, dass er Sie dazu bringen konnte, etwas für ihn zu tun.

Das Problem ist, dass ein Tier, wenn es Aggression als dermaßen effektiv erlebt, diese als erlernte Aggression in sein Verhaltensrepertoire einfügt und immer bereitwilliger darauf zurückgreift, um zu bekommen, was es will. Nachdem er erkannt hat, dass Sie auf seine Angriffe reagieren werden, indem Sie ihn füttern, hat Bitsy nun sein Verhalten verallgemeinert und greift jeden an, der es wagt, nach oben zu gehen, ohne ihm erst einmal Futter vorzusetzen.

Das Gute daran ist, dass die meisten erlernten Verhaltensweisen wieder verlernt werden können, so lange die Gewährung von Belohnungen vom Halter kontrolliert werden kann. Was Sie nun tun müssen, ist sicherzustellen, dass Bitsys Angriffe kein Futter herbeibringen, sondern stattdessen eine unangenehme Reaktion zur Folge haben. Lassen Sie sich nicht dazu verleiten, körperliche Bestrafung einzusetzen, um Bitsy eine Lektion zu erteilen, da dies nur dazu dienen wird, seine Reaktionen zu verstärken und seine Neigung zur Aggressivität zu erhöhen. Das würde ein höheres Verletzungsrisiko mit sich bringen und wäre somit kontraproduktiv.

Vielmehr sollten Sie eine Form der Aversionstechnik einsetzen, damit Bitsy erkennt, dass die unangenehme Reaktion die direkte Konsequenz seines eigenen Handelns ist, statt sie mit Ihnen zu assoziieren. Eine Wasserpistole, rasch und zielgenau abgeschossen, wird genau das bewirken, und vorausgesetzt, dass Sie sicherstellen können, dass auf jeden einzelnen »Angriff« eine unerwartete Dusche und niemals ein voller Futternapf folgt, ist die Prognose für eine Besserung gut.

Ernährung
Siehe Seite 16.

Euthanasie
Alle Haustierhalter fürchten den Tag, an dem sie sich von ihrem geliebten Gefährten verabschieden müssen, und selbst, wenn das Tier alt ist und ein langes, ausgefülltes Leben hatte, wird sein Verlust von allen Familienmitgliedern schmerzlich betrauert. Ich kenne viele Menschen, die sogar dem Wunsch widerstehen, ein Haustier zu halten, weil sie sich nicht dazu in der Lage sehen, mit seinem Verlust fertig zu werden. Man sagt, Liebe sei auch schmerzvoll und so ist es tatsächlich, doch die meisten von uns stimmen darin überein, dass die Freuden der Gesellschaft einer Katze es mehr als wert sind.

Für einige Halter ist der Schmerz über den Verlust ihres Haustiers besonders schlimm, weil sie die Entscheidung treffen mussten, das Leben ihres Gefährten frühzeitig zu beenden. Ein Tier zum Einschläfern zum Tierarzt zu bringen, ist sicherlich eines der traurigsten Dinge, die ein Halter jemals erledigen muss. Was auch immer der Grund für die Euthanasie ist – wir müssen daran denken, dass Gefühle der Trauer und der Schuld eine natürliche Reaktion sind und dass wir in keinem Fall die Einzigen sind, die sie erleiden. Wenn die Familienkatze, die so viel Freude und Gesellschaft gebracht hat, leidet, müssen wir uns jedoch fragen, an wen wir wirklich denken, wenn wir uns weigern, sie gehen zu lassen. Wenn alle Anstrengungen unternommen wurden, um ihr Leiden zu lindern und ihre Lebensqualität zu verbessern, dann haben wir unser Bestes getan: Wir schulden es unseren Haustieren, vor der letztendlichen Entscheidung nicht zurückzuscheuen. Die humane Euthanasie einer geliebten Gefährtin ist immer herzzerreißend, doch die Halter, die diese Entscheidung treffen, tun dies zum Besten der Katze, um ihre Würde zu bewahren und ihr dafür zu danken, dass sie ihr Leben mit ihnen geteilt hat.

Fellpflege
Anders als Hunde, die ihren Haltern enorm viel abverlangen, was das Bürsten, Baden und die allgemeine Sauberkeit angeht, sorgen Katzen selbst für ihre eigenen Bedürfnisse, und alle, die jemals eine weiße Katze hatten, waren sicherlich häufig erstaunt darüber, wie sie es schaffte, sich so sauber zu halten.

Die Reihenfolge, in der alle Körperteile geputzt werden, ist bei jeder Katze gewöhnlich recht gut vorhersagbar, und es ist faszinierend, einer Katze bei der Fellpflege zuzusehen. Die damit zugebrachte Zeit ist zwar von Katze zu

Katze unterschiedlich, doch es besteht kein Zweifel, dass diese Aktivität von recht großer Bedeutung ist. Tatsächlich gehört die Fellpflege zu den ersten Fertigkeiten, die ein Katzenjunges erlernt, denn es fängt bereits im Alter von drei Wochen an, nicht nur sich selbst, sondern auch seine Wurfgeschwister und seine Mutter zu putzen. Die gegenseitige Fellpflege hilft, eine Bindung zwischen Mutter und Nachwuchs zu erzeugen, und dieses Verhalten wird bis ins Erwachsenenalter hinein fortgeführt, wo es dann eingesetzt wird, um die Beziehungen zwischen Katzen zu verstärken, die nah beieinander leben müssen. Natürlich ist es sinnvoll, die unzugänglicheren Teile der Anatomie, etwa die Rückseite der Ohren, von anderen säubern zu lassen, doch es steckt noch viel mehr dahinter. Die Fellpflege ist eine der wichtigsten sozialen Interaktionen und ermöglicht den Katzen, mittels Geruchsaustausch miteinander zu kommunizieren.

Zunge und Vorderpfoten sind bei der Fellpflege die wichtigsten Werkzeuge, während Zähne und Krallen mit ins Spiel kommen, wenn besonders störrische Schmutzpartikel im Fell verwoben sind. Der Kopfbereich wird gesäubert, indem Pfote und Unterarm erst abgeleckt und dann über Gesicht und Ohren gerieben werden. Durch ihre bemerkenswerte Flexibilität sind Katzen in der Lage, auch fast jeden anderen Teil ihres Körpers zu erreichen.

Gleichzeitig mit der Entfernung von losem oder brüchigem Fell stimuliert das Ablecken wohl auch den Haarwuchs in den Haarfollikeln, und jede Katze, die sich aus irgendeinem Grund nicht mehr putzt, wird bald darauf ein sehr dürftiges und stumpf aussehendes Fell haben. Das Nichtputzen ist oft Zeichen eines gesundheitlichen Problems. Katzen, die selten Fellpflege betreiben oder dies nicht effektiv genug tun, können sich weitaus wahrscheinlicher mit Parasiten infizieren, da eine der Funktionen der Fellpflege darin besteht, Flöhe und Läuse aus dem Fell zu entfernen.

Die Fellpflege spielt außerdem eine Rolle bei der Temperaturregulierung der Katzen, was erklärt, warum sie dazu neigen, sich häufiger bei warmem Wetter oder nach besonderer Aufregung oder besonderen Aktivitäten zu putzen. Während wir Menschen Wärme durch den Schweiß aus den zahlreichen Drüsen überall auf unserem Körper verlieren, nutzen Katzen ihren Speichel zur Abgabe von Körperwärme durch Verdampfung. Durch das Ablecken des Fells verteilen sie Speichel darauf, der dann genauso verdampfen kann wie Schweiß. Wenn Katzen in direktem Sonnenlicht sitzen, betreiben sie verstärkt Fellpflege, und zwar nicht nur auf Grund dieser Hitzeregulierung, sondern auch als Mittel, um kleine Mengen an Vitamin D, einem wichtigen Nährstoff, aufzunehmen. Das Vitamin wird durch das Sonnenlicht synthetisiert; durch das Ablecken des Fells nimmt die Katze diese Nahrungsergänzung mit ihrer Zunge auf.

Zusammen mit dem Ablecken rupfen Katzen beim Putzen auch oft recht kräftig an ihrem Fell, was neben der Lösung von Schmutzpartikeln aus dem Fell außerdem noch spezielle Drüsen stimuliert, die sich in der Haut an der Wurzel jedes einzelnen Haares befinden. Diese Drüsen produzieren Sekrete, die dem Fell seine Wasser abweisenden Eigenschaften verleihen, so dass die Katze sich mittels der Fellpflege auch vor meteorologischen Extremen wie starkem Sonnenlicht und strömendem Regen schützt.

Wie wir im Kapitel über Katzenverhalten (siehe Seite 43) gesehen haben, dient der Katze die Fellpflege zu einer Vielzahl von Zwecken, und es überrascht nicht, dass unsere Katzen so viel Zeit mit dieser überaus wichtigen Aktivität zubringen. Wenn allerdings die Fellpflege bei einigen Individuen zur Obsession wird, können Probleme auftreten.

Frage
Ich bemerke seit längerer Zeit, dass mein Kater immer, wenn ich mit ihm geschmust habe, herunterspringt und sofort anfängt, sich zu putzen. Er ist eine Langhaarkatze, und ich habe seine fortwährende Beschäftigung mit der Fellpflege immer der Tatsache zugeschrieben, dass es bei einem solchen Fell eben immer eine Menge zu tun gibt. Vor etwa drei Monaten habe ich einen zweiten Kater erworben, und obwohl sie sich nicht gerade zu lieben scheinen, hat bis jetzt noch kein Kampf stattgefunden. Doch ungefähr zur gleichen Zeit, als *Fred* zu uns kam, verstärkte *George*, mein erster Kater, seine Fellpflege fast bis zur Besessenheit; mittlerweile putzt er sich pausenlos, wenn ich Besuch habe. Anfangs war das eher noch witzig, und der Kommentar meiner Freunde lautete, der Kater wolle sich eben von seiner besten Seite zeigen, wenn ich Besuch habe, doch ich frage mich langsam, ob sein Verhalten noch normal ist.

Antwort
Sie berichten, dass George sich schon immer geputzt hat, nachdem Sie mit ihm geschmust hatten. Das ist ein vollkommen natürliches Katzenverhalten. Jede Katze wird ungeachtet der Beschaffenheit ihres Fells auf diese Art reagieren, wenn sie von ihrem Halter angefasst wurde, da das Putzen nicht so sehr darauf abzielt, ihr zerzaustes Fell wieder zu ordnen, sondern darauf, äußerst wichtige Geruchsinformationen auszutauschen. Wir Menschen leben in einer Welt, die von visueller Kommunikation dominiert wird; die Katze

hingegen verlässt sich stark auf olfaktorische Botschaften, und wenn wir unsere Haustiere streicheln, verteilen wir etwas von unserem eigenen Geruch auf ihrem Fell. Durch das Putzen liest George alle in Ihrem Geruch enthaltenen Informationen und überzieht sein Fell außerdem wieder mit seinem eigenen Geruch. In Ihrem Brief scheinen Sie dieses Verhalten mit dem zu verbinden, was Sie jetzt als Georges Problem ansehen, nämlich seine exzessive Fellpflege, wenn Sie Besuch haben; ich vermute jedoch, dass die Ursache hierfür eine ganz andere ist.

Es ist bekannt, dass die Häufigkeit der Fellpflege zunimmt, wenn eine Katze sich aufregt oder erschrickt, man bezeichnet das auch als Ersatzhandlung. Das Putzen erfolgt dann nicht zur Pflege des Fells, sondern ist ein Mittel, um die Katze zu entspannen, damit sie mit einem wahrgenommenen Konflikt oder einer Spannungsquelle zurechtkommen kann. Die Tatsache, dass George anfing, sich stärker zu putzen, als Fred einzog, ist viel sagend. Auch wenn Sie bisher noch keine totale Aggression zwischen den beiden bemerkt haben, heißt das noch lange nicht, dass es nie Konfrontationen gegeben hat. Es ist in jedem Fall wahrscheinlich, dass im Haus zumindest ein Anflug von Spannungen vorhanden ist, worauf George reagiert, indem er sich putzt.

Die Behandlung muss daher darauf abzielen, ihn zu ermutigen, Fred zu akzeptieren und zu erkennen, dass dieser keine Bedrohung darstellt, was am besten erreicht wird, indem kontrollierte Konfrontationstechniken angewandt werden. Die Verwendung eines Geheges, um George eine sichere Zuflucht zu bieten, kann hilfreich sein, damit er sich geschützt fühlt, während ihm gleichzeitig Zeit gegeben wird, mit seinem neuen »Freund« klarzukommen.

Der nächste Schritt besteht darin, George dabei zu helfen, mit dem Eindringen von Besuchern in sein Revier zurechtzukommen, indem kontrollierte Konfrontation und graduelle Desensibilisierung zum Einsatz kommen. Das wird zweifellos einfacher sein, wenn die Spannungen im Haus vermindert worden sind. Die Tatsache, dass es im Fall von George eine klar erkennbare Angstquelle gibt, vergrößert die Wahrscheinlichkeit, dass die Behandlung Erfolg zeigen wird, obwohl er auch in Zukunft noch zu übermäßiger Fellpflege neigen kann, wenn er sich in einem Konflikt sieht.

Ein möglicher Nebeneffekt der übermäßigen Fellpflege ist bei jeder Katze die Bildung von Haarballen im Verdauungssystem und natürlich ist dieses Risiko bei einem langhaarigen Individuum wie George noch erhöht. Es ist absolut natürlich, wenn sich Haarballen bilden, der Großteil der Katzen ist in der Lage, diese ohne Schwierigkeiten herauszuwürgen. Aber wenn eine Katze ein höheres Maß an Fellpflege betreibt, dann besteht das Risiko, dass die

Haarballen ungewöhnlich groß werden und eine Verstopfung verursachen. In Extremfällen ist eine Operation notwendig, um solche Haarballen loszulösen. Deshalb würde ich Ihnen dazu raten, sich die Zeit zu nehmen und George regelmäßig zu bürsten und zu kämmen, damit überschüssiges Fell entfernt und das Risiko der Bildung von Haarballen minimiert wird.

Folgen

Frage
Ich habe immer über die Vorstellung lachen müssen, einer Katze ein Halsband und eine Leine zu verpassen und sie spazieren zu führen, und habe diese Menschen sogar belächelt, da sie mir leicht exzentrisch vorkamen. Vor etwa fünfzehn Monaten habe ich jedoch eine junge Katze erworben – sie ist dazu übergegangen, mit uns mitzukommen, wenn wir mit unserem Hund spazieren gehen. Ich habe sie aber nicht dazu verleitet, sondern sie hat selbst damit angefangen. Früher habe ich über den Anblick einer spazieren geführten Katze geschmunzelt, aber jetzt stelle ich fest, dass ich selbst regelrecht zum Rattenfänger werde. Gibt es irgendeine Erklärung für das Verhalten von *Kitty*, uns so zu folgen, oder habe ich mich in dem Glauben geirrt, dass Katzen nicht von ihren Haltern spazieren geführt werden wollen?

Antwort
Der Anblick von Katzen, die von ihren Haltern spazieren geführt werden, ist gar nicht so selten, wie man meinen würde, und viele Tierhandlungen bieten auch Katzengeschirre, -halsbänder und -leinen an. In einigen Büchern wird sogar detailliert beschrieben, wie Sie Ihre junge Katze dahingehend erziehen können, diese tägliche Bewegung zu genießen. Die meisten Halter haben jedoch genau wie Sie das Gefühl, dass eine solche Behandlung besser für den Hund geeignet ist, und tatsächlich ist dem auch so. Die Katze ist kein Rudeltier und die Fortbewegung in Gruppen ist für Katzen nicht so natürlich wie für Hunde. Die erwachsene Katze unterwegs ist im Grunde eine Einzelgängerin, und wir können von ihr nicht erwarten, dass sie mit der Familie lange Spaziergänge machen will.

Nichtsdestotrotz gibt es gewisse Katzen wie Kitty, die völlig ungebeten mitkommen und gerne den Fußstapfen ihrer Halter folgen. Die wahrscheinlichste Erklärung für diese Ausflüge kann man erhalten, wenn man sich die Art und Weise ansieht, wie Katzenjunge, die gerade fähig geworden sind, das Nest zu verlassen, von ihrer Mutter mit der unmittelbaren Umgebung des

Nests bekannt gemacht werden. Bevor sie sich allein in die große weite Welt hinauswagen, werden die Katzenjungen ihrer Mutter zu kurzen Ausflügen aus dem Nest folgen, und indem sie sie nicht aus den Augen lässt, sorgt sie dafür, dass sie sich nicht allzu weit vom Zuhause entfernen. Kitty mag vielleicht, was ihr Alter betrifft, gerade erwachsen werden, doch was ihr Verhalten angeht, wird sie immer vor allen Dingen ein Katzenjunges bleiben (siehe *Kindliches Verhalten*, Seite 133) und Sie daher als Ersatzmutter ansehen. Wenn Sie mit dem Hund zum täglichen Spaziergang aufbrechen, fällt Kitty zurück in ihre Kindheit und folgt Ihnen hinaus ins größere Revier.

In den meisten Fällen werden Katzen, die sich so verhalten, nur so lange folgen, bis sie das Gefühl haben, dass sie sich nun zu weit von Zuhause entfernt haben, und werden dann in ihre sichere Umgebung zurückkehren.

Gehege

Bei einem Tier wie der Katze, die stolz auf ihr Recht auf Unabhängigkeit und Freiheit ist, mag der Gedanke, sie auf irgendeine Art und Weise einzuschränken, grausam und ungerechtfertigt erscheinen. Die Vorstellung eines Geheges lässt die meisten eher an Hunde als an Katzen denken, und der Vorschlag, die Familienkatze zwecks Behandlung eines Verhaltensproblems in ein solches zu sperren, dürfte auf entrüstete Ablehnung stoßen. Der Grund hierfür liegt ganz einfach darin, dass wir Menschen das Konzept des Einschließens als Bestrafung ansehen und Gehege oder Käfige mit Gefängnissen gleichsetzen. Das muss jedoch nicht der Fall sein und wenn er richtig verwendet wird, dann bietet ein solcher »Käfig« der Katze eine sichere Behausung und einen Unterschlupf, in dem sie sich weniger bedroht und sicherlich auch weniger verletzlich fühlen wird.

Das Wichtigste, woran man denken sollte, ist, dass es unerlässlich für den Erfolg des Behandlungsprogramms ist, die Katze mit ihrem Gehege vorher vertraut zu machen, und dass ausreichend Zeit dafür verwendet werden muss, dies auch richtig durchzuführen. Die Katze einfach hineinzustecken und die Türe zu schließen, würde Groll und sogar Angst zur Folge haben, da dieser offenbar grundlose Freiheitsentzug von ihr als eine Form von Bestrafung angesehen wird. Stattdessen sollte das Ziel darin bestehen, daran zu arbeiten, die Katze zum freiwilligen Eintreten zu ermutigen, indem man das Gehege attraktiv und einladend gestaltet. Dies erreicht man am besten, wenn man vertraute Decken und vielleicht Spielzeug zusammen mit dem Futter- und Trinknapf hineinsetzt und dann der Katze dort ihr Futter gibt, ohne die Türe zu schließen. Sobald Sie bemerken, dass die Katze das Gehege betritt und sich aus freiem Willen darin zum Schlafen zusammenrollt, können Sie anfangen, gelegentlich die Türe zu schließen, beispielsweise wenn die Katze gerade frisst. Der Zeitraum, in dem die Tür geschlossen bleibt, kann dann allmählich verlängert werden, bis sie darauf vertraut, dass das Gehege ein sicherer Zufluchtsort und kein Gefängnis ist.

Wir wissen, dass die Katze in einer vornehmlich geruchsorientierten Welt lebt und dass sie, um die Anwesenheit neuer Menschen, Tiere oder Gegenstände in ihrer Umgebung zu akzeptieren, erst einmal erkennen muss, dass deren Geruch nicht bedrohlich ist. Der Vorteil eines Geheges besteht darin, dass der Katze damit ermöglicht wird, so lange in der Nähe eines neuartigen oder herausfordernden Reizes zu bleiben, bis sie sich davon überzeugen kann, dass von ihm keine Bedrohung ausgeht, da das Gehege sicherstellt, dass die Katze sich ausreichend geschützt fühlt. Zahlreiche Situationen können mit einem solchen Hilfsmittel verbessert werden, etwa die Einführung eines neuen Katzenjungen oder Welpen im Haus (siehe Seite 196) oder die Behandlung von besucherfeindlichen Katzen (siehe Seiten 71, 90, 140 und 193).

Ein Gehege ist alles andere als unbarmherzig und kann, wenn es korrekt eingesetzt wird, ein wertvolles und freundliches Hilfsmittel sein, um Katzen dabei zu helfen, mit einer oftmals herausfordernden Welt zurechtzukommen.

Häufchenmarkierung

Dieser Begriff beschreibt die Platzierung von Fäkalien als absichtliche Markierung an ausgewählten Stellen. Von vielen Wildkatzenarten weiß man, dass sie ihre Fäkalien an auffälligen Stellen unbedeckt liegen lassen, und man nimmt an, dass sie durch die enthaltenen Geruchsbotschaften als Informationsquelle dienen; die spezifische Rolle der Häufchenmarkierung in der Kommunikation der Katzen ist jedoch noch unklar. Von anderen Tierarten, etwa dem Otter, weiß man, dass sie ihre Exkremente in diskreten Stapeln auf Felsspitzen platzieren; diese so genannte »Losung« dient zur Festlegung von Reviergrenzen.

Bei verwilderten Katzenpopulationen scheint die Häufchenmarkierung in Gebieten mit hoher Populationsdichte häufiger vorzukommen, was Folge eines erhöhten Risikos gefährlicher Konfrontationen und des Bedürfnisses nach der Behauptung von Revierrechten sein könnte. Dominante Katzen scheinen Fäkalien wohl weitaus häufiger auf diese Art zu benutzen als ihre untergeordneten Artgenossen – die »Botschaften« werden gewöhnlich an erhöhten Punkten innerhalb eines Reviers hinterlassen. Wahrscheinlich nutzen Hauskatzen, die in dicht bevölkerten Stadtgebieten leben, die Häufchenmarkierung als Teil ihres Kommunikationsnetzwerks und hinterlassen Fäkalien als Zeichen für andere Katzen, wenn über Revierrechte verhandelt wird. Das Ziel einer solchen Markierung ist eigentlich das gleiche wie beim Spritzen, wobei Fäkalien aber womöglich ein unverhohlenerer Hinweis auf die Anwesenheit einer Katze sind.

So wie das Spritzen in der freien Natur für unsere Katzen ein vollkommen akzeptabler Zeitvertreib ist, so verursacht auch die Häufchenmarkierung höchstwahrscheinlich keine Probleme, außer wenn die kleinen Erhebungen plötzlich an strategischen Punkten innerhalb des Hauses platziert werden.

Frage

Unser Kater *Oliver* ist immer sehr sauber gewesen, aber seit wir in Urlaub gefahren sind und ihn alleine im Haus gelassen haben, hat er angefangen, sein großes Geschäft genau an der Hintertür zu verrichten. Als wir weg waren, wurde er regelmäßig von unseren Nachbarn kontrolliert, und wir haben eine Katzenklappe an der Hintertür, so dass er keine Entschuldigung dafür hatte, nicht nach draußen zu gehen. Im Haus gab es zwar keine Anzeichen von Urin, aber meine Nachbarn mussten buchstäblich jeden Tag seine anderen Hinterlassenschaften wegräumen.

Seit ich zurück bin, habe ich sogar schon versucht, eine Katzentoilette im Haus aufzustellen, da ich dachte, er habe vielleicht einfach nur keine Lust, hinaus in die Kälte zu gehen, aber er ignoriert die Toilette einfach und macht weiterhin an die Hintertür. Ist das eine Art Protest gegen unser Fortgehen, und falls ja, warum hört er jetzt nicht wieder damit auf, wo wir doch wieder zu Hause sind?

Antwort

Die Lage dieser kleinen Präsente Ihres Katers und die Tatsache, dass er in anderen Dingen weiterhin sauber ist, lassen vermuten, dass es sich hierbei eher um einen Fall von Häufchenmarkierung als um ein Scheitern der Sauberkeitserziehung handelt. Während Sie weg waren, konnte Oliver seine Sicherheit nicht mehr Ihnen überlassen und musste sich vielleicht sogar Herausforderungen durch andere ansässige Katzen stellen. Die Tatsache, dass Fäkalien an einer Hintertür platziert werden, an der gleichzeitig eine Katzenklappe angebracht ist, ist von höchster Bedeutung. Dies ist ein kritischer Bereich, wo Gerüche sich häufig ändern, und womöglich sind andere Katzen durch die Klappe ins Haus eingedrungen und haben ihren eigenen Geruch und wohl auch Auseinandersetzungen mitgebracht.

Angesichts einer solchen Bedrohung ihrer Sicherheit fangen einige Katzen dann an, ihr Revier innerhalb des Hauses zu bespritzen; Oliver allerdings hat beschlossen, seine Markierung noch offensichtlicher zu setzen. Die Häufchenmarkierung wird oft dem Spritzen vorgezogen, wenn die Herausforderung größer oder die Katze emotional nicht besonders stabil ist; beide Faktoren können den Behandlungserfolg erschweren. Viele Menschen finden den Anblick von Katzenfäkalien besonders abstoßend, und obwohl auch Katzenurin ziemlich durchdringend riechen kann, wird er oft eher toleriert, weil er visuell nicht störend ist!

Die Behandlung zielt darauf ab, die allgemeine Selbstsicherheit Ihres Katers zu erhöhen und muss mit Geduld und Verständnis erfolgen. Zu empfehlen ist die Verwendung eines Geheges, um ihn einzuschließen, während er lernt, mit Herausforderungen klarzukommen, und auch ein zeitweiliges, vielleicht sogar permanentes Zusperren der Katzenklappe mag helfen, seine Gefühle der Unsicherheit zu vermindern. Die Einschränkung seiner Bewegungsfreiheit auf ein oder zwei Zimmer im Haus wird es ihm ermöglichen, seine Selbstsicherheit zu erhöhen; schrittweise kann ihm dann immer mehr Freiheit gewährt werden.

Ist die Häufchenmarkierung als Reaktion auf eine identifizierbare Herausforderung, etwa einen Umzug oder eine Zusammenführung mit einer anderen Katze, aufgetreten, dann sollten kontrollierte Konfrontationstechniken eingesetzt werden, um die Empfindlichkeit der Katze für diesen Reiz zu verringern (siehe *Zusammenführungen*, Seite 196). In Olivers Fall würde ich stark empfehlen, dass Sie ihn, wenn Sie das nächste Mal in Urlaub fahren, in eine gute örtliche Katzenpension bringen, statt ihn zu Hause zu lassen, wo Ihre Abwesenheit abermals zu einer unerträglichen Herausforderung für seine Selbstsicherheit werden könnte (siehe *Katzenpensionen*, Seite 126).

Hohes Alter

Einer der Vorteile der guten tierärztlichen Versorgung und der sich ständig verbessernden medizinischen und operativen Techniken hierzulande besteht darin, dass unsere Katzen länger leben. In den letzten Jahren ist eine merkliche Zunahme der Lebenserwartung von Katzen zu verzeichnen, und wenn Katzen über 20 Jahre alt werden, wird das nicht länger als außergewöhnlich betrachtet.

Doch genauso wie alte Menschen bestimmte Anforderungen an ihre Pfleger stellen, so erfordern auch alte Katzen ein erhöhtes Maß an liebevoller Zuwendung und besondere Aufmerksamkeit. Die meisten von uns sind dankbar, dass unsere lieben Gefährtinnen immer noch bei uns sind, so dass wir ihnen großzügige Zugeständnisse machen, wenn ihr Verhalten nicht so ist, wie wir es gerne hätten, doch es kann auch Situationen geben, in denen eine alte Katze Verhaltensprobleme zeigt, die direkt auf ihr fortgeschrittenes Alter zurückzuführen sind.

Im Allgemeinen können alte Katzen weniger gut mit dem geschäftigen Treiben einer lebhaften Familie zurechtkommen, und wenn kleine Kinder da sind, muss diesen beigebracht werden, sanft zu ihrem alternden Haustier zu sein und ihm den Respekt zu erweisen, auf den es auf Grund seiner Jahre ein Anrecht hat! Alle Katzen, aber besonders diejenigen, die schon etwas älter sind, sollten Zugang zu einem sicheren Zufluchtsort haben, so dass sie aller Betriebsamkeit entfliehen und ihre Tage in Frieden und Ruhe verschlafen können.

Es ist nur natürlich, wenn sie, weil ihr Körper langsamer wird, längere Zeiträume schlafen müssen und zunehmend ihre Zeit drinnen verbringen. Selbst die tüchtigste Jägerin wird, wenn sie in die Jahre kommt, anfangen, Zahl und Länge ihrer Ausflüge zu verringern und obwohl nur wenige Katzen ihre Unabhängigkeit vollkommen aufgeben werden, scheinen viele doch zunehmend willens zu sein, Vorteil aus dem Schutz zu ziehen, den wir ihnen bieten.

Viele alte Katzen leiden an arthritischen Veränderungen ihrer Gelenke und werden im Laufe der Jahre weniger agil. Eine der Konsequenzen besteht darin, dass sie unfähig werden, lange Distanzen zurückzulegen und weniger dazu neigen, auf hohe Oberflächen zu springen. Daher ist es wichtig, ihnen einen Schlafplatz auf niedrigem Niveau zur Verfügung zu stellen und dafür zu sorgen, dass Futter und Wasser immer erreichbar sind.

In gleicher Weise wird die ältere Katze, die nun mehr Zeit drinnen verbringt, eine Katzentoilette benötigen, die leicht verfügbar sein muss. Die Einschränkungen durch Arthritis und die Folgen einer Schließmuskelschwäche können bedeuten, dass Ihre alte Pensionärin oft in größerer Eile zu ihrer Toilette gelangen muss, und es wird hilfreich sein, überall im Haus an strategischen Punkten mehrere Toiletten bereitzustellen, besonders an ihren bevorzugten Ruheplätzen. Dies wird helfen, das Problem von Missgeschicken auf dem Teppich zu vermeiden, wenn sie aufwacht und sich erleichtern muss, ihre armen alten Beine aber nicht mehr schnell genug in Bewegung setzen kann.

Das hohe Alter bringt auch einen verminderten Geduldspegel und eine niedrigere Toleranzschwelle mit sich, so dass Ihr greises Haustier möglicherweise etwas aufbrausender zu sein scheint als in seiner Jugend. Dies ist ein Nebeneffekt der vergehenden Jahre und ist sowohl bei der menschlichen Spezies als auch bei den Katzen festzustellen! Im Grunde müssen wir uns ein bisschen anstrengen und versuchen, unsere Katzen nicht mit übermäßigen und unerwünschten Reizen unter Druck zu setzen, während wir gleichzeitig dafür sorgen, dass sie sich innerhalb des Familienverbands sicher fühlen.

Auch die zunehmende Einforderung von körperlichem Kontakt ist ein Kennzeichen der alternden Katze, und sanftes Streicheln ist eine gute Methode, ihr dabei zu helfen, ihr Fell in Ordnung zu halten, während man ihr die Liebe und Aufmerksamkeit zukommen lässt, die sie einfordert. Einige Katzen werden merklich stimmhafter und versuchen, durch bemitleidenswertes Jaulen Ihre Aufmerksamkeit zu erlangen, besonders nachts, wenn sie sich am verletzlichsten fühlen. Viele Halter machen sich Sorgen, ob derartige Rufe ein Zeichen für Schmerzen sind, doch vorausgesetzt, dass Ihre Katze von einem Tierarzt untersucht und ihr beste Gesundheit bescheinigt wurde, sind solche Bedenken unnötig.

Denken Sie schließlich auch daran, dass hohes Alter auch eine größere Krankheitsanfälligkeit mit sich bringt, allein schon, weil der Körper beginnt zu verschleißen. Regelmäßige Besuche beim Tierarzt werden helfen, Krankheiten wie Nierenversagen schon früh zu erkennen und so rasch wie möglich eine Behandlung einzuleiten. Es ist auch wichtig, sich darüber im Klaren zu sein, dass die Nahrungsbedürfnisse einer greisen Katze nicht die gleichen sind wie die einer aktiven, jungen Katze, und Ihr Tierarzt wird Sie beraten, wie Sie Ihre alternde Katze am besten ernähren.

Homöopathie

Die Alternativmedizin stößt seit einigen Jahren auf großes Interesse, und zwar nicht nur im humanmedizinischen Bereich, sondern auch in der Tiermedizin. Immer mehr Praxen spezialisieren sich auf alternative Behandlungsmethoden.

Auch bei der Behandlung von Verhaltensproblemen kann die Gabe von Medikamenten bekanntlich eine Rolle spielen, vorausgesetzt, dass diese zusammen mit Techniken zur Verhaltensänderung eingesetzt werden. Ein Gebiet, auf dem sich dies als hilfreich erwiesen hat, ist die Behandlung von nervösen Katzen, wobei zur Unterstützung des Lernprozesses zeitlich begrenzte, schrittweise zu reduzierende Dosen an Beruhigungsmitteln eingesetzt werden können, so dass die ursprüngliche Angst beseitigt und es der Katze ermöglicht wird, maximalen Nutzen aus kontrollierten Konfrontationstechniken zu ziehen. Die Gefahr besteht natürlich darin, dass die neu erlangte Kompetenz der Katze vom Beruhigungsmittel abhängig werden könnte, eine Situation, die unbedingt vermieden werden muss. Aus diesem Grund besteht bei den Tierverhaltenstherapeuten zunehmendes Interesse an Alternativen zu möglicherweise süchtig machenden Beruhigungsmitteln – die homöopathische Behandlung sowie Bachblüten-Arzneien zeigen hier ermutigende Ergebnisse. Selbst wenn manche naturwissenschaftlich orientierte Menschen Schwierigkeiten haben nachzuvollziehen, wie alternative Therapien funktionieren, so tun sie es doch, und vorausgesetzt, dass der Rat eines erfahrenen Tierarztes eingeholt wird, können sie genau wie die Schulmedizin einen sehr nützlichen Beitrag zur Behandlung von Verhaltensproblemen leisten.

Hunde

Cartoonzeichner machen sich schon lange die komische Beziehung zwischen der Katze und ihrem traditionellen Rivalen, dem Hund, zunutze; es existieren zahllose exzellente Cartoons zu dieser Hassliebe. In den meisten wird der Hund als Anstifter allen Übels dargestellt, die Katze sieht man mit zur doppelten Größe aufgeplustertem Schwanz auf der Suche nach einem sicheren Zufluchtsort auf eine Baumspitze hasten, während ein wütender Hund sie wild anbellt und sehnsuchtsvoll hinauf in die Äste starrt.

So viel zu unserer traditionellen Interpretation, wie Katzen und Hunde interagieren, doch in realen Situationen, wenn der Hund es geschafft hat, die Katze in die Enge zu treiben und sie nicht entkommen kann, verfällt dieser oftmals in schiere Panik, weil er nicht so recht weiß, was er als Nächstes tun soll. Die Katze, bewaffnet mit scharfen Krallen an allen Enden ihres Körpers, kann dem verwirrten Hund ernste Verletzungen zufügen, der jedoch dann gewöhnlich vernünftigerweise zurückweicht und der Katze die Möglichkeit gibt zu entkommen.

Trotz unserer althergebrachten Sichtweise auf unsere beiden beliebtesten Haustierarten, die sich danach in ständigem Krieg befinden, beschreiben jedoch viele Halter, wie ihre Haustiere in perfekter Harmonie zusammenleben und willentlich nicht nur dasselbe Heim, sondern sogar dieselbe Schlafstätte teilen. Noch mehr Halter beschreiben zwar eher eine Situation der Tolerierung statt wirklicher Akzeptanz, doch die zunehmende Zahl der Familien, die Katzen und Hunde gleichzeitig als Haustiere halten, ist ein Zeichen dafür, dass die Hassliebe nicht ganz so verbreitet ist, wie die Comiczeichner uns das gerne glauben machen wollen.

Frage
Ich habe schon immer Katzen gehabt und würde mich selbst als großen Katzenfan bezeichnen, doch ich bin auch gern in der Gesellschaft von Hunden; seit meiner Heirat wollte ich einen Hund haben. Noch vor kurzem wohnten wir in einem kleinen Haus, das praktisch keinen Garten hatte. Wir hatten das Gefühl, dass dies für einen Hund keine passende Umgebung sei, so dass wir beschlossen, uns mit unserer geliebten Hauskatze *Tip* zufrieden zu geben. Dann, vor einem halben Jahr, bekamen wir die Gelegenheit, von der Stadt weg in ein etwas größeres Haus zu ziehen, das einen ordentlichen Garten hat, was wir als idealen Zeitpunkt ansahen, um einen Welpen aufzunehmen. Dies taten wir dann auch und *Poppy* zog vor etwas mehr als zwei Monaten bei uns ein.

Wir haben viel Freude an ihr und lieben sie sehr, doch leider teilt Tip nicht unsere Begeisterung und geht nun sogar so weit, dass sie sich weigert, das Haus zu betreten, außer um zu fressen, und dies auch nur, wenn Poppy sich außer Reichweite befindet. Es gab bisher nur zwei Gelegenheiten, bei denen sie aufeinander trafen, wobei Poppy sich begeistert bekannt machen wollte, Tip sie aber wie wild mit gesträubtem Fell anfauchte. Ich habe Tip schon einige Jahre und bin sehr bestürzt darüber, dass sie sich in ihrem eigenen Zuhause nun so unglücklich fühlt, aber außer der Möglichkeit, Poppy wieder abzugeben (was ich nicht will), weiß ich wirklich nicht, was ich tun soll.

Das Prinzip »Erblicken und Töten« ist nicht ganz so verbreitet, wie die Komikzeichner uns das gerne glauben machen wollen.

Antwort
Zunächst einmal muss ich sagen, dass ich Tips Reaktion überhaupt nicht überraschend finde. Sie hat das Gefühl, dass in ihr Revier eingedrungen wurde und hat beschlossen, es ergehe ihr außerhalb der Gefahrenquelle besser. Ich stimme Ihnen darin zu, dass dies ein sehr trauriger Zustand ist; alle möglichen anthropomorphischen Gefühle kommen da an die Oberfläche! Welpen neigen dazu, etwas zu enthusiastisch zu sein, und wenn Sie sagen, dass Poppy »sich begeistert bekannt machen wollte«, frage ich mich, wie einschüchternd ihre Annäherungsversuche wohl für die arme alte Tip gewesen sein müssen.

Sie berichten, Tip kehre immer noch zur Fütterung ins Haus zurück, doch wenn Sie sie zu keinem anderen Zeitpunkt mehr zu Gesicht bekommen, besteht die Möglichkeit, dass sie bereits eine hundefreie Familie ausfindig gemacht hat, die ihr Obdach gewährt und sie zweifellos auch füttert. Wenn Sie nichts unternehmen, um ihr Zuhause einladender zu gestalten, dauert es womöglich nicht mehr lange, bis sie beschließt, endgültig zu der anderen Familie zu ziehen, und leider sind Katzen anders als Hunde mehr als fähig, selbst zu entscheiden, wo sie leben möchten.

Es ist unbedingt erforderlich, dass Sie Tip die Gelegenheit geben, ihre Rechte im Zentrum ihres Reviers wieder zu etablieren, während sie gleichzeitig lernt zu akzeptieren, dass Poppy ebenfalls das Recht hat, bei Ihnen zu leben. Ein Gehege wird ein sehr nützliches Hilfsmittel bei der Lösung Ihres Problems sein, wie ich unter dem Stichwort *Gehege* (siehe Seite 106) deutlich gemacht habe. Am besten wäre es, Tip immer in nur einen Raum zu bringen, und indem Sie es ihr ermöglichen, im Schutze ihres Geheges zu bleiben, wird sie in der Lage sein, Poppys Geruch mit der Zeit zu akzeptieren, ohne das Risiko einer unerwünschten Begegnung einzugehen.

Für den Anfang sollte Poppy nicht in die Nähe des Geheges gelassen werden, doch im Laufe der Zeit muss sie dazu ermutigt werden, sich ihm ruhig zu nähern. Jedes ausgelassene oder unfreundliche Verhalten ihrerseits muss direkt unterbrochen werden, indem Sie eine Form der Aversionstechnik anwenden, damit Poppy lernt, dass Tip kein Spielzeug ist und ein bestimmtes Maß an Respekt verdient. Wenn Poppy schließlich gelernt hat, ihre Begeisterung zu kontrollieren, und wenn Tip akzeptiert hat, dass sie keine Bedrohung darstellt, wird es möglich sein, auf das Gehege zu verzichten; allerdings sollten Sie immer dafür Sorge tragen, dass Tip jederzeit einen sicheren Zufluchtsort hat, wo sie sich verstecken kann, falls es ihr zu bunt wird.

Injektionen
Siehe *Angstaggression*, Seite 75.

Jagd
Siehe *Raubtierverhalten*, Seite 147.

Jaulen
Dieser Begriff beschreibt den oft recht durchdringenden Laut, den weibliche Katzen äußern, wenn sie läufig werden. Obwohl es sich um ein vollkommen natürliches Verhalten handelt, ist es deshalb nicht weniger Besorgnis erregend für den neuen Katzenhalter, der es zum ersten Mal von seiner Katze hört.

Frage
Vor kurzem habe ich meine erste Katze erworben, eine acht Monate alte Siamkatze, und sie hat sich sehr gut in ihr neues Zuhause eingelebt. Neuerdings hat sie aber angefangen, sich auf die eigentümlichste Art und Weise zu verhalten und ich mache mir Sorgen, ob mit ihr etwas nicht stimmt. Ich hatte vor, sie kastrieren zu lassen, frage mich aber, ob es ihr überhaupt so gut geht, dass sie eine Operation überstehen würde. Es fängt damit an, dass sie ein paar Tage vor diesen »Anfällen« ihr Futter nicht mehr mag und ihre Katzentoilette anscheinend öfter als sonst benutzen muss. Dann wird ihr Verhalten zunehmend rastlos, sie sitzt über längere Zeit hinweg am Fenster, starrt hinaus und jault. Hiernach kauert sie sich auf den Boden, hebt ihren Rücken, tritt mit ihren Vorderpfoten und schreit. Von ihrem Gesicht kann man ablesen, dass sie Schmerzen hat: Ihre Augen werden riesig und ihre Ohren liegen flach am Kopf an. Wenn ich versuche, sie zu berühren oder ihren Rücken zu streicheln, legt sie ihren Schwanz auf eine Seite und stöhnt. Bisher habe ich die Quelle für ihre Schmerzen noch nicht genau ausfindig machen können und zwischen diesen Phasen scheint es ihr vollkommen gut zu gehen, aber ich mache mir Sorgen, dass sie leidet.

Antwort
Offensichtlich wäre es vernünftig, wenn Sie Ihre Katze von einem Tierarzt untersuchen ließen, doch angesichts ihres Alters und anscheinend fehlender gesundheitlicher Probleme ist das, was Sie beschreiben, höchstwahrscheinlich ein vollkommen normales Verhalten. Statt die Operation wegen ihres Verhaltens zu verschieben, sollten Sie sie möglichst bald kastrieren lassen, um es zu beenden!

Von Menschen, die noch nie selbst Zeuge davon gewesen sind, kann eine läufige Katze leicht mit einer Katze mit starken Schmerzen verwechselt werden und Fragen wie die Ihre werden sehr häufig gestellt. Der »Ruf« einer geschlechtsreifen Katze kann gleichermaßen sehr laut und sehr beunruhigend sein, nicht zuletzt auch deshalb, weil er stark dem Weinen eines kleinen Babys ähnelt. Die Siamkatzen, die ja dafür bekannt sind, sich jederzeit lautstark zu Wort zu melden, scheinen tatsächlich einen besonders lauten und durchdringenden Ruf zu haben und offensichtlich bildet Ihre Katze da keine Ausnahme!

Was Sie bei diesen Vorführungen sehen, ist ein Verhalten, das dazu dienen soll, die Aufmerksamkeit ansässiger Kater und potenzieller Paarungspartner zu erregen; wenn Sie Ihre Katze am Rücken und speziell am Schwanzansatz streicheln, stimulieren Sie sie dazu, eine empfängliche Position einzunehmen, weshalb sie dann ihren Schwanz auf die Seite legt. Die von Ihnen beschriebene Pose, bei der das Hinterteil angehoben ist und die Vorderpfoten rhythmisch treten, wird »Lordose« genannt, die begleitenden Rufe sind ein Zeichen für Kater.

Viele Halter berichten, dass ihre Katzen genau vor der Läufigkeit ihr Futter nicht mehr mögen, öfter urinieren und sich generell rastlos verhalten. Oftmals sind sie liebenswürdiger als gewöhnlich, reiben sich an Gegenständen und Menschen und rollen sich verführerisch am Boden. Wahrscheinlich zeigt die Katze ein derartiges Verhalten, um ihren Geruch zu verteilen, da dies für die geruchsorientierte Katze eine wichtige Methode ist, um die Botschaft zu übermitteln, dass sie bereit für ihren Partner ist!

Kämpfe

Im Abschnitt über *Aggressionen* (Seite 68) haben wir gesehen, dass Katzen im Allgemeinen nichts unversucht lassen, um gewaltfreie Kommunikation einzusetzen und so bei jeder Streitigkeit die totale Konfrontation zu vermeiden. Allerdings wird jeder, der schon einmal nachts um zwei von den Kampfgeräuschen ansässiger Katzen geweckt worden ist, wissen, dass manchmal die Diplomatie versagt und die Fetzen fliegen. In jeder Tierarztpraxis kennt man Katzen, die wieder und wieder mit bösen Abszessen als Ergebnis eines Tumults mit einer benachbarten Katze in der Praxis auftauchen, und viele Halter berichten, dass sie den Aggressor sehr wohl kennen! Tatsächlich gibt es in vielen Wohnsiedlungen einen ansässigen Despoten, der die örtliche Katzenpopulation drangsaliert und die nachbarschaftlichen Beziehungen seines Halters auf die Probe stellt.

Zwar sehen wir ein, dass unsere Katzen darauf erpicht sind, ihr Revier zu verteidigen, und wir akzeptieren auch, dass sie nur selten lang anhaltende Freundschaftsbande mit der Katze von nebenan bilden (obwohl derartige starke Paarbindungen vorkommen können), doch wir hoffen, dass sie es schaffen, in relativem Frieden miteinander zu leben. Die meisten Katzen in vielbevölkerten Gegenden schaffen es, ein erfolgreiches Time-Sharing zu arrangieren, indem sich eine bestimmte Anzahl von Katzen gemeinsame Pfade durch die Reviere teilt, die dann jeweils zu spezifischen Zeiten benutzt werden. Geruchsmarkierungen dienen dazu, zwischen den Katzen Botschaften darüber zu vermitteln, wer zuletzt wann in dem Gebiet unterwegs gewesen ist, und durch das Lesen dieser Zeichen können die Katzen sicherstellen, dass sie sich frei auf ihrem Stückchen Land bewegen können, ohne sich mit den anderen anlegen zu müssen. Bestimmte dominantere Individuen haben dabei das Recht, an Schlüsselzeiten wie Sonnenaufgang und -untergang in dem Gebiet zu patrouillieren, wenn potenzielle Beutetiere besser aufgespürt werden können; und die anderen Katzen respektieren dieses Recht und erhalten dafür ihrerseits zu weniger wichtigen Tageszeiten freien Durchgang durch das Revier. Auf diese Weise schaffen es unsere Haustiere, eine relativ harmonische Existenz aufrechtzuerhalten, und alles läuft gut – bis jemand wie *Jake* auftaucht.

Frage
Ich schreibe Ihnen aus einer gewissen Verzweiflung und hoffe, dass Sie mir eine Lösung für mein Problem anbieten können, bevor ich von wütenden Nachbarn aus meinem Dorf gejagt oder wegen deren Tierarztrechnungen bankrott werde! Mein Problem ist mein fünfjähriger, kastrierter Kater namens Jake, und obwohl ich ihn sehr liebe, komme ich immer häufiger zu dem Schluss, dass er demnächst gehen muss.

Grund für diese pessimistische Aussicht ist, dass Jake ein richtiger kleiner Rowdy geworden ist. Er gibt sich nicht damit zufrieden, die hier ansässigen Katzen in ihren Gärten zusammenzuschlagen, sondern er hat jetzt sogar angefangen, durch Katzenklappen und offene Fenster in Häuser einzubrechen und unschuldige Opfer in ihrem eigenen Zuhause anzufallen. Als wäre das noch nicht genug, spritzt er in allen von ihm betretenen Häusern herum und hinterlässt dort seine unverkennbare Visitenkarte! Wäre er ein Mensch, säße er mittlerweile im Gefängnis und meine Nachbarschaft würde wohl auch auf »lebenslänglich« plädieren. Gibt es irgendeine Hoffnung, dass ich meinen kleinen Unruhestifter noch bessern kann?

Antwort

Ich kann Ihnen versichern, dass Jake nicht der einzige Rowdy in der Katzenwelt ist und dass Sie nicht der Einzige sind, der wegen seines Haustiers unter gespannten Beziehungen mit der Nachbarschaft leidet, doch das ist zweifellos kein Trost für Sie. Es scheint, dass die aggressiven Angriffe und das begleitende Spritzen, das Sie beschreiben, wegen des Erfolgs seiner bisherigen Einbrüche zu erlernten Verhaltensmustern geworden sind!

Die Behandlung von Individuen wie Jake kann überraschend erfolgreich sein, erfordert jedoch ein hohes Maß an Kooperation von allen benachbarten Katzenhaltern. Vielleicht sind diese bereit Ihnen zu helfen, wenn Sie sich die Mühe machen, Ihnen zu erklären, dass die Behandlung darauf abzielt, Jake zu einem sozial annehmbaren Kater zu machen.

Sie müssen genau die Zeiten kontrollieren, zu denen Jake Zugang zu seinem äußeren Revier gewährt wird, und dafür sorgen, dass diese mit den Zeiten übereinstimmen, in denen die ansässigen Katzen sich drinnen befinden. Wenn Sie sich mit den anderen Haltern in Verbindung setzen, können Sie vielleicht sicherstellen, dass sie alle Katzenklappen und Fenster geschlossen halten, wenn Jake sich draußen aufhält, so dass sich die anderen Katzen in ihrem eigenen Zuhause sicher fühlen können.

Es ist vernünftig, Jake den Zugang nach draußen dann zu verweigern, wenn seine Revierinstinkte am stärksten ausgeprägt sind, etwa bei Sonnenaufgang und -untergang, und mit einer entsprechenden Einstellung der Katzenklappe können Sie dafür sorgen, dass er, sobald er einmal nach Hause zurückgekehrt ist, nicht wieder hinaus kann, bis Sie kommen und die Tür öffnen.

Es wird außerdem hilfreich sein, wenn Sie diejenigen Nachbarn, die selbst keine Katzen halten, davon abbringen, Jake in ihr Haus zu lassen, ja sie sogar bitten, ihn aktiv abzuweisen, indem sie nötigenfalls Wasser einsetzen. Jeder Versuch, die Gärten der benachbarten Katzen zu betreten, sollte ebenfalls eine unerwartete Dusche zur Folge haben, und die Katzenhalter sollten gebeten werden, ihre Katzen drinnen in sicherer Umgebung zu füttern und keinerlei Futter draußen stehen zu lassen, von dem Jake angelockt werden könnte. Gleichzeitig sollten Sie seine Wahrnehmung Ihres Hauses als Zentrum seines Reviers verstärken, indem Sie ihn den ganzen Tag über mit kleinen und häufigen Mahlzeiten versorgen, womit Sie sein Bedürfnis verringern, mit anderen Katzen um ihr Futter zu streiten, und Sie auch seine Bindung zu Ihnen verstärken.

Wie ich schon angeführt habe (siehe Seite 16), gibt es einige Umstände, unter denen die Ernährung der Katze in den Verdacht gerät, ihre Verhaltens-

Wäre er ein Mensch, dann säße er mittlerweile im Gefängnis ...

muster zu beeinflussen; eine niedrige Schwelle für aggressive Reaktionen ist eine solche Situation. Aus diesem Grund kann es sich lohnen, Jakes Ernährung auf frisches Hühnchen und Fisch umzustellen und Dosenfutter zu vermeiden, da es Konservierungsstoffe oder andere künstliche Zusätze enthalten könnte, die eine allergische Reaktion auslösen können.

Tagsüber, wenn die anderen ansässigen Katzen sich draußen aufhalten, sollte Jake in einem Gehege nach draußen gesetzt werden, so dass seine Bemühungen, einen Kampf anzuzetteln, zum Scheitern verurteilt sind und die anderen Katzen sich ihm im sicheren Wissen nähern können, dass er ihnen nichts antun kann. Auf diese Weise können sie schrittweise ihr Recht auf die Besetzung des gemeinsamen Reviers etablieren, und Jake kann lernen, ihre Anwesenheit zu akzeptieren.

Wenn Sie bei der Durchführung dieses Behandlungsplans auf die Kooperation Ihrer Nachbarn zählen können, werden Sie Jake hoffentlich langsam bessern können und auch Ihr Verhältnis zu Ihren Nachbarn verbessern können, so dass Jake bei Ihnen bleiben kann und Sie nicht nach einem anderen Haus suchen müssen!

Kannibalismus

Der Glaube, dass Kater ihre Jungen töten und verspeisen, hat bei manchen Züchtern zum Ausschluss von Männchen aus Bereichen mit säugenden Katzenmüttern und ihrem Nachwuchs geführt, doch die Wahrheit ist, dass dieser Kannibalismus bei Hauskatzen nur selten anzutreffen ist. Die Theorie, warum die Kindestötung bei Katzen überhaupt vorkommt, wird in Teil 2 dieses Buches unter dem Stichwort *Kindestötung* (Seite 49) behandelt.

Frage
Seit über acht Jahren züchte ich privat Katzen und lebe mit sechs Katzen zusammen. Vor kurzem hatte die jüngste Katze einen Wurf mit vier offenkundig gesunden Jungen, aber innerhalb von drei Tagen tötete und verspeiste sie alle vier. So etwas habe ich noch nie erlebt, und wie Sie sich vorstellen können, war ich entsetzt. Warum bringt eine Katze ihren eigenen Nachwuchs auf diese abscheuliche Weise um? Ist es wahrscheinlich, dass sie das wieder macht, falls ich zulassen würde, dass sie noch einmal Junge bekommt?

Antwort
Willentlicher Kannibalismus ist bei Katzen sehr selten, und nur wenige Halter werden jemals Zeuge von dem werden, was Sie beschrieben haben. Nichtsdestotrotz hat Ihre Katze bewiesen, dass es vorkommen kann – wir müssen uns die möglichen Erklärungen für ihr Verhalten ansehen. Bei Fällen, in denen die Katze selbst unterernährt ist, ist ihr Selbsterhaltungstrieb möglicherweise einfach stärker als ihr Wille, einen Wurf großzuziehen, doch natürlich ist das bei einer gut versorgten Hauskatze wie der Ihren nicht der Fall. Laut dem kalifornischen Verhaltensforscher Dr. Benjamin Hart sind die Würfe aus der zweiten Trächtigkeit eines Jahres sowie schwächliche und kränkliche Katzenjunge diejenigen, die am ehesten verspeist werden können, doch auch diese Theorie trifft für Ihre Situation nicht zu.

Eine wahrscheinlichere Erklärung, die vom führenden Verhaltensforscher Michael Fox vorgebracht wurde, lautet, dass im Hormonsystem einer Katze ein Fehler auftreten kann, durch den das Töten von Beutetieren nicht verhindert wird, so dass Ihre Katze irrtümlicherweise ihre Jungen als Beute angesehen und sie dementsprechend behandelt hat. Eine weitere Erklärung lautet, dass der Kannibalismus Folge einer auf die Jungen umgelenkten Aggression ist, nachdem die Katze entweder durch übermäßige äußere Störungen oder durch eine andere Katze irritiert wurde, die sie auf irgendeine Art und Weise erschreckt oder bedroht hat.

Man vermutet, dass auch der Stress der Überfüllung zu Kannibalismus führen kann, sogar wenn die Katze selbst nicht direkt gereizt wurde; in einem Haushalt mit mehreren Katzen wie dem Ihren könnte eine Kombination dieser beiden Theorien durchaus eine Erklärung sein. Das Scheitern der Mutter, ein sicheres Nest zu finden, in dem sie ihren Wurf aufziehen kann, kann sie auch dazu veranlassen, diese umzubringen, weshalb es sehr wichtig ist, allen Katzenmüttern einen ruhigen Säugebereich zu bieten, der sich vom Tumult im Haus und von anderen ansässigen Katzen entfernt befindet. Der Mutter sollte mindestens zwei Wochen vor der Geburt Zugang zu solch einem friedlichen Zufluchtsort ermöglicht werden.

Obwohl ich nicht garantieren kann, dass Ihre Katze bei nachfolgenden Würfen wieder genauso handelt, ist es wahrscheinlich, dass sie, vorausgesetzt, dass sie genügend Raum und Ruhe erhält, zukünftigen Nachwuchs gut versorgen wird.

Kastration

Inzwischen wird allgemein akzeptiert, dass, falls Sie nicht einen Kater haben, der zu Zuchtzwecken eingesetzt werden soll, es vernünftig ist, ihn kastrieren zu lassen, wenn er die Geschlechtsreife erlangt; die große Mehrheit der männlichen Hauskatzen ist kastriert. Hundehalter lassen im Allgemeinen ihre Gefährten aus verschiedenen Gründen nur ungern kastrieren. Dazu kann die Befürchtung gehören, dass die Operation auf irgendeine Art und Weise die Persönlichkeit des Hundes zum Schlechten hin verändern könnte, der Glaube, dass eine Kastration den Hund dick machen wird oder einfach das Gefühl, dass es unfair und sogar grausam ist, ihn seiner Männlichkeit zu berauben.

Warum also sind im Gegensatz dazu Katzenhalter nur allzu bereit und willig, ihr Haustier für eine »kleine OP« zum Tierarzt zu bringen? Der offensichtlichste Grund hierfür lautet, dass die Halter nicht wollen, dass ihr Kater ungewollte Junge zeugt. Anders als Hundehalter, die meist die sexuellen Aktivitäten ihrer Tiere kontrollieren können, erkennen Katzenhalter, dass sie wenig, wenn nicht sogar überhaupt keine Kontrolle darüber haben, was ihr Kater so alles anstellt, wenn er sich draußen herumtreibt. Wahrscheinlich sind sich die Halter auch der »Vorzüge« einer Kastration in Bezug auf das Verhalten bewusst und wollen die Operation durchführen lassen, um ihren Kater zu einem »akzeptableren« Haustier zu machen.

Doch nicht alle sind damit einverstanden, dass die generelle Kastration der Katzenpopulation notwendig oder gar gerechtfertigt ist. Die Fraktion, die glaubt, dass jede Operation ohne einen medizinischen Grund falsch ist, ordnet die Kastration aus Zweckmäßigkeit in die gleiche Kategorie wie das Entfernen der Krallen ein und bezeichnet sie als unnötige Verstümmelung. Sie argumentieren, eine Kastration, mit dem Zweck unsere Katzen für uns akzeptabler zu machen, entspringe aus dem egoistischen menschlichen Wunsch, die Gesellschaft einer Katze zu genießen, ohne Aspekte ihres natürlichen Verhaltens zu akzeptieren, die wir Menschen als nicht wünschenswert erachten.

Frage
Mein unkastrierter Kater verschwindet oft für mehrere Tage, wenn er dann schließlich zurückkehrt, ist er immer in schlechtem körperlichen Zustand und benötigt oft eine tierärztliche Behandlung. Obwohl er Menschen gegenüber ein sehr zärtliches und liebevolles Tier ist, scheint er allen anderen Katzen den Tod zu wünschen. Trotz der Tatsache, dass er derjenige zu sein scheint, der am schlechtesten abschneidet, nimmt er weiterhin mit jeder ihm über den Weg laufenden Katze den Kampf auf. Meine Nachbarn haben sich sogar schon bei mir über den Krach beschwert, den er verursacht, und darüber, dass sie ihn oft dabei erwischen, wie er ihre Hintertüren oder noch schlimmer, ihre Möbel bespritzt, wenn er durch ihre Katzenklappen hereinkommt.

Ich liebe ihn sehr und habe immer gezögert, ihn kastrieren zu lassen, aber es scheint so, dass das Halten eines unkastrierten Katers nicht so einfach in ein Leben am Stadtrand passt! Was soll ich tun?

Antwort
Offensichtlich hatten Sie Ihre eigenen Gründe dafür, sich zu entschließen, Ihren Kater nicht kastrieren zu lassen; Sie haben versucht, mit einem »kompletten« Kater zusammenzuleben. Nach Ihrem Brief zu urteilen scheinen Sie jedoch inzwischen die Beziehung zu Ihrem Kater als alles andere als ideal zu empfinden. Die Definition eines Verhaltensproblems lautet »ein Verhalten, das den Lebensstil des Halters und den seiner Umgebung beeinträchtigt« – genau das scheint auf das Verhalten Ihres Katers zuzutreffen.

Diejenigen von uns, die mit einem unkastrierten Kater zusammenleben, müssen akzeptieren, dass er weniger oft nach Hause kommt, häufig Narben aus Kämpfen davonträgt und immer wieder Abszesse aus Kampfwunden entwickelt, die eine tierärztliche Behandlung erfordern. Sie müssen ebenfalls akzeptieren, dass es in seinem Verhalten Komponenten geben kann, die alles andere als gesellig zu nennen sind. Obwohl diese in einem Gebiet mit gerin-

Es ist vernünftig, ihn kastrieren zu lassen, wenn er die Geschlechtsreife erlangt.

ger Population (an Menschen und Katzen gleichermaßen) nicht unbedingt Probleme aufwerfen, sind sie am dichter bevölkerten Stadtrand manchmal Quelle von Spannungen.

    Die einfache Antwort auf Ihre Frage lautet: Lassen Sie Ihren geliebten Kater kastrieren und wenn ich zwischen den Zeilen lese, bin ich mir sicher, dass Sie diese Schlussfolgerung bereits selbst gezogen haben. Durch die Operation wird im Grunde der hormonelle Trieb für ein spezifisch männliches Verhalten entfernt, wodurch der Kater im Allgemeinen sanftmütiger und weniger fordernd wird. Wahrscheinlich wird er zärtlicher und viele Kater zeigen nach der Kastration auch eine Zunahme des spielerischen Verhaltens. Er wird tendenziell häufiger im Zentrum seines Reviers bleiben und weniger Zeit mit dem Umherstreunen weitab von Zuhause verbringen, während sich die Größe seines Reviers verkleinert. Er wird auch viel von der sekundären hormonellen Motivation zu kämpfen verlieren und wird besser in der Lage sein, mit der Nähe der benachbarten Katzen klarzukommen. Sein Urin wird weniger durchdringend sein, er wird insgesamt angenehmer duften, was ihn bei seinen menschlichen Nachbarn zweifellos beliebter machen wird! Da er von seiner Einstellung her weniger revierbewusst wird, wird er auch tendenziell weniger spritzen, allerdings müssen Sie daran denken, dass das Spritzen nicht nur bei unkastrierten Katern auftritt und für einige Katzenhalter ein eigenes Problemverhalten darstellen kann (siehe *Spritzen*, Seite 163).

    Nachdem ich die zahlreichen Vorteile der Kastration in Bezug auf das Verhalten dargelegt habe, möchte ich die Angelegenheit jedoch noch mit einer kleinen Warnung abschließen, bevor Sie Ihren Kater zum Tierarzt bringen und womöglich eine wundersame Veränderung seines Charakters erwarten. Das Alter, in dem die Kastration durchgeführt wird, wirkt sich auf das Verhalten nach der Operation aus; je jünger der Kater ist, desto größer ist im Allgemeinen die Unterdrückung unerwünschter geschlechtsspezifischer Verhaltensweisen. Die Kastration kann lediglich den hormonellen Einfluss beseitigen, das Verhalten eines voll geschlechtsreifen Katers, der sexuell erfahren ist, hat wahrscheinlich auch eine erlernte Komponente. Somit wird er möglicherweise noch ein paar Monate nach der Operation weiter sein Revier markieren, mit anderen Männchen kämpfen und sogar Weibchen besteigen, wohingegen junge Männchen, die in oder vor der Pubertät kastriert werden, gar nicht erst dieses männliche Potenzial entwickeln.

Katzenminze

Katzenminze *(Nepeta Cataria)* ist eine Pflanze, die Sie in Ihrem Garten ziehen können, wenn sie dort nicht schon wild wächst. Sie enthält ein ätherisches Öl, dessen Duft Katzen in höchstes Wohlbefinden versetzt. Die Tiere geraten regelrecht aus dem Häuschen, schnüffeln an der Pflanze, lecken und kauen mit wachsender Begeisterung daran, beißen hinein, reiben Wange und Kinn, schnurren laut und vollführen Luftsprünge. Dieser Zustand dauert zwischen fünf und fünfzehn Minuten und ist für Katzen weder von Nutzen noch von Schaden. Baldrian hat einen ähnlichen Effekt.

Frage
Vor kurzem habe ich für meinen Kater *Ringo* eine kleine Spielzeugmaus gekauft und seit ich sie ihm gegeben habe, scheint er sich in einem permanenten Erregungszustand zu befinden. Ich habe ihm in der Vergangenheit schon unzählige Spielzeuge gekauft, aber so hat er noch nie reagiert. Meine Freundin hat mir gesagt, das komme von der Katzenminze, die in diesem Spielzeug enthalten ist, und sie hat mir vorgeschlagen, davon etwas für den Kater in meinem Garten anzupflanzen. Stimmt es, dass Katzenminze Katzen so erregen kann, und wenn ja, warum zeigen sie dann so eine starke Reaktion darauf?

Antwort
Es hört sich ganz so an, als habe Ringo mit diesem Spielzeug die beste Zeit seines Lebens und als hätten Sie einen erfolgreichen Kauf getätigt! Es stimmt, dass seine Erregung das direkte Ergebnis der Katzenminze in der kleinen

Maus ist, seine Reaktion darauf ist absolut natürlich. Wie eine große Zahl anderer Katzen reagiert auch Ringo auf ein Öl namens Nepetalacton, das in der Pflanze enthalten ist, und genau mit diesem Öl ist sein Spielzeug imprägniert.

Man vermutet, dass dieses ungesättigte Lacton eine recht ähnliche Wirkung hat wie bewusstseinserweiternde Drogen, obwohl der genaue Wirkungsmechanismus auf das Gehirn der Katze noch unbekannt ist. Einige beschreiben, ihre Katzen würden in Ekstase verfallen und vergleichen ihre Reaktion mit einer Art »Drogentrip«, wobei allerdings erwähnt werden muss, dass solche Kommentare doch eine ziemlich anthropomorphische Sichtweise erkennen lassen! Wir wissen, dass eine ähnliche Reaktion auch bei anderen Katzenarten wie Löwen, Jaguaren, Pumas und Leoparden beobachtet werden kann, aber sie tritt nicht bei Tigern oder Luchsen auf.

Nicht jede Katze reagiert jedoch auf diese Art und es kann durchaus sein, dass die Katzen Ihrer Freunde die Maus gar nicht so verlockend finden. Die Tendenz, darauf zu reagieren, ist genetisch veranlagt und es wird angenommen, dass 50 % der Katzen oder mehr diese Reaktion zeigen. Die Intensität der Reaktion variiert von Katze zu Katze, wobei Kater im Allgemeinen erregbarer zu sein scheinen als Weibchen, doch das Verhalten selbst ist bei beiden Geschlechtern und sowohl bei kastrierten als auch bei unkastrierten Tieren zu beobachten. Vor einiger Zeit glaubte man, es sei mit sexuellen Reaktionen verbunden; die Katzenminze wurde als Aphrodisiakum für Katzen bekannt. Zwar erinnern einige Aspekte der Reaktion, etwa das Rollen, Tretelt und Flehmen, tatsächlich an eine läufige Katze, doch sie steht mit dem Sexualverhalten in keinem Zusammenhang.

Die Katzenminze gehört zur Familie der Minze und wächst als Kraut überall in den gemäßigten Zonen Europas und Nordamerikas. Sie kann leicht kultiviert werden und wird häufig in Gärten und sogar als Zimmerpflanze gezüchtet. Berichten zufolge vermeiden Katzenjunge die Pflanze wohl aktiv, doch ab dem Alter von ungefähr drei Monaten wird ein bestimmter Prozentsatz der Katzen jedes Mal rasend, wenn sie auf die Pflanze treffen, während diejenigen, die davon nicht so beeinflusst werden, sie gewöhnlich ignorieren.

Katzen, die darauf reagieren, tun dies gewöhnlich, sobald sie die Pflanze riechen, wobei die Reaktion zwischen fünf und fünfzehn Minuten anhalten kann. Die Katzen schnuppern zuerst an der Katzenminze, lecken sie dann ab, beißen darauf und kauen schließlich immer rasender auf ihr herum. Als Nächstes reiben sie sich erst mit den Wangen und dann mit dem ganzen Körper an der Pflanze oder dem imprägnierten Spielzeug, wobei sie gleichzeitig laut schnurren, knurren und miauen. Viele Katzen rollen sich herum und manche sollen gar vor Erregung Luftsprünge machen. Einige verfallen in einen tranceähnlichen Zustand und sitzen womöglich ins Leere starrend herum, während andere imaginäre Beute jagen. Es wird angenommen, dass diese Katzen sich tatsächlich in einem psychedelischen Zustand befinden, doch im Gegensatz zu den von Menschen benutzten Drogen sind die Auswirkungen der Katzenminze nur von kurzer Dauer, recht harmlos und machen die Katzen nicht süchtig.

Katzenpensionen

Für die meisten Katzenhalter ist die Mitnahme ihres Haustiers in den Urlaub keine Option wie für Hundehalter, obwohl natürlich jede Regel auch Ausnahmen hat. Zunächst einmal reisen Katzen tendenziell nicht besonders gerne, außerdem besteht die Möglichkeit, dass sie dann auf Erkundungsreise gehen wollen und Gefahr laufen, dabei verloren zu gehen. Alles in allem sind Katzen wesentlich glücklicher in ihrer eigenen Umgebung, viele von uns lassen sie zu Hause und verlassen sich auf freundliche Nachbarn, um sicherzustellen, dass sie mit Futter und Wasser versorgt werden und ihnen in unserer Abwesenheit hoffentlich zumindest *etwas* Liebe und Zuneigung zuteil wird. Einige Katzenhalter haben das Gefühl, dass sie, wenn sie ihre Katze in eine Katzenpension geben würden, ihr die gewohnte Freiheit verweigern würden, während andere, die über das Risiko von Verkehrsunfällen besorgt sind, eine Katzenpension als schützenden und sicheren Ort ansehen, wo sie ihre Katze in dem sicheren Wissen lassen können, dass ihr nichts geschehen wird.

Frage
Für mich hat sich die Möglichkeit ergeben, zum ersten Mal seit zehn Jahren einen zweiwöchigen Urlaub anzutreten; wie Sie sich vorstellen können, würde ich sehr gerne verreisen. Allerdings mache ich mir extreme Sorgen darüber, was ich mit meiner Katze *Misty* machen soll, die ein sehr nervöses Tier ist und von meiner ständigen Zuwendung abhängig ist. Vor kurzem war ich nur eine Nacht weg und als ich nach Hause kam, hatte sie auf meine Steppdecke uriniert. Ich bin recht besorgt darüber, was passieren wird, wenn ich über längere Zeit weg bin, und obwohl ich sehr nette Nachbarn habe, die hereinkommen und sie füttern würden, frage ich mich, ob sie ohne mich klarkommen wird. Andererseits scheint es grausam zu sein, sie in eine Katzenpension zu bringen, wo sie eingesperrt wird, denn sie ist es gewohnt, ein freies Wesen zu sein und jederzeit Zugang zum Garten zu haben. Was schlagen Sie vor?

Antwort
Treten Sie den Urlaub an. Zehn Jahre sind eine lange Zeit ohne eine Verschnaufpause, und ich bin mir sicher, dass Ihre Katze auch fände, dass Sie ihn brauchen! Es ist nur natürlich, dass Sie sich Sorgen darüber machen, was Sie mit Ihrer Katze tun sollen – für beide Optionen gibt es gewöhnlich Vor- und Nachteile. Es wird oft angenommen, für eine Katze sei es das Beste, sie in ihrer gewohnten Umgebung zu lassen, doch für einige Katzen ist das Zuhause ohne ihre Halter nicht länger ein sicherer Ort, weil sie so sehr von ihnen als Sicherheitsbrücke abhängen. Auch bei Ihrer Katze scheint das der Fall zu sein, denn als Sie über Nacht weg waren, reagierte sie auf Ihre Abwesenheit, indem sie absichtlich auf etwas urinierte, das stark nach Ihnen roch – in diesem Fall Ihr Bett. Von anderen Katzen ist bekannt, dass sie auf den Lieblingssessel ihres Halters oder auf liegen gelassene schmutzige Wäsche uriniert haben. In jedem Fall zeigt die Katze eine Form des *Markierungsverhaltens* (siehe Seite 138) und verwendet Urin, um ihren Geruch mit dem des abwesenden Halters in Verbindung zu bringen. Es wird vermutet, dass solche Katzen auf diese Weise daran arbeiten, eine geschlossene Front gegen jeden potenziellen Feind zu bilden, der die Abwesenheit des Halters als Gelegenheit nutzen könnte, sie herauszufordern.

Wenn Ihre Katze sich schon bedroht und verletzlich fühlte, als Sie nur eine Nacht lang weg waren, wird sie wahrscheinlich erst recht unglücklich sein, zwei Wochen lang ohne Sie im Haus verbringen zu müssen. Unter diesen Umständen ist es wahrscheinlich besser, sie in einer Katzenpension unterzubringen. Nicht alle Katzenpensionen werden gut geführt; es ist wichtig, sich die Zeit zu nehmen und einige Pensionen anzusehen, bevor man eine Entscheidung trifft. Oft ist es am besten, wenn man sich auf persönliche Empfehlungen von Freunden verlässt, die ihre eigenen Katzen schon einmal in einer Katzenpension untergebracht haben.

Da Ihre Katze gerne viel Zeit an der frischen Luft verbringt, können Sie möglicherweise eine Katzenpension ausfindig machen, die individuelle Auslaufgehege oder anregende Aussichtsplätze hat, damit Misty sich beschäftigen kann. Die meisten Besitzer von Katzenpensionen sind sich sehr wohl über die Notwendigkeit im Klaren, dass eine Katze, die es gewohnt ist, draußen zu sein und zu jagen, dementsprechend stimuliert werden und Ventile für ihre Energie haben muss; sie stellen daher eine Reihe von Spielzeugen und Kratzgelegenheiten zur Verfügung. Misty in einer Katzenpension unterzubringen muss also keine unangenehme Erfahrung für sie sein und wird in vielerlei Hinsicht die freundlichere Option sein.

Falls Sie das Gefühl haben, dass eine Katzenpension nicht in Frage kommt oder falls Sie keine passende Pension in Ihrer Gegend finden können (was ich jedoch stark bezweifle), dann sollten Sie versuchen, sie bei einem Freund zu lassen oder einen Katzensitter zu engagieren, der sich um sie kümmert, vorausgesetzt, dass Sie vor Ihrer Abreise sicherstellen, dass der jenige auch verlässlich ist. Falls all diese Optionen wegfallen und Ihnen keine andere Möglichkeit bleibt, als Misty im Haus zu lassen und sie durch Ihre Nachbarn versorgen zu lassen, können Sie einige Dinge tun, um ihr dabei zu helfen, damit klarzukommen, etwa indem Sie in den Wochen vor Ihrem Urlaub als Übung kurze Trennungsphasen einlegen und an der Fähigkeit Ihrer Katze arbeiten, mit Neuartigem und Veränderungen umzugehen.

Katzenstreu

Wir haben bereits diskutiert, wie wichtig es ist, auf den Standort der Katzentoilette zu achten, wenn wir Probleme mit der Stubenreinheit vermeiden wollen. Genauso unerlässlich ist es, dafür zu sorgen, dass der Inhalt der Toilette für unsere Katzen akzeptabel ist, wenn wir erwarten, dass sie die von uns bereitgestellten Vorrichtungen auch benutzen. Die allermeisten Katzen brauchen die Katzentoilette nur, bis sie alt genug sind, um nach draußen zu gehen und ihr eigenes Substrat auszuwählen, wobei der Großteil ohne weiteres dazu übergeht, die Gartenerde zu benutzen. Je feiner die Erde ist, desto beliebter ist sie, und das erklärt, warum so viele Katzen so lange warten, bis ihre Halter, oder, noch schlimmer, deren Nachbarn, sorgsam ihren Garten umgegraben und den feinen Mutterboden aufgebrochen haben, bevor sie ihre Markierung hinterlassen. So mancher Gärtner, ob Katzenliebhaber oder nicht, hat schon die Katze verflucht, die seine wertvollen Pflanzen ausgrub und dann auf der frisch bestellten Erde ihren Darm entleerte.

Frage

Vor kurzem haben wir für unseren zweijährigen Sohn im Garten einen Sandkasten zum Spielen aufgestellt. Zu meinem Entsetzen muss ich feststellen, dass mein Kater dazu übergegangen ist, ihn als große Katzentoilette zu benutzen, und nach der Menge des Unrats zu urteilen, tut dies auch der Rest der hiesigen Katzenpopulation. Warum tun sie das und wie kann ich sie in Zukunft davon abhalten?

Antwort
Auch wenn Sie das Verhalten Ihres Katers ziemlich geschmacklos finden, tut er tatsächlich nur, was für ihn natürlich ist. Alle Katzen bevorzugen feinkörniges Substrat für ihre Bedürfnisse und wenn jemand so nett ist und ihnen Sand zur Verfügung stellt, werden sie ihn unzweifelhaft auch benutzen. Die Vorfahren der Katze kamen aus einem wüstenähnlichen Gebiet und Sand ist, was die Katze anbelangt, die ideale Streu. Jeder, der einen Anbau an sein Haus gebaut hat, wird festgestellt haben, dass der Sand auf seiner Einfahrt rasch zur öffentlichen Katzentoilette umfunktioniert wurde, genauso, wie das mit dem Sandkasten Ihres Sohnes geschehen ist. Selbst wenn an dem Sandkasten ein Schild angebracht wäre, können Katzen leider nicht lesen, und selbst wenn, würde ihnen trotzdem in keiner Weise bewusst sein, dass ihr Verhalten ein derartiges Problem verursacht.

Es handelt sich jedoch definitiv um ein Problem, und zwar um eines, das gelöst werden muss, da Katzenfäkalien im Sandkasten eines Kindes eine sehr reale gesundheitliche Gefahr darstellen. Die Entwurmung Ihres Katers mag zwar auf dem aktuellsten Stand sein, was auch so sein sollte, aber es gibt keine Garantie dafür, dass dies auch für die anderen Katzen gilt. Der Sand, der sich im Moment im Sandkasten befindet, ist offenkundig verschmutzt worden und sollte entfernt und ersetzt werden, bevor Ihr Sohn wieder darin spielen darf. Danach besteht die Problembehandlung ganz einfach darin, den Sandkasten Ihres Sohns immer dann abzudecken, wenn er nicht in Gebrauch ist, so dass die Katzen nicht hineingelangen können. Sie haben vielleicht festgestellt, das die modernen Plastik-Sandkästen, die Sie im Laden kaufen können, Abdeckungen haben; sie zielen genau auf dieses mögliche Problem mit Katzen ab.

Für die Katze, die ausschließlich drinnen lebt und für all ihre Bedürfnisse eine Katzentoilette benutzt, ist die Wahl der Streu äußerst wichtig. Natürlich muss in jeder Streu leicht gescharrt werden können, damit die Katze ein Loch für ihre Latrine graben und es dann nach Gebrauch abdecken kann. Genauso wie sich die Katze, die sich draußen aufhält, im Garten den feinen Mutterboden aussuchen wird, werden Katzen, wenn sie vor die Wahl gestellt werden, sich bewusst für ein feinkörnigeres Material entscheiden, wie Studien über die Bevorzugung von Streu gezeigt haben. Im Allgemeinen akzeptieren die meisten Katzen einfach das, was ihnen angeboten wird, und die meisten Halter verschwenden wenig Gedanken an die Art der Streu, die sie kaufen, doch wenn Probleme auftauchen, dann lohnt es sich immer, sich den Inhalt der Katzentoilette einmal anzusehen.

Woran wir unbedingt denken müssen, ist, dass reine Wohnungskatzen starke Assoziationen mit ihrer Streu entwickeln, egal, um welche es sich handelt, und falls ein Wechsel der Streuart notwendig sein sollte, müssen Sie sorgsam darauf achten, wie Sie die Umstellung gestalten. Ein plötzlicher Wechsel von einer Sorte auf die andere mag für uns Sinn machen, entweder aus praktischen oder aus finanziellen Gründen; zieht man jedoch nicht die Sichtweise der Katze in Betracht, dann kann das zur Folge haben, dass sie sich weigert, die Toilette weiter zu benutzen, und sich weniger annehmbare Stellen sucht, um sich zu erleichtern. Jede Umstellung sollte also schrittweise erfolgen, so dass der Katze ermöglicht wird, sich langsam mit der neuen Textur unter ihren Pfoten anzufreunden – und auch mit dem neuen Geruch, falls zu einer parfümierten Streu gewechselt wurde.

Für unsere Nasen mag der Geruch von Kiefernholz zwar angenehm sein, doch einige Katzen sind von solchen Zusätzen alles andere als angetan. Der Geruch ihres eigenen Urins wird helfen, sie dazu anzuhalten, dieselbe Latrine wieder aufzusuchen, doch wenn die Streu einen starken Fremdgeruch abgibt, finden sie das womöglich extrem irritierend. In einigen Fällen kann ein eigentümlicher Geruch die Katze vollständig davon abhalten, ihre Toilette zu benutzen; dann kann es hilfreich sein, etwas von der früheren feuchten und gebrauchten Streu auf dem neuen Material zu verteilen, um der Katze zu versichern, dass es sich um den richtigen Ort handelt.

Frage
Ich habe drei Katzen, die alle eine Katzentoilette benutzen, und wie Sie sich vorstellen können, verbrauche ich ziemliche Mengen an Katzenstreu. Nachdem ich mich jahrelang mit riesigen Packungen abgeschleppt habe, habe ich beschlossen, stattdessen einmal die leichteren Pellets auszuprobieren. Zwei meiner Katzen haben sie problemlos akzeptiert, aber *Kiri*, meine 16-jährige Siamesin, begann sofort nach dem Wechsel ihre Katzentoilette abzulehnen und ist dazu übergegangen, stattdessen auf den Esszimmerteppich unterm Tisch zu urinieren. Einige Male habe ich gesehen, wie sie zur Toilette ging, und ein- oder zweimal hat sie sie auch für ihr großes Geschäft benutzt. Aber noch viel öfter hat sie es genau neben die Toilette gemacht. Meine beiden jüngeren Katzen gehen tagsüber nach draußen und benutzen die Toilette nachts, aber Kiri geht – wenn überhaupt – nur noch selten hinaus und wenn sie sich weigert, die Toilette zu benutzen, ergibt das ein ziemliches Desaster.

Am Ende beschloss ich, dass ich von meiner alten Katzendame zu viel erwartet hatte und nicht von ihr verlangen konnte, sich so spät im Leben noch auf eine andere Streu umzustellen, und ich wechselte zurück zu der schwereren Sorte. Sie benutzt aber nun trotzdem weiterhin den Esszimmerteppich und ich weiß nicht mehr weiter. Keine meiner Katzen war vorher jemals unsauber und ich wünschte, ich hätte nie etwas von leichter Streu gehört.

Antwort
Es ist interessant, dass zwei Ihrer Katzen den Wechsel der Streu akzeptiert haben, doch es besteht kein Zweifel daran, dass Kiris Toilettenprobleme direkte Konsequenz Ihrer Bemühungen sind, Ihren Rücken zu schonen. Die Tatsache, dass sie schon älter und inzwischen eine reine Wohnungskatze ist, erklärt womöglich ihre Weigerung, die raueren Pellets zu benutzen. Wahrscheinlich sind ihre Fußballen viel weicher als die ihrer jüngeren Freundinnen, die sich auch zu Ausflügen nach draußen begeben, und die Textur der Pellets könnte für sie durchaus unbequem zum Stehen sein.

Bezeichnend ist, dass sie zur Toilette zurückkehrte, als sie ihren Darm entleeren musste, doch anscheinend hat sie sich dann nicht dazu durchringen können, sich tatsächlich auch in die Toilette zu stellen, um sich zu erleichtern. Der Geruch vom Urin und den Fäkalien der anderen Katzen führte sie wahrscheinlich zum richtigen Ort, doch als sie hinkam, stellte sie fest, dass die Vorrichtung so nicht akzeptabel war.

Angesichts Kiris Alter haben Sie wahrscheinlich eine weise Entscheidung getroffen und die Pellets wieder aufgegeben, aber in der Zwischenzeit hat sie nun leider ihre Substrat-Vorliebe auf Ihren Teppich verlagert und sich Ihr Esszimmer als Latrine ausgesucht. Wahrscheinlich ist der Geruch einer Katzenlatrine genauso wichtig wie ihr Standort und ihr Inhalt, weshalb eine gründliche Säuberung unerlässlich ist, um ungewollte Assoziationen zu durchbrechen. Viele Haushaltsreiniger sind für diese Aufgabe vollkommen ungeeignet, da sie auf Ammoniak basieren und die Katze nur noch weiter irritieren (siehe *Spritzen*, Seite 163). Stattdessen sollten die von Kiri benutzten Bereiche mit einer warmen Seifenlauge und danach mit Wundbenzin gereinigt werden und vollständig trocknen, bevor sie das Esszimmer wieder betreten darf (siehe *Stubenreinheit*, Seite 171). In einigen Fällen, wenn der Geruch besonders tief sitzt, ist die Entfernung des betroffenen Teppichstücks womöglich die einzige Methode, um den Geruch effektiv zu beseitigen und einen Behandlungserfolg sicherzustellen.

Zur zweiten Behandlungsphase wird gehören, Kiris Latrinen-Assoziation zu Katzenstreu wieder aufzubauen, was Sie am besten erreichen werden, wenn Sie sie entweder in ein kleines Zimmer ohne Teppich oder in ein Gehege einschließen. Wenn Sie die Katzentoilette mit einem kleinen Teppichstück auslegen, wird sie zur Benutzung der Toilette ermutigt, und wenn sie das einmal bereitwillig tut, können Sie anfangen, sie wieder mit Katzenstreu bekannt zu machen. Falls Sie es auch noch einmal mit einer neuen feinkörnigeren Streu versuchen möchten, so sollten sie dies zum jetzigen Zeitpunkt machen. Beginnen Sie damit, indem Sie eine sehr kleine Menge Streu auf den Teppich in der Katzentoilette verteilen und dann die Streuschicht schrittweise verstärken, bis der Teppich schließlich vollständig verdeckt ist. Nach ein paar Tagen, wenn Kiri zuverlässig die Toilette benutzt, sollten Sie den Teppich komplett entfernen und Kiri dann allmählich Zugang zu anderen Zimmern im Haus gewähren, wobei Sie immer für die leichte Verfügbarkeit einer Katzentoilette sorgen. Ein unbeaufsichtigtes Betreten von Zimmern mit Teppichen, besonders vom Esszimmer, sollte noch einige Wochen lang hinausgezögert werden, um das Risiko eines Scheiterns so klein wie möglich zu halten.

Und falls Sie sich jemals wieder dazu entschließen, Ihre Sorte Katzenstreu aus welchem Grund auch immer nochmals zu wechseln, führen Sie die Umstellung in jedem Fall nur sehr langsam durch, und lassen Sie sich nicht dazu verleiten, die Katzentoilette zu oft zu reinigen, da der Uringeruch helfen wird, Kiri anzulocken und sie davon zu überzeugen, sich nicht nach Alternativen umzusehen.

Kinder

Während kleine Babys zu ihrem eigenen Schutz beaufsichtigt werden müssen, falls Katzen in der Nähe sind, wird die Beaufsichtigung von Krabblern, Kleinkindern und älteren Kindern wahrscheinlich eher dem Schutz der Katze dienen! Während das Baby heranwächst und anfängt, mobil zu werden, findet die Katze schrittweise heraus, dass all ihre traditionellen sicheren Zufluchtsorte ihr kein schützendes Gefühl mehr geben, wenn der kühne Entdecker seinen Weg unter den Tisch und hinter das Sofa findet. Viele Katzen werden dann einfach ihre Ruheplätze auf den Boiler oder auf ein hohes Regal verlegen, außer Reichweite der kleinen Finger, doch es liegt an den Haltern sicherzustellen, dass es immer irgendwo einen sicheren Ort für die Katze gibt, an dem sie ruhen kann.

Beide fortwährend voneinander getrennt zu halten, ist natürlich keine Lösung. Es ist wichtig, dass kleine Kinder lernen, wie sie sich der Katze nähern müssen und wie man sie sanft streichelt. Kurze, häufige Phasen beaufsichtigter Interaktion werden der Katze helfen, das Recht des Kindes auf eine Annäherung zu akzeptieren, und werden dem Kind helfen zu verstehen, wie es mit der Katze kommunizieren sollte.

Achtsamkeit bei der Hygiene ist immer wichtig, wenn Haustiere zugegen sind, doch bei der Anwesenheit von Kindern ist sie von höchster Priorität. Wenn das Kleinkind die Phase erreicht, in der es alles in den Mund steckt, werden sogar der Futternapf und die Toilette der Katze für es interessant. Einfache Vorkehrungen wie die Fütterung der Katze auf einem Schrank und die Abdeckung der Katzentoilette mit einem Deckel können helfen, unangenehme Vorfälle zu verhindern; außerdem ist es äußerst wichtig sicherzustellen, dass die Katze regelmäßig entwurmt wird.

Wenn das Kind vom Krabbler zum Kleinkind und noch älter wird, werden seine Bewegungen zunehmend koordinierter und daher in den Augen der Familienkatze weniger bedrohlich. Die Eltern können nun zumindest ein gewisses Maß an Befolgung ihrer Anweisungen erwarten und die Menge an Kontakt, die das Kind mit der Katze haben darf, kann gesteigert werden. Das Kind sollte nun anfangen zu lernen, wie es die Katze hochnehmen und mit ihr schmusen sollte, es kann sogar auch schon anfangen, eine kleine Rolle bei ihrer Pflege zu übernehmen, zum Beispiel indem es jeden Morgen den Futternapf der Katze füllt. Indem die Eltern die sich entwickelnde Freundschaft zwischen dem Kind und seiner flauschigen Gefährtin fördern, helfen sie mit, die Katzenliebhaber von morgen zu erziehen.

Kindliches Verhalten

Um das Verhalten unserer Haustiere zu verstehen, müssen wir die Grundlage ihrer Beziehung zu uns verstehen und erkennen, auf welche Weise sie sich in unser Familienleben einfügen.

Im Gegensatz hierzu hat die Katze ihre Unabhängigkeit bewahrt und lebt eher aus Bequemlichkeit denn aus Notwendigkeit bei uns. Sie hat gelernt, wie sie uns ausnutzen kann, indem sie uns Zuwendung und Gesellschaft bietet, sorgt jedoch dafür, dass alles zu ihren Bedingungen erfolgt.

Dieses Bild einer unabhängigen, manipulierenden Tierart beschwört die Vorstellung eines Haustiers herauf, das uns nach Strich und Faden ausnimmt und uns im Gegenzug nichts zurückgibt, doch diejenigen von uns, die Katzen halten, wissen, dass das so nicht wahr ist. Die Bande, die wir mit unseren Katzen knüpfen, sind genauso stark wie die, die uns mit Hunden verbinden, doch die Grundlagen beider sind ziemlich verschieden.

Einfach ausgedrückt ist die Beziehung zwischen Halter und Katze mütterlicher Art, wobei wir die Mutterrolle übernehmen, lange nachdem unsere

Katze in der freien Natur Reife und volle Unabhängigkeit erlangt hätte. Tatsächlich behalten unsere Hauskatzen ihr ganzes Leben lang ihr kindliches Verhalten bei, wobei sie es aber irgendwie schaffen, gleichzeitig ein unabhängiges erwachsenes Tier und ein verletzliches Junges zu sein, und der Großteil wechselt mühelos von einer Rolle in die andere.

Wenn Katzen aufwachsen und zu unabhängigen Erwachsenen werden, werden Kameradinnen zu Konkurrentinnen um Reviere, Nahrungsquellen und auch sexuelle Beziehungen, und das gesellige Verhalten geht schrittweise zurück. Es ist jedoch irreführend, die Katze als unsoziales Tier zu beschreiben, da wilde Katzen demonstrieren, dass sie durchaus in der Lage sind, soziale Beziehungen untereinander einzugehen, vorausgesetzt, dass reichlich Ressourcen vorhanden sind. Studien über das Verhalten wilder Katzen haben gezeigt, dass diese, auch wenn sie alleine jagen, in oftmals großen familiären Gruppen verwandter Individuen koexistieren, wobei sich die Mütter gemeinsam um den Schutz der Jungen kümmern und in einigen Fällen sogar die Jungen einer anderen säugen.

Die einzige Zeit im Leben der Katze, in der sie vollkommen von anderen Mitgliedern ihrer eigenen Spezies abhängig ist, sind die frühen Tage als Katzenjunges. Indem wir unsere mütterliche Rolle spielen, imitieren wir diese Stufe der Entwicklung der Katze und ermutigen unsere Haustiere, sich in Bezug auf Futter und Sicherheit ganz auf uns zu verlassen. Wir bieten ihnen Wärme, Liebe und Zuwendung, und im Gegenzug bieten uns unsere Katzen eine Entspannungsmethode, die unzweifelhaft auch von therapeutischem Wert ist.

Frage
Ich bin eine ältere Frau und lebe bis auf die Gesellschaft meiner Katze *Jessica*, einer wunderbaren Gefährtin, ganz alleine. Sie ist immer da, wenn ich sie brauche, und ich muss sie nur streicheln, um das Gefühl zu haben, dass auch ich gebraucht werde. Wie Sie sich vorstellen können, bin ich von meiner Katze ziemlich abhängig geworden, und ich verbringe viel Zeit damit, sie auf meinem Schoß zu streicheln, aber vor kurzem habe ich bemerkt, dass sie speichelt, wenn ich sie so halte. Das ist durchaus ein Problem, weil sie manchmal so stark speichelt, dass meine Bluse vollkommen durchnässt ist. Außerdem zieht sie mit ihren Krallen Fäden aus meiner Kleidung, aber durch regelmäßiges Krallenschneiden beschränke ich den Schaden auf ein Minimum. Ich habe meinen Tierarzt angerufen, um ihn wegen des Speichelns um Rat zu fragen, und er vermutete, sie könnte ein Problem mit ihren Zähnen

haben, aber als ich sie hinbrachte, schien damit alles in Ordnung zu sein. Daraufhin sagte mir der Arzt, dass es sich um ein Verhaltensproblem handeln könnte, und daher wende ich mich an Sie.

Antwort
Zweifellos ist die Katze uns in unserer immer einsamer werdenden Gesellschaft eine ideale Gefährtin, da sie uns ein Ziel für unsere mütterlichen und warmherzigen Gefühle bietet und, wie Sie schreiben, dafür sorgt, dass wir uns »gebraucht fühlen«.

In Jessicas Augen erfüllen sie eine mütterliche Rolle, und wenn Sie auf Ihrem Schoß mit ihr schmusen, imitieren Sie die Sicherheit, die sie spürte, als sie als Junges neben ihrer Mutter lag und an ihren Zitzen saugte. Als Reaktion darauf schnurrt sie und reibt sich liebevoll an Ihnen, und mit dem Treteln ihrer Pfoten fällt sie in das gleiche Verhalten zurück, das sie als Katzenjunges zeigte, um den Milchfluss in den Zitzen ihrer Mutter anzuregen. In Erwartung dieses Milchflusses beginnt Jessica dann auch, Speichel zu produzieren, und verteilt reichlich davon auf Ihrer Kleidung. Einige Katze gehen noch eine Stufe weiter und saugen tatsächlich am Hals ihres Halters, und von einigen wurde sogar berichtet, sie saugten so stark, dass sie rote Flecken auf der Haut hinterließen.

Die meisten Halter finden das Tretel-Verhalten absolut akzeptabel und kürzen wie Sie ihren Katzen einfach die Krallen, um zu verhindern, dass sie entweder den Haltern selbst oder ihrer Kleidung Schaden zufügen, aber wenn sowohl Treteln als auch Speicheln auftreten, dann wird das schon eher zum Problem. Was wir sehen, ist eine Verlängerung des normalen kindlichen Verhaltens, das von allen Hauskatzen gezeigt wird, doch Jessica beginnt, ihre abhängige Rolle zu übertreiben und Ihnen als ihre Beschützerin zu viel Bedeutung beizumessen.

Es ist wichtig, diese Überabhängigkeit zu korrigieren, bevor Jessica ihre Fähigkeit verliert, ohne Sie zurechtzukommen, da Katzen, auch wenn es relativ ungewöhnlich ist, bei der Abwesenheit ihrer Halter Symptome von Trennungsangst entwickeln können (siehe *Trennungsangst*, Seite 178). Die Behandlung von Fällen wie dem Ihren erfordert ein großes Maß an Engagement seitens des Halters, und Ihr Erfolg wird von Ihrer Fähigkeit abhängen, sich von Jessica zu distanzieren und dennoch eine wertvolle Beziehung mit ihr aufrechtzuerhalten. Es ist wichtig, dass Sie deutlich weniger für Jessica verfügbar werden und sicherstellen, dass Zuwendung in Zukunft eher von Ihnen als von ihr ausgeht. Das bedeutet nicht, dass Sie ihr nun weniger Liebe zeigen müssen, sondern einfach, dass Sie die Zeitpunkte bestimmen sollten, zu denen Ihre Zuneigung verfügbar ist.

Versuchen Sie, sie dazu zu ermutigen, mehr Zeit draußen zu verbringen, ihre Jagdkunst zu entwickeln und sich erwachseneren Verhaltensformen zuzuwenden, und schränken Sie wenn möglich Ihre Streicheleinheiten ein, damit Jessica gar nicht erst den Punkt erreicht, an dem sie anfängt zu speicheln.

Im Idealfall wäre es hilfreich, wenn Sie jemand anderen dafür engagieren könnten, sie zu füttern und zu streicheln, damit die Betonung auf Ihnen als Jessicas Ernährerin verringert wird. Da Sie aber alleine wohnen, ist das wahrscheinlich sehr schwierig, und wenn Sie keine Freunde haben, die vorbeikommen und Ihnen behilflich sein könnten, werden Sie diese Dinge natürlich weiterhin selbst machen müssen; versuchen Sie jedoch auf jeden Fall, zu einer erheblich distanzierteren Einstellung zu kommen.

Das ist extrem schwierig, weil Sie sich bestimmt grausam und schuldig vorkommen, wenn Sie Jessicas Zuneigungsbekundungen ablehnen, und tief im Inneren möchten Sie wahrscheinlich auf sie reagieren. Die Tatsache, dass Sie Ihre wichtigste Gefährtin ist, macht das Ganze noch schwerer, und Sie werden sich auf eine schwierige Zeit einstellen müssen.

Jessica wird jedoch rasch lernen, unabhängiger zu werden, und Sie beide können dann eine neue, angenehmere und sicherlich trockenere Beziehung genießen! Zwar werden Sie auch weiterhin als Mutterfigur betrachtet werden, und Jessica wird auch künftig in kindliches Verhalten zurückfallen und gerne gestreichelt und liebkost werden, doch sie sollte dann nicht mehr von Ihnen erwarten, dass Sie für sie Milch produzieren.

Krallen
Siehe folgendes Kapitel *Kratzen*.

Kratzen
Zusätzlich zur Funktion der Krallenpflege ist das Kratzen eine der vier Markierungsmethoden, die Katzen für Kommunikationszwecke einsetzen; es wird im Kapitel über Katzenverhalten (siehe Seite 50) erklärt. Es ist ein natürliches Verhalten und verursacht keinerlei Probleme, solange es sich nicht drinnen abspielt und sich nicht gegen irgendein kostbares Möbelstück oder eine teure Tapete richtet.

Frage
Ich würde mich nicht gerade als besonders penibel bezeichnen, aber langsam bin ich doch ein bisschen verärgert über den Schaden, den mein Kater mit seinem ständigen Kratzen sowohl an den Möbeln als auch an der Tapete anrichtet. Ihn zu bestrafen scheint keine Auswirkung zu haben, und außer ihn aus dem Wohnzimmer auszuschließen weiß ich nicht, was ich tun soll. Ich will ihn nicht gerne wegsperren, da er wirklich ein Teil der Familie ist. Haben Sie irgendwelche Vorschläge?

Antwort
Der erste Punkt, den man bedenken muss, wenn man es mit einer Katze zu tun hat, die drinnen herumkratzt, ist die Motivation für ihr Verhalten. Falls das Kratzen nur an einer oder zwei bestimmten Stellen stattfindet, dann trainiert und pflegt die Katze wahrscheinlich einfach nur ihre Krallen. Diese Katzen haben ihr Verhalten einfach nicht auf Objekte im Freien wie Zaunpfähle und Baumrinden übertragen und benutzen stattdessen Sofaecken und Stuhlrücken.

Die Behandlung zielt darauf ab, das Kratzen auf ein akzeptableres Objekt umzulenken und ist gewöhnlich recht erfolgreich. In Zooläden sind verschiedene Kratzbäume erhältlich, und es ist auch recht einfach, selbst einen zu bauen, wobei es allerdings nicht ratsam ist, ihn mit Stoff oder einem Teppich abzudecken, da dies die Katze unweigerlich dazu ermutigen würde, anderswo im Haus an ähnlichen Materialien zu kratzen.

Nachdem Sie sich für eine passende Kratzoberfläche entschieden haben, sollten Sie sie vor den betroffenen Stellen im Haus anbringen. Hat der Kater angefangen, die neue Oberfläche zu benutzen, dann kann sie an einem anderen, geeigneteren Standort aufgestellt werden. Wenn Sie den Kater dazu anhalten wollen, sein Kratzverhalten nach draußen zu übertragen, dann können Sie vor Ihrem Sofa oder Stuhl Baumrinden platzieren und ihn so dazu erziehen, in Zukunft Bäume zu benutzen.

Zu den wichtigsten Aspekten von Kratzbäumen gehört ihre Größe, da eine Katze ihren Körper beim Kratzen in voller Länge strecken muss, um ihren Krallenapparat angemessen zu trainieren. Ein Kratzbaum muss daher eine hinreichende Höhe haben, wenn Sie vermeiden wollen, dass Ihr Kater sich einfach wieder den Stuhlrücken oder sogar den Wänden zuwendet.

In einigen Fällen ist die Motivation für das Kratzen innerhalb des Hauses komplexerer Natur und die Wurzel des Problems liegt in der Markierungsfunktion dieses visuellen und Geruch verbreitenden Zeichens. Diese Katzen werden dazu neigen, überall im Haus und besonders an Stellen mit widersprüchlichen Gerüchen zu kratzen, etwa an Eingängen oder Fenstern. Es ist wichtig, die Ursache für die Gefühle der Unsicherheit der Katze ausfindig zu machen, und die Behandlung zielt darauf ab, das Bild vom Zuhause als sicherer Zufluchtsort wiederherzustellen. Diesen Katzen muss wieder ein Gefühl der Sicherheit vermittelt werden, damit sie nicht länger die Notwendigkeit verspüren, sich mit ihrem eigenen Geruch zu umgeben. Sie sollten auf die gleiche Art behandelt werden wie Katzen, die im Haus herumspritzen (siehe *Spritzen*, Seite 163).

Was auch immer die Ursache des Problems ist – eine Bestrafung wird niemals effektiv sein und kann sogar alles noch verschlimmern. Falls die Katze lediglich ihre Krallen pflegt, wird sie nicht verstehen, warum Sie sie für etwas vollkommen Natürliches schelten, und falls sie markiert, weil sie sich unsicher fühlt, wird eine Bestrafung nur dazu dienen, ihre Ängste zu verstärken.

Markieren

Die Kommunikation der Katzen ist eine komplexe Angelegenheit, und ein äußerst wichtiger Bestandteil hiervon ist das Markieren. Eine Katze kann auf unterschiedliche Arten Markierungen in ihrer Umgebung setzen, die auch alle vollkommen akzeptabel sind. Was eine Katze als legitime Markierung betrachtet, kann allerdings manchmal für nicht eingeweihte Menschen recht abstoßend sein – wenn Katzen anfangen, im Haus zu markieren, kann das ziemliche Spannungen zur Folge haben. Der Anblick einer Katze, die sich sanft an Ihrer Hi-Fi-Anlage reibt, mag ja liebenswert sein, doch sieht die Sache vollkommen anders aus, wenn die Markierung aus Urin besteht und Ihre Katze anfängt, Ihren Toaster zu bespritzen! Ganz ähnlich ist das Kratzen an Zaunpfählen im Garten kein Grund zur Aufregung, doch scharfe Krallen, die an einem teuren Sofa zerren, werden nur selten bereitwillig hingenommen. Die Katze setzt vier grundlegende Markierungsmethoden ein – Reiben, Kratzen, Spritzen und Häufchenmarkierung –, die jeweils im entsprechenden alphabetischen Abschnitt behandelt werden.

Mütterliche Aggression

Die Aggressionen, die säugende Katzenmütter zeigen, sind wahrscheinlich die verständlichste und daher auch akzeptierteste Form eines sonst unerwünschten Verhaltens. Es ist ein Verhaltensmuster, das mit hormonellen Vorgängen zusammenhängt und durch die Anwesenheit kleiner Katzenjungen ausgelöst wird. Verhaltensforschern zufolge ist dies eine der wenigen Situationen, in denen eine weibliche Katze als echte Aggressorin auftritt, und mütterliche Aggressionen können in der Tat eine der wildesten Angriffsformen sein, die es bei Katzen gibt.

Für die Halter von Hauskatzen besteht der problematische Aspekt dieses Verhaltens darin, dass die Katze sowohl Fremde als auch bisher absolut vertraute Familienmitglieder mit gleicher Bosheit angreifen kann. Oft wird sie keinerlei Drohgebärden als Warnung zeigen, sondern sich stattdessen fast begierig auf die sich ihr nähernde Herausforderung stürzen; selbst die friedfertigsten Katzen können unkontrolliert vorpreschen, falls jemand versucht, ihre Jungen aus ihrem Nest zu holen.

Ein solches Verhalten wird nicht nur gegenüber den Menschen gezeigt, die dem kostbaren Nachwuchs zu nahe kommen, sondern es wird auch von anderen Katzen oder Haustieren provoziert, die es wagen, zu großes Interesse an den Neuankömmlingen zu zeigen.

Eine Erklärung für die Heftigkeit mütterlicher Aggressionen ist, dass die Katze daran gehindert wird, einer wahrgenommenen Gefahr mit ihrer übliche Fluchtreaktion zu entkommen, weil sie bei ihrem Nachwuchs bleiben und ihn beschützen muss. Als Folge kann sie immer erregter und reizbarer werden und ihre Aggressionsschwelle sinkt entsprechend ab. In dieser Situation wird jede vermeintlich bedrohliche Geste einen Wutausbruch und einen oftmals ziemlich beängstigenden Angriff heraufbeschwören.

Frage
Meine kleine Tochter ist sehr fasziniert von Tieren und zeigt unseren Haustieren gegenüber mehr als das übliche kindliche Interesse. Es ist ihr sehr viel daran gelegen, so viele Erfahrungen wie möglich im Umgang mit Tieren zu sammeln: Jetzt hat unsere Katze Junge bekommen, und ich dachte, meine Tochter habe nun die Möglichkeit, die Aufzucht der Kleinen aus erster Hand zu verfolgen.

Leider war das jedoch nicht der Fall, weil unsere normalerweise friedfertige und liebenswürdige Katze zu einem bösartigen und ungeselligen Individuum geworden und unerbittlich darauf bedacht ist, dass niemand in die Nähe ihrer Jungen kommt. Meine Tochter hat *Mickey* immer als eine Art besondere Freundin betrachtet und ist über ihre Zurückweisung äußerst bestürzt. Sie ist ein sehr sanftes Kind und hat der Katze keinen Grund gegeben zu denken, sie würde den Jungen etwas antun, aber es scheint unmöglich zu sein, Mickey davon zu überzeugen, dass wir nur Freunde sein wollen. Falls wir sie später noch einmal Junge haben lassen sollten, gibt es irgendetwas, das wir tun könnten, um sie auf die Geburt vorzubereiten und dafür zu sorgen, dass sie uns an der Freude über ihre Jungen teilhaben lässt?

Antwort
Oft stellen Katzenhalter tatsächlich fest, dass ihre Haustiere es ihnen gestatten, sich sehr nah mit ihren Jungen zu beschäftigen, und wir betrachten es als großes Privileg, den Jungen bei ihrer Entwicklung zuzusehen. Allerdings können wir niemals erwarten, eine solche Einmischung sei unser gutes Recht, und wir müssen immer darauf warten, sozusagen eingeladen zu werden. Für ein Kind ist es natürlich sehr traurig, sich von einem Haustier zurückgewiesen zu fühlen, das von ihm sehr geliebt wird, doch Sie müssen Ihrer Tochter erklären, dass Mickeys Aggressionen keine persönliche Reaktion gegen sie darstellen, sondern ein natürliches Katzenverhalten sind, das von Hormonen diktiert wird und sich größtenteils Mickeys Kontrolle entzieht.

Es wird angenommen, dass mütterliche Aggressionen mit dem sinkenden Progesteronspiegel nach der Geburt zusammenhängen; bei sehr extremen Fällen kann die Gabe von progesteronhaltigen Medikamenten hilfreich sein. Im Allgemeinen besteht die beste Behandlung jedoch darin, der Katze einen ruhigen Nestbereich zur Verfügung zu stellen, wo sie ungestört ist, und darauf zu verzichten, die Jungen in Anwesenheit ihrer Mutter anfassen zu wollen, bis sie entspannter geworden ist und Ihre Gesellschaft besser akzeptiert.

Bei weiteren Würfen, die Mickey bekommen könnte, muss es nicht unbedingt sein, dass sie das aggressive Verhalten wiederholt, und sie könnte Ihnen beim nächsten Mal tatsächlich gestatten, sich weitaus mehr einzumischen. Doch auch wenn Katzenmütter gar kein aggressives Verhalten zeigen, ist es wichtig, immer vorsichtig vorzugehen, wenn man sich den kleinen Katzen nähert und sie anfasst. Es tut mir Leid, dass Ihre Tochter nicht die Einsichten erlangt hat, die sie gerne über die Fortpflanzung von Katzen bekommen hätte, aber ihr ist in jedem Fall eine wertvolle Lektion über Katzenverhalten erteilt worden.

Nervosität
Jedes Tier muss als Teil des Lernprozesses während des Aufwachsens lernen, wie zwischen bedrohlichen und harmlosen Reizen zu unterscheiden ist. Alle Katzenjungen zeigen die gleiche angeborene Reaktion mit angelegten Ohren, gekrümmtem Rücken und gesträubtem Fell, wenn sie von einer plötzlichen Bewegung oder einem beunruhigenden Geräusch aufgeschreckt werden.

Diese erschrockene Körperhaltung der Katze findet sich in vielen Cartoons wieder und wir alle kennen sie aus der Fernsehserie *Tom und Jerry*. Wenn das Katzenjunge jedoch erwachsen wird und sich immer zahlreicheren Umweltreizen gegenübersieht, wird es langsam lernen, sich auf Herausforderungen einzustellen und Neuartiges zu akzeptieren. Es nimmt die Welt um es herum immer mehr an und ist in der Lage, mit neuen Erfahrungen zurechtzukommen, ohne unbedingt sofort in eine ängstliche Reaktion zu verfallen.

Im Laufe der Zeit hat dieser so genannte Gewöhnungsprozess die Entwicklung einer kompetenten Katze zur Folge, die gut vorbereitet ist, mit allem zurechtzukommen, was ihr die Welt zu bieten hat, doch trotzdem verliert sie niemals diese inhärente Schreckreaktion, sondern wird sie in besonders beunruhigenden Situationen zeigen. Ist diese Kompetenz einmal erworben, so wird sie im Laufe des Lebens fortdauernd durch die laufende Konfrontation mit Herausforderungen verstärkt, und die meisten Katzen werden sich zu gelassenen und anpassungsfähigen Haustieren entwickeln.

Für einige Katzen jedoch ist das Leben eine ständige Quelle der Besorgnis, und sie lernen nie richtig, wie sie mit ihrer Umgebung zurechtkommen sollen. Das sind die Katzen, die ihre Zeit versteckt in der Dunkelheit unter der Anrichte verbringen, mit weit geöffneten Augen in den Raum blicken und verzweifelt darauf hoffen, dass keiner sie bemerkt. Fühlen sie sich einmal in ihrer dunklen Höhle sicher, dann werden sie so lange flach auf dem Boden liegen bleiben, bis die wahrgenommene Bedrohung vorüber ist. So haben sie vor, ihre Tage zu verbringen – indem sie Herausforderungen vermeiden und die »Kopf-in-den-Sand«-Methode ins Extrem treiben. Die Angstschwelle dieser Katzen ist äußerst niedrig, und einige werden, statt bewegungslos in einer Ecke zu sitzen, bei der kleinsten Veränderung ihrer Umgebung die Flucht ergreifen und oft durch die Katzenklappe stürmen, um dann stundenlang nicht mehr gesehen zu werden. Sie wägen die Situation erst gar nicht ab, sondern handeln nach dem Prinzip, dass jede Herausforderung vermieden werden sollte, so dass sie niemals lernen, mit neuen Erfahrungen oder selbst den mildesten Herausforderungen klarzukommen.

Welche Reaktion die Katze letztendlich auch wählt, eines ist sicher: Das Leben ist für sie eine erschreckende Erfahrung. Für einige wird die Situation so schlimm, dass sie auf alle harmlosen alltäglichen Ereignisse in der Familie überreagieren und die Hoffnung verlieren, das Leben jemals vollkommen zu genießen. Die Halter sind gewöhnlich fast genauso bekümmert und finden es hart, dazusitzen und mit anzusehen, wie ihr geliebtes Haustier sich weiter und weiter in sein Schneckenhaus zurückzieht. Oft versuchen sie, sich der

Katze mit beruhigenden Gesten zu nähern und sie sogar hochzunehmen und mit ihr zu schmusen, um zu beweisen, dass die Welt ein freundlicher Ort ist. Leider ist ein solcher Trost für die Katze in ihrem Zustand intensiver Besorgnis schwer zu akzeptieren, und die Tatsache, dass der Halter Aufmerksamkeit verlangt, wo die Katze sich einfach nur verstecken will, kann noch als weitere Bedrohung interpretiert werden. In einigen Fällen hat dies dann eine Demonstration angstbezogener Aggressionen und einen übel zerkratzten Halter zur Folge.

Um zu verstehen, warum einige Katzen so schlimm auf einfache Herausforderungen reagieren, ist es hilfreich, sich die frühen Tage als Katzenjunge und die Art und Weise anzusehen, wie sie mit der großen weiten Welt bekannt gemacht wurden. Verhaltensforscher haben in umfangreichen Studien gezeigt, dass die Häufigkeit des Kontaktes, den kleine Katzenjunge im Alter von zwei bis sieben Wochen erfahren, bedeutenden Einfluss auf ihre Fähigkeit hat, als erwachsene Katzen den menschlichen Kontakt zu schätzen und zu genießen. In ähnlicher Weise wird die Zahl der Umweltreize, auf die das

Für eine nervöse Katze ist das Leben eine erschreckende Erfahrung.

Katzenjunge während seiner ersten Lebenswochen trifft, seine Fähigkeit beeinflussen, positiv auf die vielen Möglichkeiten im Leben zu reagieren und zu lernen, dass Neuartiges interessant statt bedrohlich sein kann. Auch wurde herausgefunden, dass das Temperament der Mutter die nervöse Veranlagung ihres Nachwuchses beeinflussen kann: Im Allgemeinen erzeugen unerfahrene und inkompetente Mütter eine weitere Generation nervöser und zurückgezogener Individuen.

All dies sind Tatsachen, die in Betracht gezogen werden müssen, aber das Leben ist natürlich nie so einfach, und die einzelnen Individuen weisen unterschiedliche Toleranzschwellen auf, ungeachtet ihrer Eltern oder früher Erfahrungen. Genauso wie kein Kind aus derselben Familie genau auf die gleiche Art reagieren wird, so können auch Katzenjunge aus demselben Wurf in derselben Situation recht unterschiedliche Reaktionen zeigen. Die kühneren und extrovertierteren Charaktere werden begierig sein, das meiste aus ihrem Leben zu machen und werden alle neuen Reize mit offenkundigem Enthusiasmus untersuchen, während die Kleineren und weniger Forschen dazu neigen werden, sich zurückzuhalten und zu warten, bis alle anderen sich die Sache angeschaut haben, bevor sie sich selbst vorwagen, um eine neuartige Herausforderung zu begrüßen. In einigen Fällen ziehen sie es womöglich sogar vor, die Situation vollkommen zu umgehen, und obwohl diesen Katzenjungen in ihrem frühen Leben genau die gleichen Möglichkeiten geboten wurden, werden sie weitaus weniger leistungsfähig aufwachsen als ihre abenteuerlustigen Wurfgeschwister.

Bei einigen Katzen ist die Nervosität genereller Natur und rührt aus der Unfähigkeit, mit dem Leben zurechtzukommen, doch bei anderen ist die Angst weitaus spezifischer und kann als Phobie bezeichnet werden. Solche Fälle lassen sich oft aus einem einzelnen traumatischen Erlebnis herleiten und treten eher später im Leben auf. Echte Phobien sind bei der Katze sehr selten, doch wenn sie auftreten, ähnelt die Behandlung der der nervösen Katze und beinhaltet die kontrollierte Konfrontation mit der jeweiligen Herausforderung (siehe *Agoraphobie*, Seite 71 und *Xenophobie*, Seite 193).

Frage
Mein Kater *Komet* kommt immer weniger mit dem Leben klar. Er ist vier Jahre alt und hat schon immer die Tendenz gehabt, ziemlich nervös zu sein; mit zunehmendem Alter wird es immer schlimmer. Ich lebe allein und besuche regelmäßig meine Schwester und ihre Familie, die etwas weiter weg wohnen. Wegen Komets ziemlich zurückgezogenen Charakters habe ich immer

gezögert, ihn in eine Katzenpension zu bringen, und da meine Schwester ebenfalls Katzen sehr mag, nehme ich Komet einfach mit, wenn ich zu ihr fahre. Allerdings scheint er diese Gastfreundschaft nicht zu schätzen, denn von dem Moment seiner Ankunft an schleicht er sich unter die Anrichte und weigert sich, herauszukommen. Wenn ich seinen Futternapf unter die Anrichte stelle, frisst er zwar gerne daraus, aber wenn der Napf ins Freie gestellt wird, dann wartet er, bis wir alle zu Bett gegangen sind, bevor er sich hervorwagt. Ganz offensichtlich gefällt ihm sein Aufenthalt dort gar nicht, aber ich frage mich, ob es ihm nicht genauso schlecht gehen würde, wenn ich ihn einfach zu Hause ließe. Was soll ich tun?

Antwort
Ihr Kater erinnert mich an das Kind, das die ganze Geburtstagsfeier eingeschlossen auf der Toilette verbringt, aber dann nach Hause geht und seiner Familie erzählt, wie toll es war! Komet ist sicher als nervöse Katze einzustufen und sein Verhalten muss für Sie traurig mit anzusehen sein. Ihre Gründe, ihn mitzunehmen, wenn Sie Ihre Schwester besuchen, sind ganz offenkundig vernünftig, doch leider ist dieser Schuss für Sie nach hinten losgegangen.

Es ist interessant, dass Sie Komet als »zurückgezogenen Charakter« beschreiben und sagen, dass er schon als Katzenjunges so war. Wir haben hier einen Kater, der niemals vollständig gelernt hat, mit dem Leben zurechtzukommen, und wie bei allen solchen Katzen hat sich dies auch bei ihm im Laufe der Jahre immer weiter verschlimmert. In dem Versuch, ihn zu beschützen, haben Sie es ihm ermöglicht, durchs Leben zu gehen, ohne sich seinen Ängsten stellen zu müssen, und ohne eine Behandlung wird sich die Situation kontinuierlich verschlechtern. Auch wenn Ihre Schwester Katzen liebt, sieht sich Komet einer seiner Wahrnehmung nach feindlichen Umgebung gegenüber, ganz seinem Charakter entsprechend reagiert er darauf, indem er sich zurückzieht und sich in einer geeigneten dunklen und stillen Ecke verkriecht. Er ist es gewohnt, wohl in relativem Frieden mit nur einer Person zu leben, und das Zuhause Ihrer Schwester mit einer ganzen Familie bringt garantiert mehr Herausforderungen mit sich, als Komet ertragen kann. Oft werden Katzen wie Komet sehr verschlossen in ihrem Verhalten, und die Tatsache, dass er tatsächlich willens ist, so lange auf sein Futter zu warten, bis Sie alle zu Bett gegangen sind und er freie Bahn hat, ist ein weiterer Hinweis darauf, wie ernst seine Situation nun schon geworden ist.

Die Behandlung muss darauf abzielen, Komet zu helfen, mit dem Leben klarzukommen und zu lernen, dass es ihm viele positive Erfahrungen bieten kann, wenn er nur aus seinem »Eckchen« herauskommen würde. Offenkundig ist es für eine Katze erheblich leichter, sich anzupassen, solange sie noch jung ist. Sind nervöse Katzen bereits erwachsen, wenn die Behandlung einsetzt, werden sie sich nur noch selten zu absolut »normalen« Tieren entwickeln. Trotzdem ist es möglich, große Verbesserungen zu erzielen und es Katzen wie Komet zu ermöglichen, zumindest damit anzufangen, das Leben zu genießen.

Wie bei jedem nervösen Geschöpf muss der Behandlungsansatz ruhig und sanft erfolgen, und es ist eine Menge Geduld vonnöten. Lassen Sie sich nie dazu verleiten, mit dem Behandlungsprogramm voranzupreschen, sondern richten Sie die Geschwindigkeit danach aus, was Komet akzeptieren kann. Kontrollierte Konfrontationstechniken unter Verwendung eines Geheges werden es Komet ermöglichen, den normalen Alltag zu erleben und werden ihn am Entkommen hindern. Aus dem Gehege heraus kann er das Kommen und Gehen im sicheren Wissen beobachten, dass ihm nichts zustoßen kann, und auf diese Weise geschützt kann er es sich leisten, Herausforderungen gegenüberzutreten.

In Ihrem Fall würde ich vorschlagen, dass Sie erst einmal hart daran arbeiten, Komets Kompetenz in seiner eigenen wohl bekannten Umgebung zu erhöhen, bevor Sie das Gehege ins Haus Ihrer Schwester bringen und anfangen, ihn an sein Ferienhaus zu gewöhnen. Sollten Sie feststellen, dass er zuerst wild reagiert, weil er in das Gehege eingesperrt worden ist, kann seine Angstreaktion vorübergehend unterdrückt werden, indem nach eingehender Besprechung mit Ihrem Tierarzt Beruhigungsmittel oder homöopathische Mittel gegeben werden, doch lassen Sie sich nicht dazu verleiten, sich ausschließlich auf eine solche Behandlung zu verlassen, da Komet lernen muss, zurechtzukommen, ohne von medikamentöser Hilfe abhängig zu werden.

Paarung
Siehe im Kapitel über Katzenverhalten (Seite 51).

Phobien
Siehe Nervosität, Seite 140.

Pica-Syndrom
Die Definition des Pica-Syndroms lautet: abnormaler Appetit, der zur Aufnahme von Substanzen führt, die keine Nahrungsmittel sind. Bei Katzen ist das eigentümlichste Beispiel dafür das Verhalten, Wolle zu fressen, was in einem

eigenen Kapitel behandelt wird (siehe Seite 188). Allerdings ist das Fressen von Wolle nicht das einzige Beispiel, und Katzen haben Berichten zufolge schon eine Vielzahl anderer seltsamer Materialien vertilgt, darunter Radiergummis und sogar Stromkabel. Die Ursache für dieses Verhalten ist derzeit noch unklar, doch zur Behandlung gehört, diese Gegenstände ungenießbar zu machen, indem man geeignete Abschreckungsmittel wie Eukalyptusöl darauf anbringt und dann die Aufmerksamkeit der Katze umlenkt, indem man ihr entweder durch Spielen oder verstärkten Ausgang nach draußen erhöhte Stimulation bietet. In einigen Fällen kann eine Ernährungsumstellung hilfreich sein, auch wenn dieses Verhalten seine Ursache nicht in einer Fehlernährung zu haben scheint.

Frage
Kürzlich habe ich geheiratet, und meine Frau liebt Zimmerpflanzen über alles! Normalerweise wäre das kein Problem, aber ich habe einen – zumindest von mir – sehr geliebten Kater mit in diese Ehe gebracht. Das Problem ist, dass mein Kater ziemlichen Gefallen an diesen Zimmerpflanzen gefunden und beschlossen hat, dass sie ein schönes kleines Extra zu seinem normalen Katzenfutter sind. Haben Sie einen Vorschlag, wie ich ihn davon abhalten kann, die kostbaren Pflanzen meiner Frau zu vertilgen?

Antwort
Das Fressen von Pflanzen und Gras ist bei Katzen wahrscheinlich verbreiteter als wir annehmen, doch glücklicherweise befinden sich die meisten Pflanzen, die unsere Katzen vertilgen, draußen im Garten, und wir bemerken davon gar nichts – es sei denn, sie fangen an, das kostbare Einzelstück der Nachbarn aufzufressen und werden dabei erwischt! Möglicherweise wird diese pflanzliche Nahrung als Ballaststoffquelle genutzt, oder sie liefert bestimmte Mineralien und Vitamine, die in anderer Nahrung nicht vorkommen. Eine weitere mögliche Erklärung lautet, dass pflanzliches Material die Eigenschaften eines Brechmittels besitzt und die Katze dabei unterstützt, Haarballen aus ihrem Verdauungstrakt hochzubringen.

Was auch immer der Grund sein mag – das Fressen von Pflanzen ist sogar für die karnivore Katze ein normales Verhalten, auch wenn diese Information Ihre verärgerte Frau wohl kaum besänftigen wird. Der Einsatz von Aversionstechniken, etwa eine Wasserpistole, kann nützlich dabei sein, das Auffressen von Zimmerpflanzen zu einer unangenehmen Erfahrung zu machen, aber um den Kater davon abzuhalten, den gesamten Bestand zu vertilgen, wäre es vernünftig, ihm eigene Pflanzen zur Verfügung zu stellen. Viele Zooläden bieten Schälchen mit Grassaaten genau für diesen Zweck an, und die meisten Katzen finden sie erheblich attraktiver als die gewöhnliche Zimmerpflanze und sind beeindruckt von der Aufmerksamkeit ihres Halters, der ihnen solch eine Delikatesse vorsetzt!

Raubtierverhalten

Zwar wird die Jagd von uns als fester Bestandteil des Verhaltensrepertoires der Katze akzeptiert, gleichzeitig aber gibt es Aspekte dieses natürlichen Raubtierinstinkts, die einige Halter alles andere als akzeptabel finden. Für diejenigen Katzen, die ein Doppelleben führen und einen beträchtlichen Teil ihrer Zeit außer Haus verbringen, ist die Jagd ein beliebter Zeitvertreib. Sie sind nicht darauf angewiesen zu jagen und zu töten, um sich mit Nahrung zu versorgen, da ihre Halter ihnen all ihre Nahrungsbedürfnisse aus der Dose liefern, aber Katzen jagen sowohl aus Vergnügen als auch aus Notwendigkeit, und so wird die Jagd selbst von den bestgefüttertsten Katzen weiter praktiziert.

Der Anblick einer Katze, die sich an ihre Beute heranpirscht, ist Ehrfurcht gebietend, und ihre Präzision und Schnelligkeit sind sicherlich bewundernswert, doch für die Halter dieser überaus tüchtigen Jägerinnen kann die Zahl der Opfer unter der örtlichen Wildtierpopulation ein Grund zur Sorge werden. Viele Halter haben mich gefragt, wie sie diesem blutrünstigen Treiben Einhalt gebieten können, und haben erzählt, wie ihre intelligenten Katzen Probleme wie Glöckchen am Halsband überwunden haben, indem sie gelernt haben, ihren Hals so zu halten, dass das Glöckchen nur wenige oder gar keine Geräusche von sich gibt (ja, wir haben es mit einer sehr anpassungsfähigen Tierart zu tun).

Die kurze Antwort auf derartige Fragen lautet, dass man wenig tun kann, um etwas einzudämmen, was schließlich ein tief verwurzelter Drang zur Jagd ist. Hat eine Katze sich einmal zu einer effizienten Killerin entwickelt, dann kann dieses Verhalten nicht eliminiert werden, allerdings ist es möglich, die Auswirkungen ihrer mörderischen Veranlagung zu vermindern. Glöckchen, die am Halsband befestigt werden, funktionieren zwar nicht bei allen Katzen, doch in vielen Fällen helfen sie, den Opfern eine Vorwarnung für das sich nähernde Raubtier zu geben und bieten diesen so die Gelegenheit zur Flucht.

Leichte Änderungen der Routinen der Katze können den Wildtieren eine größere Chance geben, indem man die Katze beispielsweise bei Sonnenauf-

und -untergang, wenn kleine Säugetiere am aktivsten und verletzlichsten sind, nicht aus dem Haus lässt. Eine Nahrungsumstellung, bei der man Nahrung anbietet, die von der Katze mehr Einsatz erfordert, etwa Fleisch, das noch am Knochen ist, kann hilfreich sein, da die Nahrungsaufnahme länger dauert und die Katze so weniger Zeit oder Energie für eine zusätzliche Jagd übrig hat.

Die Katze permanent drinnen zu halten ist keine Option, wenn sie bereits an die Freiheit und Unabhängigkeit eines Lebens im Freien gewöhnt ist, da ein solches erzwungenes Einsperren zu unerträglicher Frustration und zur Entwicklung anderer, noch viel unerwünschterer Verhaltensprobleme führen kann. Dem Halter allerdings, der es erst gar nicht zur Jagd kommen lassen will, könnte eine reine Wohnungskatze am ehesten zusagen, wobei es vernünftig wäre, ein Junges einer nicht jagenden Katzenmutter auszuwählen, da der Jagdtrieb auf Grund des Beispiels der Mutter bei ihm niedriger sein wird.

Doch auch wenn man diese Maßnahmen anwendet, wird man das Jagdverhalten lediglich verändern, es jedoch nie ganz eliminieren können, und falls diese Katzen später die Möglichkeit haben, hinauszukommen, werden sich viele von ihnen rasch in Serienmörderinnen verwandeln.

Frage
Ich akzeptiere widerstrebend die Tatsache, dass ich wenig tun kann, um meinen Kater davon abzuhalten, Vögel und kleine Nagetiere zu töten, aber muss er sie auch noch nach Hause bringen und sie unter unserem Esstisch liegen lassen? Manchmal sind der Kopf und ein Teil eines Schwanzes alles, was ich noch vorfinde, aber gelegentlich ist das arme Opfer noch vollständig, und der Kater macht keine Anstalten, es zu verspeisen. Wenn ich seine Präsente morgens als Erstes entdecke, dreht sich mir fast der Magen um, aber der Gipfel war letzte Woche, als ich die Treppe hinunterkam und sah, wie eine Maus in meinem Esszimmer umherrannte und mein Kater ein makaberes Versteckspiel mit ihr spielte. Warum ist mein sonst so hinreißender Kater nur so kalt und unsensibel?

Antwort
Die einfache Antwort auf Ihre letzte Frage lautet: Weil er eine Katze ist! Auch wenn Sie dieses Verhalten »kalt und unsensibel« finden mögen, handelt Ihr Kater nur nach seiner genetischen Veranlagung und verhält sich als die mordende Katze, die er wirklich ist. Oft finden wir es schwierig, diese Vorstellung

mit der friedlich schlafenden Katze am Kamin in Einklang zu bringen, und obwohl wir akzeptieren können, dass sie nun einmal jagt, hätten wir es lieber, wenn sie den Beweis ihrer geschmacklosen Aktivitäten nicht auch noch mit nach Hause bringen würde. Wenn sie ihre Beute zurück ins Haus bringen, sagen uns unsere Katzen jedoch, dass sie es als sichere Behausung betrachten, die es wert ist, als Vorratslager benutzt zu werden, und wenn wir einmal unser Entsetzen über den Tod unschuldiger Opfer ablegen, können wir uns sogar irgendwie geschmeichelt fühlen.

Falls es Ihnen unmöglich erscheint, diese Sichtweise anzunehmen und Sie verzweifelt versuchen wollen, Ihren Kater davon abzuhalten, seinen Fang mit nach Hause zu bringen, dann müssen Sie seine Wahrnehmung des Esszimmers als Ort für das Verspeisen seiner Beute verändern. Das kann manchmal erreicht werden, indem man Aversionstechniken anwendet. Jedes Mal, wenn er mit einem kleinen Bündel in seinem Maul nach Hause kommt, sollte er mit einem gut gezielten Schuss aus einer Wasserpistole und einem warnenden Fauchen begrüßt werden, wohingegen er, wenn er allein nach Hause kommt, herzlich willkommen geheißen und sofort gefüttert werden sollte. Dies wird dazu dienen, die Vorstellung vom Zuhause als sichere Basis aufrechtzuerhalten und gleichzeitig anzuzeigen, dass es kein sicherer Ort ist, um Beute dorthin zu bringen.

Offensichtlich entspringt ein Teil Ihres Entsetzens darin, dass er offensichtlich nicht tötet, um zu fressen, sondern eher aus Vergnügen. Der Anblick eines körperlosen Kopfes unterm Tisch ist zugegebenermaßen nicht gerade angenehm, und irgendwie wäre es leichter, dem Kater sein Verbrechen zu verzeihen, wenn er sein Opfer auch verspeist hätte! Tatsache ist, dass die meisten Hauskatzen nicht zu jagen brauchen. Sie werden von ihren Haltern gut mit Katzenfutter und Leckereien versorgt, und wenn sie nach einem ihrer Streifzüge nach Hause zurückkehren, werden sie oft ihr Opfer liegen lassen und sich stattdessen dem schmackhaften Inhalt ihres Futternapfes zuwenden, um ihren Hunger zu stillen. Dies ist ein weiterer Beweis für die Tatsache, dass die Jagd für die Katze sowohl ein Hobby als auch eine Raubtierfunktion ist.

Ein totes Säugetier für das beste Katzenfutter liegen zu lassen mag deshalb verständlich sein, aber wie Sie richtig sagen, kann das Auffinden lebender Beute in Ihrem Esszimmer oder der Anblick einer Katze, die mit ihrem Opfer spielt, sehr erschreckend sein. Es ist interessant, dass wilde Katzen nicht auf diese Art mit ihren Opfern spielen: Ein derartiges Verhalten ist Kennzeichen einer schlechten Jägerin. Die rasche Bewegung des Vogels oder kleinen Säugetiers aktiviert den der Katze innewohnenden Drang zu jagen, aber die letztendliche Tötung ihres Opfers ist etwas, das die Katze erst durch Lernen perfektionieren muss. Zu diesem Zweck werden jagende Katzenmütter halbtote Beute zurück zum Nest bringen und ihre Jungen dazu anhalten, den tödlichen Nackenbiss daran zu üben (siehe Seite 47). Diese Jugendlichen werden rasch die Kunst des schnellen Tötens entwickeln, doch bei Katzenjungen, deren Mütter keine Zeit dafür aufwenden, ihnen diese Fertigkeiten beizubringen, wird die Jagd womöglich nie über die anfängliche Verfolgung und den Fang hinausgehen. Ist die Beute einmal gefangen, verlieren diese Katzen schnell das Interesse an ihrem unbeweglichen Fang und lassen ihn für das nächste Geschöpf liegen, das sich rasch durch ihr Sichtfeld bewegt. Beginnt die Beute jedoch zu kämpfen, wird sie dadurch den Drang zur Jagd wieder anheizen, und ein Spiel folgt. Wenn das Opfer schwächer wird, werden einige Katzen versuchen, es wieder zu bewegen und stoßen es umher oder schleudern es sogar in die Luft.

Ein solches Verhalten, das dem menschlichen Beobachter extrem grausam erscheint, ist Folge unserer Einmischung in die Fortpflanzung der Katze, denn solch schlechte Jägerinnen würden in der Wildnis nicht lange genug überleben, um sich fortpflanzen und ihre mangelhaften Fertigkeiten an zukünftige Generationen weitergeben zu können. Wir jedoch bieten unseren Katzen Futter und Schutz, so dass die Fähigkeit zum Töten nicht länger notwendig für das Überleben ist und schlechte Jägerinnen sich fortpflanzen können. Das Ergebnis ist eine Katzenpopulation, deren Mitglieder niemals so richtig die Kunst des schnellen und leisen Tötens beherrschen und stattdessen unterm Tisch mit ihren Opfern Verstecken spielen.

Reiben

Von allen Markierungstechniken, die die Katze einsetzt, ist diese diejenige, die Menschen am akzeptabelsten finden, und wir fördern sie sogar als Zeichen der Zuneigung unserer Haustiere. Wir interpretieren das freundliche Reiben an unseren Beinen als Bitte um körperlichen Kontakt und antworten, indem wir uns hinabbeugen und die Katze streicheln. Der Wunsch, mit den ihnen Nahestehenden in körperlichem Kontakt zu stehen, ist zwar ein Teil des Grundes für dieses Katzenverhalten, doch es hat noch weitaus mehr damit auf sich (siehe *Begrüßung*, Seite 84).

Wenn eine Katze auf ein anderes bekanntes und freundliches Individuum trifft, wird sie ihren Kopf, ihre Flanken und ihren Schwanz an ihm reiben und ihren Schwanz anheben, um ihrer Kameradin zu erlauben, ihre Analregion zu untersuchen. In unseren Augen ist das keine sonderlich schöne Begrüßung, doch in der Sprache der Katzen ist es das Gleiche wie für uns ein warmer Händedruck oder ein Küsschen auf die Wange.

Katzen besitzen an verschiedenen Körperstellen eine Anzahl spezieller Duftdrüsen, und durch das Reiben werden ihre Sekrete auf der Person, der Katze oder dem Objekt verteilt, mit der oder dem die Katze interagiert. Die Drüsen an Kinn, Schläfen und Mundwinkeln werden beim Kopfreiben eingesetzt, und auch von den Wangen nimmt man an, dass sie Duftsekrete abgeben. Wenn wir unsere Katzen streicheln, reagieren sie unweigerlich damit, dass sie ihren Kopf an unserer Hand reiben, wodurch sie uns mit ihrem eigenen Geruch markieren und im Gegenzug etwas von unserem Geruch aufnehmen. Das hilft, enge soziale Bande zwischen Haustier und Halter zu knüpfen und einen gemeinsamen Geruch zu schaffen, durch den man Freund von Feind unterscheidet.

Dieses gegenseitige Reiben ist Teil der komplexen sozialen Sprache der Katze, und es ist interessant, dass Freigängerinnen sich öfter an ihren Haltern reiben als reine Wohnungskatzen. Einzeln gehaltene Katzen zeigen ebenfalls häufiger dieses Verhalten gegenüber Menschen als solche, die Teil eines Haushalts mit mehreren Katzen sind. Bei wilden Katzen wird angenommen, dass das gegenseitige Reiben eine der wichtigsten Verhaltensweisen ist, die die Gruppe zusammenhalten, doch hier ist noch weitaus mehr Forschung notwendig, um die wahre Bedeutung des Verhaltens zu erklären.

Frage
Mir wurde gesagt, dass mein Kater, wenn er sich an mir reibt, seinen Geruch abgibt und mit mir auf liebenswürdige und annehmende Art und Weise kommuniziert. Wenn das der Fall ist, warum reibt er sich dann immer genau auf die gleiche Art an meiner Waschmaschine, wenn er von einem seiner zahlreichen Jagdausflüge auf den hiesigen Feldern heimkommt? Er scheint genauso erfreut zu sein, dieses unbelebte Objekt zu sehen, wie mich zu sehen! Er ist doch nicht wirklich einem elektronischen Haushaltsgegenstand zugeneigt?

Antwort
Dies ist ein gutes Beispiel dafür, wie eine anthropomorphische Interpretation eines Verhaltens unnötige Gefühle der Zurückweisung zur Folge haben kann. Wie beleidigend, mit der Waschmaschine auf eine Stufe gestellt zu werden!

Wie Sie am Anfang Ihres Briefes richtig feststellen, ist das Reiben eine Kommunikationsmethode der Katzen und ein Mittel, um Geruch zu verteilen. Was Ihr Kater tut, wenn er sich an der Waschmaschine reibt, ist einfach die Kennzeichnung seines Reviers und der darin befindlichen Gegenstände, damit er sichergehen kann, dass er wieder wohlbehalten zu Hause ist. Für die geruchsorientierte Katze ist es wichtig, innerhalb ihres Reviers ein Geruchsprofil zu erstellen und alles, das sich in ihrer unmittelbaren Umgebung befindet, zum Zeichen der Zugehörigkeit zu diesem Revier zu markieren. Dies hilft der Katze, durch die Umgebung mit ihrem eigenen wohl bekannten Geruch ihr Vertrauen und ihr Sicherheitsgefühl zu verstärken, so dass sie sich in der Lage fühlt, angstfrei vollkommen zu entspannen.

Nachdem sie sich an verschiedenen Gegenständen im Haus gerieben hat, wird sich die Katze gewöhnlich hinsetzen und putzen, womit sie sich die Zeit nimmt, die von ihr aufgenommenen Zeichen zu lesen und sich weiter zu versichern, dass alles in Ordnung ist. Katzen beschränken dieses Verhalten aber nicht nur auf ihr Zuhause, und wenn Sie Ihren Kater im Garten beobachten, werden Sie sehen, dass er sich regelmäßig an Zaunpfählen und Ästen von Bäumen oder Büschen reibt, die über den durch sein Revier führenden Pfaden hängen. Indem er seinen Kopf an diesen Objekten reibt, verteilt er seine Duft verströmenden Sekrete darauf und markiert den Garten als sein Eigentum. Diese Geruchsmarkierungen dienen nicht nur dazu, seine Selbstsicherheit zu erhöhen, sondern werden auch von vorbeikommenden Katzen gelesen und geben ihnen so zu verstehen, dass dieses Stück Land bereits besetzt ist.

Revierverhalten

Wir alle wissen, dass die Katze ein revierbewusstes Tier ist, und wir haben uns schon die grundlegenden Instinkte angesehen, die ihr Revierverhalten bestimmen (siehe Seite 53). Anders als wilde Katzen, die ihre Heimatbasis selbst auswählen und ihr eigenes Revier abstecken, muss die Hauskatze sich in einem Revier behaupten, das ihr aufgenötigt wurde. Dazu gehören oft Rangkämpfe mit bereits etablierten Bewohnerinnen. Die meisten Halter können davon ausgehen, dass ihre Katzen in den ersten Wochen im neuen Zuhause einiges an Verletzungen davontragen werden, selbst wenn es sich dabei nur um eine zerrissene Ohrspitze oder eine zerkratzte Nase handelt.

Hier kommt wieder die natürliche Neigung der Katze ins Spiel, Konfrontationen zu vermeiden, denn statt sich mit fliegenden Pfoten in den Kampf zu stürzen, werden sich die meisten lieber still und langsam in die existierende Population integrieren. Eine Überbetonung des Revierverhaltens der Katze kann dazu führen, dass einige Menschen sie für ein ungeselliges Tier halten, doch zahlreiche Studien von Verhaltensforschern über Kolonien wilder Katzen beweisen, dass sich dort ein hochkomplexer sozialer Schauplatz entwickeln kann.

Im Allgemeinen hängt die Größe des Heimatterritoriums und die Dichte der Katzenpopulation direkt mit der Verfügbarkeit von Nahrung zusammen. Wilde Katzen, die in städtischen Gebieten leben, werden reichlich mit weggeworfener Nahrung aus Mülltonnen sowie mit schmackhaften Leckerbissen von liebenswürdigen Menschen versorgt, die Näpfe mit Futter in ihrem Garten aufstellen. Ein solches städtisches Territorium kann damit eine weitaus größere Anzahl von Katzen beherbergen als ein ländliches Territorium, wo das Futter nur aus lebender Beute besteht, die erst gejagt und getötet werden muss, bevor sie gefressen werden kann.

Ähnlich werden Katzen, die sich ihr Zuhause in der Nähe von Bauernhöfen oder Müllplätzen einrichten, feststellen, dass die Versorgung mit Nahrung gleich bleibend, wenn auch weniger einladend als in Vorstädten ist, und die Bevölkerungsdichte von Katzen in solchen Gebieten wird irgendwo dazwischen liegen.

Wenn wir auf die Situation der Hauskatze zu sprechen kommen, die auf Anforderung mit wohlschmeckendem und leicht verdaulichem Katzenfutter versorgt wird, dann überrascht es nicht, dass die Ansprüche an das Heimatterritorium entsprechend gering ausfallen können. Wir unterstützen diesen Prozess noch dadurch, dass wir den Großteil unserer Hauskatzen kastrieren lassen und damit jegliche sexuelle Abstimmung von Reviergrößen von vornherein beseitigen. Aus diesem Grund können Wohnsiedlungen eine große Anzahl von Katzen beherbergen, die relativ friedlich Seite an Seite leben, und das ist angesichts der zunehmenden Popularität der Katze als Haustier eine positive Sache.

Wäre das die ganze Wahrheit, dann wären Kämpfe unter Katzen eine seltene Angelegenheit, aber diejenigen von uns, die in Gebieten mit einer hohen Katzendichte wohnen, wissen, dass das leider nicht der Fall ist. Es ist nur eine besonders aggressive Katze oder ein unkastrierter Kater vonnöten, die in das Gebiet ziehen, und der Frieden einer stabilen Katzenpopulation kann plötzlich zerstört werden. Schon oft haben sich Klienten bei mir über die Ankunft eines Despoten in ihrer ruhigen Sackgasse beschwert, als sie ihre Katze zum wiederholten Male zu mir in die Praxis brachten, um einen Abszess öffnen und wieder einmal Antibiotika verabreichen zu lassen. In einigen Fällen ist der Neuling ein unkastrierter Kater, der einfach nur auf seinen Hormontrieb reagiert. Vorausgesetzt, dass der Halter überredet werden kann, ihn kastrieren zu lassen, wird das Problem sich dann gewöhnlich von selbst lösen (siehe *Kastration*, Seite 121).

Rüpel existieren in der Welt der Katzen jedoch genauso wie bei uns Menschen und territoriale Aggression kann für die Halter solcher Charaktere ein echtes Problem werden. Zur Behandlung müssen die volle Kooperation der Nachbarn sowie die Methoden gehören, die bereits detailliert unter *Kämpfe* (siehe Seite 116) beschrieben wurden.

Während die territoriale Aggression in Bezug auf Hunde Bilder von angegriffenen Postboten und Zeitungsjungen heraufbeschwört, wird jede Erwähnung territorialer Aggression von Katzen sofort Gefechte am Gartenzaun ins Gedächtnis rufen. Doch auch für Katzen ist ihre Heimatbasis ein wichtiger Teil des Reviers, der beschützt werden will. Unter normalen Umständen müssen Katzen nicht mit einer Invasion anderer Katzen in das Zentrum ihres Reviers klarkommen, es sei denn, eine ansässige Rivalin fängt an, durch die Katzenklappe einzubrechen. Gelegentlich versuchen Halter jedoch, neue Mitbewohnerinnen einzuführen, und treffen dabei auf grimmigen Widerstand. Diese Form territorialer Aggression wird unter *Zusammenführungen* (siehe Seite 196) behandelt.

Territoriale Aggression, die sich gegen Menschen richtet, ist bei Katzen zwar erheblich seltener als bei Hunden, doch trotzdem fühlen sich einige Halter von ihrer Katze bedroht, wenn sie versuchen, die Katze von ihrem Lieblingsstuhl zu vertreiben oder sie stören, wenn Sie sie im Flur nur kurz streifen. In einigen Fällen können diese Katzen ein dominantes Verhalten an den Tag legen, das eher einem Hund zugeschrieben würde; die Behandlung muss darauf abzielen, die Beziehung zwischen Katze und Halter zu restrukturieren und den vom Tier wahrgenommenen Rang in der Familieneinheit zu senken. Stellt man sicher, dass die Katze Ausgang nach draußen hat und dort das volle Repertoire ihrer natürlichen Verhaltensmuster zum Ausdruck bringen kann, dann kann das hilfreich sein, da so die spannungsgeladene Atmosphäre abgemildert und es der Katze ermöglicht wird, für eine Behandlung zugänglicher zu sein.

Sauberkeitserziehung

Dies ist ein Gebiet, auf dem Katzenjunge Welpen weit überlegen sind, da die meisten im Alter von sechs bis acht Wochen schon vollkommen stubenrein und absolut sauber in ihr neues Zuhause einziehen. Wahrscheinlich ist dies für viele ein ausschlaggebender Faktor für die Haltung von Katzen als Alternative zu Hunden.

Gelegentlich versuchen Halter auch, neue Mitbewohnerinnen einzuführen, und treffen dabei auf grimmigen Widerstand.

Die große Mehrheit der Katzen wird niemals einen Fehltritt begehen, und wenn sie Freigängerinnen sind und den Garten für ihre Geschäfte benutzen können, kommen die Halter nie in die Verlegenheit, ihnen hinterherzuputzen. Selbst wenn die Katze ausschließlich drinnen gehalten wird, wird sie eine Katzentoilette benutzen und sorgsam ihre Exkremente vergraben, so dass der menschliche Kontakt mit den Nebenprodukten der Haustierhaltung trotzdem minimal bleiben kann.

Um zu verstehen, warum Katzenjunge bereits meist stubenrein bei uns einziehen, müssen wir ihren starken angeborenen Wunsch näher untersuchen, ihr Nest nicht zu beschmutzen. Es ist für sie sehr sinnvoll, nicht den Bereich zu beschmutzen, in dem sie ruhen, nicht nur weil es unangenehm ist, in direkter Nachbarschaft zu Schmutz zu liegen, sondern weil sie hierdurch auch einem Infektionsrisiko ausgesetzt wären und damit ihre Überlebenschancen verringern würden. Ohne die Stimulierung des Unterleibs und des Beckenbodenbereichs durch die Zunge der Mutter ist das sehr kleine Katzenjunge körperlich nicht in der Lage, zu urinieren oder seinen Darm zu entleeren. Dieser so genannte urogenitale Reflex sorgt dafür, dass das Katzenjunge sich nur entleert, wenn die Mutter zur Stelle ist, um direkt sauber zu machen, wodurch das Nest schmutzfrei gehalten und die Bildung von Gerüchen vermieden wird, durch die Raubtiere angelockt werden könnten. Diese mütterliche Funktion kann andauern, bis die Jungen fünf Wochen alt sind, doch sobald sie aktiver werden und anfangen sich umherzubewegen, sorgt ihre eigene Aktivität für ausreichend Stimulierung, um Ausscheidungen hervorzubringen; die meisten Katzenjungen können im Alter von drei Wochen willentlich urinieren und ihren Darm entleeren. Wenn der junge Nachwuchs anfängt, sich vom Nest fortzubewegen, wird die Mutter zwar weiterhin die Körperfunktionen ihrer Jungen stimulieren, wird dies von nun an aber nur außerhalb des Nests tun. Die Mutter wird sie sogar eigens zur Verrichtung ihres Geschäftes aus dem Nest tragen, um ihnen beizubringen, dass die Verschmutzung des Nests falsch ist.

Die nächste Stufe bei der Sauberkeitserziehung der Katze besteht darin, dass die Jungen lernen, wie man Löcher gräbt, die als Latrinen benutzt werden können, und wie man diese nach dem Gebrauch abdeckt. Alle jungen Katzen haben von Natur aus den Drang, in Material zu scharren, das von seiner Textur her locker und weich ist; durch die Beobachtung des Hygieneverhaltens ihrer Mutter entwickeln sie eine bestimmte Scharrbewegung, mit der an geeigneten Orten Latrinen gegraben werden. Der Geruch der Exkremente anderer leitet sie zu geeigneten Stellen, etwa zu einer bereitgestellten Katzentoilette, und die Katzenjungen machen bei der Sauberkeitserziehung rasch Fortschritte.

Zieht das Katzenjunge in sein neues Zuhause, überträgt sich die Assoziation mit Streu gewöhnlich leicht auf die Erde im Garten. Die erwachsene Katze lernt, dass das gesamte Haus als ihr »Nest« zu betrachten ist und daher nicht verschmutzt werden darf. Soll die Katze ein reines Wohnungsleben führen, so wird sie einfach die bereitgestellten Behältnisse benutzen und den Rest ihrer Behausung tadellos rein halten.

Dies ist der theoretische Teil über die Sauberkeit der Katze und der weitaus größte Teil der Katzen wird diesem Ruf auch gerecht. Und genau wegen dieser wohl bekannten pingeligen Aufmerksamkeit, die Katzen der Hygiene schenken, empfinden Katzenhalter ein Scheitern der Sauberkeitserziehung als so überaus bestürzend. Der Hundehalter gibt sich automatisch selbst für alle Missgeschicke die Schuld, die sein geliebter Hund auf dem Teppich hinterlässt, da es in seiner Verantwortung liegt, dafür zu sorgen, dass der Hund genügend Auslauf hat. Die meisten Katzenhalter werden das Malheur ebenfalls akzeptieren, besonders, wenn es mit einer Krankheitsphase oder einem unbeabsichtigten Einsperren der Katze zusammenhängt. Wird fehlende Sauberkeitserziehung allerdings zu einem Dauerproblem, dann beginnt die Beziehung des Halters zu seiner Katze darunter zu leiden.

Frage
Im letzten Jahr kaufte mir mein Mann ein wunderschönes Perser-Junges zum Geburtstag. Ich hatte bis dahin noch nie eine Katze gehabt, hatte aber immer gedacht, dass sie anders als Welpen bereits stubenrein sind. Doch leider schien das bei *Gizmo* nicht der Fall zu sein, der vom ersten Tag an überall im Haus sein Geschäft verrichtete. Zuerst dachte ich, es wäre die Trauer darüber, von seiner Mutter getrennt worden zu sein, und ich nahm das als Entschuldigung und machte klaglos alles wieder sauber. Inzwischen verliere ich jedoch langsam die Geduld, da er jetzt fast ein Jahr alt ist und diese »Fehltritte« immer noch regelmäßig passieren. Ich habe ihm in jedem Zimmer des Hauses eine Katzentoilette hingestellt, damit er auch rechtzeitig dort ankommt, was aber nichts zu nützen scheint. Ich habe lange damit gewartet, mir eine Katze anzuschaffen, und obwohl ich Gizmo sehr gern habe, habe ich fast das Gefühl, dass ich hereingelegt worden bin. Katzen sollen doch eigentlich sauber und pflegeleicht sein, aber zusätzlich zur Pflege seines langen Fells muss ich auch noch hinter Gizmo herputzen, als sei er ein Hund und keine Katze. Warum weigert er sich, seine Katzentoilette zu benutzen wie jede andere Katze auch, und gibt es irgendetwas, das ich tun kann, damit er sich bessert?

Antwort
Mangelnde Sauberkeitserziehung ist eines der häufigsten Verhaltensprobleme, die Katzenhalter erleben, seien Sie also versichert, dass Gizmo da nicht allein ist. In seinem Fall scheint es so, als habe er nie das Grundprinzip erlernt, Katzentoiletten mit Geschäfteverrichten zu assoziieren, tatsächlich scheinen Perserkatzen bei derartigen Problemen ein wenig überrepräsentativ vertreten zu sein. Warum das so ist, bleibt unklar, aber es wird vermutet, diese Rasse könnte die angeborene Unfähigkeit haben, sich schon früh mit loser Streu zu beschäftigen. Eine andere Möglichkeit wäre, dass die Katzenjungen sich auch einfach nicht der Tatsache bewusst sind, dass sie das Toilettenverhalten ihrer Mutter imitieren sollten, oder die Mutter könnte, falls sie ihrerseits nur schwach entwickelte Assoziationen mit Streu hat, ihren Jungen selbst kein Beispiel dafür geben. Ohne die Möglichkeit, durch Beobachtung zu lernen, werden solche Katzenjungen ebenfalls mit genauso schwach entwickelten Assoziationen aufwachsen, was dann wiederum von einer Generation zur nächsten weitergegeben wird.

Diese letztere Erklärung ist zwar durchaus plausibel, kann aber noch nicht alles sein, da es schon Fälle gegeben hat, in denen absolut stubenreine Perserkatzen ein oder mehrere Junge zur Welt brachten, die Sauberkeitsprobleme hatten. Was auch immer der Grund ist, es bleibt die Tatsache, dass einige Katzenjunge, ob Perser oder nicht, nicht stubenrein sind, wenn sie den Züchter verlassen, und im Ergebnis ihren Haltern ziemlich ernste Probleme bereiten.

Um Katzenjunge wie Gizmo zu behandeln, muss man ganz von vorne anfangen und den Instinkt der Katzen, nicht das Nest zu beschmutzen, als Grundlage für ein Behandlungsprogramm nutzen. Für den Anfang sollte Gizmo in einen kleinen Stall gesperrt werden, in dem sich nur eine Schlafstätte und ein kleiner Bereich befindet, der mit geeigneter Katzenstreu bedeckt ist. Zu den Mahlzeiten kann er aus dem Stall genommen und von der Familie mit Liebe und Aufmerksamkeit bedacht werden. Wenn er sich im Stall befindet, wird er vor der Wahl stehen, entweder seine Schlafstätte zu beschmutzen oder die bereitgestellte Streu zu benutzen, und gewöhnlich wird der Instinkt, die Schlafstätte sauber zu halten, stärker sein.

Über einige Wochen hinweg sollte der Bereich, der mit Streu bedeckt ist, schrittweise verkleinert werden, bis er mit dem Umfang einer mittelgroßen Katzentoilette übereinstimmt und dann schließlich eine richtige Katzentoilette mit Streu in den Stall gesetzt werden kann. Um Gizmo zu ermutigen, während der Verkleinerung des Bereichs weiter die Streu zu benutzen, wird es hilfreich sein, in den vormals mit Streu bedeckten Bereich Näpfe mit Trockenfutter zu stellen, da Katzen verständlicherweise ungern auf oder neben ihr Futter machen.

In den meisten Fällen wird ein Zeitraum von sieben bis vierzehn Tagen im Stall ausreichen, damit die Katze eine Neigung zur Streu entwickelt und die Katzentoilette als geeignete Latrine akzeptiert. Sind Sie einmal zuversichtlich, dass dem so ist, dann sollte Gizmo aus dem Stall hinausgehen dürfen, jedoch nur Zugang zu einem Raum erhalten. Die Katzentoilette kann dann weiter und weiter von der Schlafstätte entfernt werden; er kann dazu angehalten werden, sich ein bisschen mehr anzustrengen, um sie ausfindig zu machen und darin sein Geschäft zu verrichten.

Die nächste Stufe besteht darin, ihm Zugang zum restlichen Teil des Hauses zu gewähren, einen Raum nach dem anderen, wobei Sie sicherstellen, dass Gizmo jederzeit beaufsichtigt wird. Ist eine Beaufsichtigung aus irgendeinem Grund nicht möglich, dann sollte er wieder in den Stall gebracht werden, um einen Rückschritt bei der Behandlung zu vermeiden.

Wie Sie sehen, ist diese Behandlungsmethode eine langwierige Angelegenheit, und da Gizmo ein langhaariger Kater ist, sind zusätzlich noch Fellpflege und Säuberung notwendig, während er im Stall eingesperrt ist. All dies wird Engagement und Geduld Ihrerseits erfordern, doch wenn alles gut geht, können Sie erwarten, dass ihr kleiner Kater der Streu am Ende der Behandlung so stark zugeneigt ist wie jede Katze, die es von selbst gelernt hat.

Schmerzbezogene Aggression

Wir alle wissen, dass Aggressionen die übliche Folge einer schmerzvollen Erfahrung sind, und viele von uns werden schon einmal verärgert auf unseren eigenen Schmerz reagiert haben. Wird uns dieser Schmerz von einem Dritten zugefügt, dann wird sich unsere Aggression wahrscheinlich auf ihn richten, und es überrascht nicht, dass Katzen ebenfalls auf diese Art reagieren können. Jeder von uns, der schon einmal versehentlich einer Katze den Schwanz in einer Tür eingeklemmt hat, wird die Heftigkeit ihres geballten Zorns zu spüren bekommen haben und wird dafür wohl auch Beweise in Form von Narben vorzeigen können. Solche Vorfälle schmerzbezogener Aggression sind gewöhnlich einzelne Vorkommnisse und haben keine dauerhafte Auswirkung auf die Beziehung zwischen Katze und Halter. Zwar mögen wir uns unendlich schuldig dafür fühlen, diesen Schmerz verursacht zu haben, doch es ist unwahrscheinlich, dass die Katze von nun an unablässigen Groll gegen uns hegt, und ihr verständlicher Ausbruch kann rasch in Vergessenheit geraten. Niemand ist überrascht, wenn eine Katze, die von einem zu enthusiastischen Kind am Schwanz gezogen wird, ihrerseits um sich schlägt, weshalb es vernünftig ist, dafür zu sorgen, dass Katzen und Kleinkinder niemals unbeaufsichtigt zusammen gelassen werden.

Diese Beispiele verständlicher Aggression sind Folge spezifischer Vorfälle, aber das Leben bietet natürlich noch viele andere kleinere schmerzvolle Erfahrungen, und es wäre äußerst unpassend, wenn jede einzelne davon mit einem Ausbruch unkontrollierbarer Aggression quittiert würde. Während sie noch im Nest sind, lernen Katzenjunge bereits in Scheinkämpfen mit ihren Wurfgeschwistern, ihre Reaktionen auf Schmerzen zu kontrollieren und erkennen dann, dass Aggression nicht in allen Situationen die passende Reaktion ist, da sie einen schmerzvollen Gegenangriff der gegnerischen Seite provozieren kann. Werden Katzenjungen diese frühen Erfahrungen vorenthalten, dann neigen sie später viel eher zu Aggressionen, und aus diesem Grund werden Katzenjunge, die einzeln aufgezogen wurden, nur selten zu geeigneten Haustieren.

Die schmerzbezogene Aggression, die bei der älteren Katze anzutreffen ist, ist oft Ergebnis chronischer, quälender Arthritisschmerzen, was ständige Irritationen verursacht und die Toleranz der Katze für menschlichen Kontakt herabsetzt. Eine solche Katze möchte einfach nur in Frieden gelassen werden, was in solchen Fällen auch tatsächlich die beste Behandlung ist (siehe *Hohes Alter*, Seite 109). Ein anderes Beispiel ist die genesende Katze, die als Folge einer Verletzung an Schmerzen leidet und aggressiv auf diejenigen reagiert, die versuchen, sie zu pflegen, damit sie wieder zu ihrer vollen Kraft zurückfindet. Wieder ist die Reaktion nur verständlich, und wir müssen diesen Katzen schon ein gewisses Maß an Geduld und Toleranz entgegenbringen.

Die Behandlung der erstgenannten Beispiele für schmerzbezogene Aggression besteht im Grunde darin, zunächst einmal das Zufügen des Schmerzes zu vermeiden, und die der letztgenannten Beispiele darin, unnötigen und übertriebenen Kontakt mit Katzen zu vermeiden, die offenkundig Schmerzen haben. Das hört sich einfach an, doch einige Halter erleben schmerzbezogene Aggression als Reaktion auf eine absolut notwendige Interaktion mit ihrem Haustier, so dass das Vermeiden der Situation hier keine praktische Lösung ist. Hierbei handelt es sich um unkontrollierbare Aggression, die als Reaktion auf das Bürsten des Fells auftritt, und sie kommt am häufigsten bei den Langhaarrassen vor.

Frage

Ich war einmal stolzer Besitzer einer sehr schönen jungen Perserkatze, und ich hatte mich auf den Tag gefreut, an dem sie zu einer noch schöneren erwachsenen Perserkatze würde. Unglücklicherweise ist diese Situation nie eingetreten, da sie es mir unmöglich macht, sie zu bürsten, und statt eines prächtigen langhaarigen Pelzes hat sie nun eine fürchterliche Masse verfilzten Fells. Einige Male habe ich sie vom Tierarzt narkotisieren lassen, damit die verfilzten Stellen herausgeschnitten werden konnten, aber wegen des Risikos mehrfacher Narkosen mache ich mir Sorgen, dass ich das einfach zu oft tun muss, von den Kosten einmal ganz abgesehen! Ich versuche, ganz sanft zu sein, wenn ich sie bürste, aber ich muss mit der Bürste nur in einem Fellstück hängen bleiben, und schon fällt sie mich mit Zähnen und Krallen an und fügt mir an Händen und Armen ziemlich böse Verletzungen zu. Ich habe versucht, Schutzkleidung zu tragen, aber es ist schwierig, eine Bürste zu halten, wenn man dicke Handschuhe und Ärmelschützer trägt! Ich erreiche inzwischen ein Stadium, in dem ich mir überlege, sie einschläfern zu lassen, wenn es keinen Weg gibt, dieses Problem zu überwinden.

Antwort
Langhaarkatzen mögen im Fernsehen und in Büchern schön anzusehen sein, doch eine zu halten ist in jedem Fall eine zeitaufwändige Angelegenheit. Soll ihr »schöner« Zustand erhalten bleiben, so müssen sie täglich gebürstet werden, und ihre Halter müssen sich dieser Sache wirklich verschrieben haben. Doch selbst wenn dies der Fall ist, so wie zweifellos bei Ihnen, ist die Katze manchmal weit davon entfernt, kooperativ zu sein, und wir sehen zahllose dieser Katzen regelmäßig in die Praxis kommen, um unter Narkose entfilzt zu werden.

Das Problem beginnt bei diesen Fällen oft mit einer schmerzbezogenen Aggression, doch im Laufe der Zeit wird auch eine erlernte Komponente in das Verhalten integriert. Diese Katzen werden oft anfangen, wie wild zu kämpfen und wütend zu beißen, sobald ihre Halter versuchen, sie festzuhalten, und sie warten erst gar nicht ab, bis die Bürste auf ihr Fell trifft, bevor sie schon protestieren.

Natürlich kann man nicht einfach aufgeben und sie davonkommen lassen, außer man ist bereit, ihnen regelmäßig das Fell herausschneiden und es in der dazwischenliegenden Zeit verschmutzen und verfilzen zu lassen. Vorbeugung wäre bei diesem Problem sicherlich der späteren Heilung vorzuziehen, und die Züchter langhaariger Katzen sollten Zeit darin investieren, ihre Katzenjungen dahingehend zu konditionieren, dass sie vom ersten Mal an das Bürsten akzeptieren.

Ein solcher Rat kommt natürlich für Katzen wie die Ihre zu spät, und jetzt muss sie dazu ermutigt werden, Ihre Pflegebemühungen zu akzeptieren, während gleichzeitig für Ihre Sicherheit gesorgt werden muss. Maulkörbe für Katzen werden nicht oft benutzt, und viele Menschen wissen gar nicht, dass es sie gibt, doch sie können äußerst nützlich bei der Behandlung von Katzen sein, die das Bürsten nicht tolerieren wollen. Anders als der Maulkorb für Hunde hält diese Sorte das Maul nicht geschlossen, sondern ist eher eine Gesichtsmaske und funktioniert nach dem gleichen Prinzip wie Scheuklappen bei Pferden. Ausgerüstet mit einem solchen Maulkorb wird die Katze sich beruhigen und sich flach auf den Tisch legen, und mit einem so unterwürfig daliegenden Untertan können Sie langsam und sanft anfangen, Ihre Katze an das tägliche Bürsten zu gewöhnen.

Selbstverstümmelung

Dieses Verhalten kommt bei Katzen selten vor, doch wenn es auftritt, dann gewöhnlich als Reaktion auf eine sehr gravierende Form von Stress, der auch chronischer Natur sein kann. Es ist noch erheblich mehr Forschung vonnöten, wenn wir anfangen wollen, die dazugehörigen Mechanismen zu verstehen, denn momentan sehen wir uns oft nicht in der Lage, es zu erklären. Es kann als Ausweitung einer übermäßigen Fellpflege betrachtet werden, die bei Fällen psychogener Dermatitis auftritt (siehe *Dermatitis*, Seite 91), aber es muss nicht notwendigerweise mit einem Fellpflegeverhalten in Verbindung stehen. Sicherlich scheint es auch irgendeine neurologische Komponente des Verhaltens zu geben und die Tatsache, dass diese Tiere keinerlei Reaktion auf den offenkundigen Schmerz zeigen, den sie sich zweifellos zufügen, lässt vermuten, dass ihr Verhalten womöglich irgendwie zur Freisetzung natürlicher schmerzhemmender Substanzen führt.

Frage
Unser Burmakater kratzt sich nun schon seit einiger Zeit immer wieder selbst ins Maul. Es ist kein normaler Klaps mit der Pfote, sondern ein totaler Angriff gegen sich selbst, der grauenhafte Risse in seiner Zunge zur Folge hat. Ich bin mir sicher, dass er sich selbst entsetzliche Schmerzen zufügt, aber trotzdem verstümmelt er sich immer weiter auf diese fürchterliche Art. Der Tierarzt vermutete, dass ein Problem mit seinem Maul vorliegen könnte, aber als er ihn unter Vollnarkose untersuchte, schien alles in Ordnung zu sein. Könnte es sich um ein psychologisches Problem handeln?

Antwort
Dies ist ein sehr seltener Fall, der von Verhaltensforschern als Zwangsneurose bezeichnet würde. Solche Probleme sind sehr schwer zu behandeln, einfach weil es so schwierig ist, eine definitive Ursache ausfindig zu machen. Es ist wahrscheinlich, dass der Kater auf eine extrem irritierende oder chronisch andauernde Form von Stress reagiert, aber es kann auch andere mögliche Ursachen geben, etwa eine Empfindlichkeit gegenüber Bestandteilen seiner Nahrung. Der Begriff Stress ist natürlich weit reichend – von scheinbar unbedeutenden Veränderungen im Haushalt bis zu größeren Störungen wie die Zusammenführung mit einer neuen Katze könnte vieles zur Aktivierung dieser Verhaltensform führen.

Kurzfristig kann die Verwendung von Beruhigungsmitteln unter enger Zusammenarbeit mit einem Tierarzt angezeigt sein, aber das letztendliche

Ziel wäre natürlich, die Angstquelle ausfindig zu machen und sie zu entfernen. In der Realität ist es allerdings unmöglich, alle in Frage kommenden Stressfaktoren aus Umwelt und Umgang zu beseitigen; eine Medikamententherapie anstelle von Beruhigungsmitteln mag die hilfreichste Methode sein. Bisher sind die Forschungen hinsichtlich der Verwendung von Medikamenten für die Behandlung solcher Tiere in keinem Falle abgeschlossen und Ihr Kater ist definitiv ein Kandidat für ausführlichere Untersuchungen.

Spritzen

Die Bedeutung des Urinverspritzens als Markierungsverhalten bei Katzen ist im Kapitel über Katzenverhalten (siehe Seite 61) diskutiert worden. Es ist ein vollkommen natürliches Verhalten aller Katzen, ob Männchen oder Weibchen, kastriert oder unkastriert; es wird häufig fälschlich angenommen, dass nur unkastrierte Kater dies tun. Ich erhalte zahllose Anrufe verzweifelter Halter, die ihre weiblichen Katzen beim Spritzen gesehen haben und annehmen, dass mit ihnen ganz gehörig etwas nicht stimmt!

Das Spritzen ist eine unerlässliche Methode, um den anderen Katzen im Umkreis Botschaften zu vermitteln und erfolgt gewöhnlich an Zaunpfählen und Büschen, womit eine unmissverständliche Markierung hinterlassen wird, die zur leichten Lesbarkeit bequem auf Nasenhöhe platziert wird! Die meisten Halter, die schon einmal umgezogen sind, werden ihre Katze dabei beobachtet haben, wie sie, nachdem sie zum ersten Mal hinausgelassen wurde, sorgsam den Umriss des Gartens bespritzte, sowohl um sich mit bekanntem Geruch zu umgeben als auch um die örtliche Katzenpopulation von ihrer Ankunft in Kenntnis zu setzen. Wie jedes Markierungsverhalten ist auch das Spritzen vollkommen akzeptabel, wenn es im Freien stattfindet, doch wenn es im Haus zu einer regelmäßigen Begebenheit wird, kann daraus ein großes Problem erwachsen. Irgendwann wird der Geruch des Katzenurins im ganzen Haus bemerkbar sein und die Halter werden immer weniger Verständnis hierfür aufbringen.

Allerdings ist es äußerst wichtig, das Spritzen nicht mit dem Urinieren zu verwechseln, das ein vollkommen anderes Verhaltensproblem darstellt. Die Unterscheidung, ob ein Problem mit Markierungen oder mit der Stubenreinheit vorliegt, ist der erste Schritt, wenn man es mit solchen Katzen zu tun hat, da sich sowohl Motivation als auch Behandlung dieser Verhaltensweisen voneinander unterschieden werden.

Wenn bei einer erwachsenen männlichen Katze zum ersten Mal ein Spritzen bemerkt wird, dann kann es wahrscheinlich mit dem Aufwallen der männlichen Hormone in Verbindung gebracht und auf dieser Stufe verlässlich durch Kastration behandelt werden. Die Kastration männlicher Katzen, die spritzen, hat tatsächlich bei 80 % der Fälle ungeachtet ihres Alters ein sofortiges Ende des Verhaltens zur Folge.

Stellt sich das Spritzen jedoch bei weiblichen oder kastrierten Katzen ein, dann ist es wahrscheinlich Ergebnis von Unsicherheit: Es ist alles andere als das Zeichen eines übermäßig selbstsicheren Individuums und lässt sich eher mit den zurückgezogeneren und inkompetenteren Mitgliedern der Spezies in Zusammenhang bringen. Konkurrenzkämpfe erhöhen wahrscheinlich noch die Häufigkeit des Spritzverhaltens und in Haushalten mit mehreren Katzen ist ein Spritzen von mindestens einem Mitglied der Gruppe nichts Ungewöhnliches. Viele Menschen schaffen es allerdings, eine enorme Zahl von Katzen unter einem Dach zu halten, ohne ein Spritzproblem zu haben. Es kann sein, dass, wenn die Zahl der Katzen eine bestimmte Schwelle überschreitet, die eher unsicheren Individuen, die sonst zum Spritzen neigen würden, dies nicht tun, aus Angst, Aufmerksamkeit auf sich zu ziehen.

In Fällen, bei denen das Spritzen sehr plötzlich anzufangen scheint, es mit Problemen bei der Benutzung der Katzentoilette in Verbindung gebracht oder mit irgendeinem Schmerz assoziiert werden kann, ist es unerlässlich, die Katze so bald wie möglich zum Tierarzt zu bringen. Katzen können zum Wasserlassen eine stehende Körperhaltung einnehmen, wenn sie an einer Blasenentzündung oder an einem Zustand namens Felines Urologisches Syndrom (F.U.S.) leiden. Dieses Leiden hat eine partielle oder manchmal komplette Blockierung des Harntraktes zur Folge, wodurch der Durchfluss von Urin verhindert wird und der daran leidenden Katze erhebliche Schmerzen bereitet werden. Hier ist eine frühe Behandlung notwendig und es muss eine sorgfältige Überwachung der Ernährung erfolgen, um ein erneutes Auftreten des Problems zu verhindern. Solche Fälle machen deutlich, wie notwendig eine tierärztliche Mitwirkung bei Verhaltensproblemen und die enge Zusammenarbeit von Tierärzten und Tierverhaltenstherapeuten ist.

Frage

Ich habe vor kurzem meine Küche komplett umgestalten lassen und bin sehr zufrieden damit, aber in den letzten Wochen hat sie einen auffälligen Katzengeruch angenommen. Meine Katze war ziemlich irritiert vom Kommen und Gehen der Handwerker, aber im Allgemeinen ließ sie sich in der Zeit ganz einfach nicht blicken. Ich dachte nicht mehr weiter daran, bis ich anfing, Markierungen an den Türen des Küchenschranks und einen Geruch von

Katzenurin in der Luft zu bemerken. Ich habe sie zwar noch nie tatsächlich spritzen gesehen, aber offensichtlich tut sie genau das.

Antwort
Für die meisten unserer Katzen ist ihr Zuhause zum Glück eine sichere Basis, wo sie sich entspannt und geschützt fühlen, und daher sehen sie keine Notwendigkeit, es weiterhin als ihr Eigentum zu kennzeichnen. Solche Katzen sehen ihre Halter als mütterliche Beschützer und sind gerne in ihrer Gesellschaft, in dem absoluten Wissen, dass sie dort sicher sind. Was sie betrifft, so hat Spritzen in ihrem Zuhause keinen Platz, sie begrenzen diese Aktivität auf den Garten und auf ihre Reviergrenzen.

Das ist die normale Situation, aber bei einigen Katzen, wie der Ihren, passiert etwas, das die Sicherheit des Zuhauses in Frage stellt und Zweifel aufkommen lässt, ob es noch geeignet ist, sie vor Gefahren zu schützen. Wahrscheinlich hat Ihre Katze immer recht viel Zeit in der Küche verbracht, wie die meisten Katzen wurde sie wahrscheinlich auch dort gefüttert und hatte vielleicht sogar eine Schlafstätte in einer Ecke. Dann kommen seltsame Männer herein, reißen alles, was sie als ihr Eigentum betrachtet, nieder und ersetzen es durch neue Schränke und Einrichtungsgegenstände, an denen eine Vielzahl unbekannter und herausfordernder Gerüche haftet. Betrachtet man es aus der Sicht der Katze, dann überrascht es kaum, dass sie sich irgendwie unsicher fühlt und einfach wieder ein Gefühl von Sicherheit braucht.

Die Tatsache, dass sie nicht direkt vor Ihnen herumspritzt, ist ein Zeichen dafür, dass Sie eine Quelle der Sicherheit sind, und weil sie sich darauf verlässt, dass Sie Ihre Beschützerrolle erfüllen, fühlt sie sich selbstsicher genug, um dann nicht zu spritzen. In diesem Fall ist es nicht schwierig, die Ursache des Problems ausfindig zu machen, und die Katze erleichtert das sogar, weil sie ihr Spritzen gegen die Quelle ihrer Angst richtet. Ein derart genaues Abzielen ist allgemein üblich und viele Katzen werden auf Plastiktüten oder neue Möbelstücke spritzen, durch die unbekannte Gerüche ins Haus getragen werden, die den Geruchssinn der Katzen stören.

Bei Fällen, in denen die Sicherheit des Zuhauses durch die Ankunft eines neuen Babys oder gar eines neuen Ehepartners (siehe *Verlangen nach Aufmerksamkeit*, Seite 186) vermindert wird, kann das Spritzverhalten genau gegen deren Bekleidung und persönliche Gegenstände gerichtet sein. Nicht alle Fälle haben eine so klare Ursache und einige Katzen werden durch eine Kombination verschiedener stressvoller Einflüsse über ihre emotionale Grenze getrieben. Diese Fälle sind schwieriger zu behandeln, weil es ganz einfach unmöglich ist, die Herausforderung zu beseitigen oder der Katze dabei zu helfen, mit ihr klarzukommen.

Zur Behandlung von Katzen, die im Haus herumspritzen, gehört es, die Wahrnehmung der Katze ihres Zuhauses als sichere Behausung zu verstärken und die Gewohnheit des Spritzens zu durchbrechen. Die Tatsache, dass das Spritzen gewöhnlich in Abwesenheit des Halters stattfindet, bedeutet, dass eine Bestrafung keinen Platz im Behandlungsprogramm hat. Selbst wenn die Katze auf frischer Tat ertappt wurde, wäre eine Bestrafung nur kontraproduktiv, da hierdurch die Angst der Katze nur erhöht und das Spritzen damit noch wahrscheinlicher würde.

Bei Fällen, in denen das Spritzen Ergebnis struktureller Veränderungen im Haus ist, ist es vernünftig, der Katze jeden Zugang zu diesen Bereichen zu verwehren, wenn nicht der Halter sie beaufsichtigt, wobei der Katze ausreichend Zeit gegeben werden muss, um die Veränderungen zu akzeptieren. Eine Verkleinerung des Reviers unter Verwendung eines Geheges kann helfen, das Vertrauen der Katze zu erhöhen. Im Gehege sollten eine warme, abgedeckte Schlafstätte sowie eine Katzentoilette und Futter vorhanden sein. Aus dem Schutz des Geheges heraus kann die Katze sich so mit ihrer Umgebung anfreunden und schrittweise mit immer mehr Zimmern im Haus bekannt gemacht werden, bis schließlich die Küche folgt, wo sich die spezifische Herausforderung befindet.

Die ersten Erkundungen eines Zimmers ohne das Gehege sollten beaufsichtigt werden, damit der Halter als Sicherheitsbrücke dienen und die Katze ihre Wahrnehmung ihres Zuhauses als sicherer Ruheort beständig verstärken kann. Katzenklappen mögen aus menschlicher Sicht extrem nützliche Erfindungen sein, aber für eine Katze, die sich bedroht fühlt, kann dieses Loch im äußeren Verteidigungswall ihres Zuhauses Grund zu noch größerer Sorge sein, so dass ein zumindest zeitweiliges Zusperren der Klappe von Vorteil sein kann.

Nachdem man die Ursache für das Spritzen beseitigt oder es der Katze ermöglicht hat, damit zurechtzukommen, besteht der nächste Schritt darin, die Gewohnheit des Urinverspritzens zu durchbrechen. Um das zu erreichen, ist es von größter Bedeutung, dass alle betroffenen Bereiche gründlich gereinigt werden. Geruchsmarkierungen übermitteln der Katze bekanntlich überaus wichtige Informationen und der Geruch einer alten und schwächer werdenden Markierung wird die Übeltäterin dazu verleiten, die Botschaften mit einer Extradosis Urin aufzufrischen, selbst wenn das ursprüngliche Problem schon überwunden wurde.

Für die meisten Halter besteht eine Reinigung in der Beseitigung des Geruchs und dem Ersatz durch einen sauberen und hygienischen Duft. Sie verwenden also einen der zahlreichen Haushaltsreiniger, bei denen das Haus am Ende nach Ammoniak oder Chlor riecht. Leider sind diese beiden Inhaltsstoffe auch Bestandteil des Katzenurins; auch wenn diese Produkte für die menschliche Nase Sauberkeit und Sterilität anzeigen, so können sie für die Katze ein Zeichen für die Anwesenheit einer markierenden Rivalin sein. Als Folge davon wird die Katze darauf bedacht sein, den Geruch des Eindringlings mit ihrem eigenen zu bekämpfen und wird bewusst wieder spritzen.

Genauso können stark parfümierte Reinigungsmittel oder Potpourris dazu dienen, die geruchsorientierte Katze zu verwirren: Diese Gerüche können als Herausforderung wahrgenommen werden und damit zu einer Zunahme des Spritzens führen. Dieses Spiel kann unendlich so weitergehen, wobei der Halter immer frustrierter wird, da seine Versuche, das Haus zu reinigen, auf zunehmende Markierungsaktivitäten stoßen.

Die Antwort heißt, eine Reinigung durchzuführen, die den Geruch von Katzenurin zwar beseitigt, ihn aber nicht durch einen anderen herausfordernden Geruch ersetzt. Die erfolgreichste Methode besteht darin, den Bereich zuerst mit einer warmen Seifenlauge zu reinigen, um die Eiweißbestandteile des Urins zu beseitigen, dann mit kaltem Wasser nachzureinigen und den Bereich trocknen zu lassen. Hiernach sollte man den Bereich mit Alkohol oder Wundbenzin schrubben, um die Fettablagerungen zu bekämpfen, wonach der Bereich dann vollständig trocknen muss, bevor der Katze wieder Zugang zum Raum gewährt wird.

Diese zweistufige Methode ist notwendig, da man annimmt, dass gerade die zerfallenden Fettablagerungen die Katzen dazu einladen, ihre veraltenden Geruchsmarkierungen wieder aufzufrischen. Die Methode kann bei einigen Stoffen allerdings ein Verblassen der Farbe zur Folge haben, weshalb es wichtig ist, erst einen kleinen Bereich zu testen, bevor man ganze Teppiche oder Sofas auf diese Art behandelt.

Obwohl diese Reinigungsmethode bei der Behandlung von spritzenden Katzen sehr erfolgreich ist, kann es Situationen geben, in denen der Geruch so in Teppichen und anderen Möbeln festsitzt, dass die einzige Hoffnung für eine erfolgreiche Behandlung darin besteht, sich von diesen Gegenständen zu trennen, was für die Halter natürlich beträchtliche Ausgaben mit sich bringen kann.

Ist der Bereich einmal gereinigt worden, wird die Katze es nicht mehr als notwendig erachten, ihn zu überspritzen, doch falls eine neue Herausforderung eintreten sollte, könnte sie dazu verleitet werden, wieder von neuem anzufangen, zu spritzen, und es ist wichtig, sie davon abzuhalten. Bestimmte Stellen im Haus werden eher als Geruchsposten ausgewählt als andere, wozu Konfliktpunkte wie Türen und Fenster gehören. In Zoohandlungen sind zahllose Präparate erhältlich, die als Abwehrmittel gegen die spritzende oder urinierende Katze dienen sollen; zusätzlich werden Ihnen viele Menschen über ihre eigenen originellen und oft genialen Methoden berichten können, um dieses Verhalten zu verhindern.

Ein einfaches Abwehrmittel und eines, das beim Großteil aller Fälle wirksam ist, ist Futter. Katzen werden nur selten in der Nähe ihrer Mahlzeit herumspritzen und möglicherweise dient die Anwesenheit von Futter auch als beruhigendes Zeichen und hilft, das Vertrauen der Katze zu verstärken. Aus hygienischer Sicht ist für diesen Zweck Trockenfutter geeigneter als Dosenfutter, wobei es hilfreich sein kann, etwas Futter unten am Napf zu befestigen, um zu verhindern, dass die Katze erst alles auffrisst und dann spritzt!

Ich hoffe, Ihre Katze wird sich mit Hilfe dieser Behandlungsmethoden mit Ihrer neuen Küche anfreunden können und mit der Zeit sogar Ihre Wahl des Designs gutheißen.

Sterilisation

Der Großteil unserer weiblichen Hauskatzen wird entweder in der Pubertät oder nach einem oder mehreren Würfen sterilisiert. Dies ist nicht nur eine verlässliche Methode, um eine große Zahl ungewollter junger Katzen zu verhindern, sondern beseitigt auch hormonabhängige Verhaltensweisen aus dem Repertoire des Tiers. Die durchdringenden Schreie der jaulenden rolligen Katze werden nicht länger nachts die Nachbarschaft stören, was für die Halter besonders lautstarker Rassen von großem Vorteil sein kann (siehe *Jaulen*, Seite 115). Abgesehen von der Beseitigung bestimmter sexueller Aktivitäten hat die Sterilisation deutlich weniger spürbare Auswirkungen auf das Katzenverhalten als die Kastration; im Allgemeinen werden sich sterilisierte Katzen so verhalten wie nicht sterilisierte Weibchen außerhalb der Fortpflanzungsperiode.

Streifzüge

Wenn wir die Wahl treffen, unser Leben mit einer Katze als Haustier zu teilen, müssen wir akzeptieren, dass wir, außer wenn wir entscheiden, sie als reine Wohnungskatzen zu halten, nie auf die gleiche Weise Kontrolle über sie haben werden wie das bei Hunden möglich ist. Wir mögen versuchen, ihren

Wunsch abzuschwächen, sich vom Nest zu entfernen, indem wir sie in jungen Jahren kastrieren, doch wenn der Ruf der Wildnis oder sogar der Ruf einer bequemeren Behausung am anderen Ende der Straße von ihnen Besitz ergreift, fühlen wir uns machtlos, sie zum Bleiben zu bewegen. Obwohl wir die Unabhängigkeit unserer Haustiere akzeptieren, ja vielleicht sogar bewundern, gibt es Zeiten, in denen die Tatsache, dass sie unser Haus mehr als Hotel statt als Zuhause benutzen, uns einigen Kummer zu bereiten beginnt.

Frage
Ich mache mir zunehmend Sorgen darüber, dass mein Kater immer mehr Zeit fern von zu Hause verbringt und immer weniger interessiert an mir ist, wenn er denn einmal hereinkommt. Als ich ihn bekam, war er immer da und begrüßte mich, wenn ich nach Hause kam, nach seinem Abendessen rollte er sich zufrieden auf meinem Schoß zusammen und verschlief den ganzen Abend. Dann, vor ungefähr einem halben Jahr, wurde ich vorübergehend beruflich versetzt und musste jeden Tag über 60 Kilometer zum Büro und zurückfahren. Natürlich musste ich das Haus sehr früh morgens verlassen und kam abends immer recht spät zurück, manchmal bekam ich den Kater tagelang nicht zu Gesicht.

Wegen der Katzenhaare auf den Stühlen und der Pfotenspuren auf dem Küchenboden wusste ich aber, dass er da war, manchmal schlich er mitten in der Nacht nach oben und legte sich ans Fußende meines Bettes, doch ich konnte wirklich an einer Hand abzählen, wie oft wir abends zusammen beim Fernsehen saßen.

Ich akzeptierte, dass ich in dieser Situation kaum etwas tun konnte und tröstete mich damit, dass das Arrangement ja nur vorübergehend war. Allerdings ist es nun schon drei Monate her, dass ich wieder in meinem eigenen Büro bin, aber die Situation mit dem Kater bessert sich einfach nicht. Er kommt selten vor 23 Uhr nach Hause, und wenn er es tut, dann nur, um Futter einzufordern, bevor er sich umdreht und wieder hinausgeht. Wenn er drinnen ist, lässt er sich nur ungern von mir hochnehmen; ich muss ihn richtig festhalten, wenn ich will, dass er auf meinem Schoß sitzen bleibt. Ich finde diese Wandlung unserer Beziehung extrem Besorgnis erregend und möchte gerne wissen, wie ich die Zuneigung meines Haustiers zurückgewinnen kann.

Antwort
Ihre Geschichte ist besonders traurig, da Ihre abendliche Abwesenheit vom Haus nicht Ihre Entscheidung war, denn wenn Sie zum Beispiel beschlossen hätten, jeden Abend auf Partys zu gehen, wäre die Zurückweisung des Katers wohl leichter zu ertragen gewesen. Leider kann er Ihr Motiv nicht verstehen, warum Sie ihn so oft alleine ließen, und was ihn angeht, bot ihm Ihr Haus einfach nicht mehr die Liebe, Wärme und Zuwendung, an die er sich gewöhnt hatte. Da er deshalb wenig Grund hatte, ins Zentrum seines Reviers zurückzukehren, begann er, immer mehr Zeit draußen zu verbringen und fand womöglich sogar ein anderes Haus, wo die Menschen ständig verfügbar und willens waren, ihn zu verwöhnen.

Die Tatsache, dass er weiterhin nachts nach Hause zurückkehrt und von Ihnen Futter verlangt, ist ein gutes Zeichen dafür, dass er sich immer noch mit seinem Revier verbunden fühlt. Hierauf müssen wir aufbauen und seine Wahrnehmung des Zuhauses als sichere Basis statt als bequemen Zwischenstopp zu erhöhen. Falls Sie herausfinden können, wohin er geht und wer ihn eventuell füttert, wird es sicherlich hilfreich sein, wenn Sie diese Menschen überreden, darauf zu verzichten, sich ihm weiter zuzuwenden, ja sie sogar bitten, ihn aktiv abzuweisen und so Ihre Bemühungen zu unterstützen, seine Zuneigung zurückzugewinnen.

Für den Anfang sollten Sie in sein Lieblingsfutter investieren und bestimmte feste Zeiten einhalten, zu denen er gefüttert wird. Das wird helfen, sein Zuhause wieder als sicheren und berechenbaren Ort zu etablieren. Indem Sie dafür sorgen, dass diese Zeiten mit Ihrer Verfügbarkeit für ihn zusammenfallen, können Sie sicherstellen, dass Sie, wenn er heimkommt und frisst, für ihn bereitstehen, um ihm viel Liebe und Zuneigung zu schenken. Auf diese Weise können Sie daran arbeiten, ihre Rolle als sein Ernährer und Beschützer wieder zu festigen und können schrittweise die Bindung zwischen Ihnen vertiefen.

Machen Sie sich nicht zu viele Sorgen, falls es Situationen gibt, in denen Sie nicht zu der erforderlichen Zeit zu Hause sein können; vielleicht können Sie in einen zeitlich einstellbaren Futterautomaten investieren, so dass der Kater sich dann selbst bedienen und eine vorhersagbare Routine beibehalten kann.

Falls er sich nur ungern von Ihnen hochnehmen lässt, erzwingen Sie nichts, da er sich dadurch nur bedroht fühlen wird, und das wäre kontraproduktiv. Falls es Ihnen möglich ist, sich ein wenig frei zu nehmen, kann Ihre längere Anwesenheit im Haus hilfreich sein. Sie könnten dabei immer die Katzenklappe geschlossen halten und den Kater im Haus eingeschlossen lassen, damit er sich an Ihre Gesellschaft gewöhnt. Ich würde Ihnen allerdings nicht raten, ihn permanent einzusperren, da er natürlich an seine Freiheiten gewöhnt ist und auf ein verlängertes Eingesperrtsein wohl kaum positiv reagieren wird.

Wenn Sie sich die Zeit nehmen, um für Ihren Kater verfügbar zu sein und ihn freudig begrüßen, wenn er heimkommt, wird es hoffentlich nicht mehr lange dauern, bis er anfängt zu reagieren und weniger Zeit mit Streifzügen und mehr Zeit zu Hause verbringt.

Stubenreinheit

Im Abschnitt über Sauberkeitserziehung haben wir uns die Probleme angesehen, die sich ergeben, wenn Katzenjunge nicht lernen, eine Katzentoilette zu benutzen, aber ich begegne auch einer großen Anzahl von Fällen, bei denen eine Katze, die im Haus bisher immer sauber gewesen ist, plötzlich anfängt, Fehltritte zu begehen. Für die Halter sind solche Fälle extrem Besorgnis erregend, doch wenn man sich die Zeit nimmt, die richtigen Fragen zu stellen, ist es oft durchaus möglich, eine relativ simple und meist korrigierbare Ursache ausfindig zu machen.

Frage

Ich schäme mich fast zu sehr, um Ihnen zu schreiben, aber ich habe das Gefühl, dass ich mein Problem nicht länger umgehen kann. Die Sache ist die, dass mein Haus anfängt, nach Katzenurin zu riechen und meine Besucher das früher oder später bemerken werden. Bis vor etwa sechs Monaten war meine Katze *Cherry* das sauberste Geschöpf, das Sie sich vorstellen können, aber dann bekam sie Probleme beim Wasserlassen. Sie ging ständig auf die Toilette und ich musste sie zum Tierarzt bringen. Er sagte mir, sie habe eine Infektion, und gab ihr einige Tabletten, die auch zu wirken schienen. Als es ihr schlecht ging, machte mir ein Malheur auf dem Teppich nichts aus, aber mittlerweile ist es eine Ewigkeit her, dass der Tierarzt Entwarnung gegeben hat, und sie verrichtet immer noch im Wohnzimmer hinter dem Sofa ihr Geschäft. Vor ihrer Krankheit benutzte sie immer eine Katzentoilette, und sie hat auch nicht vergessen, wozu die Toilette da ist, weil sie immer noch ihr großes Geschäft darin verrichtet. Ich halte die Toilette so sauber wie möglich und habe die Streusorte nicht gewechselt, warum also besteht sie darauf, zum Urinieren das Wohnzimmer zu benutzen?

Antwort
Beschämung, wie sie Sie am Anfang Ihres Briefs zum Ausdruck bringen, ist eine sehr häufige Reaktion auf Probleme mit der Stubenreinheit. Halter wie Sie neigen gewöhnlich dazu, sich selbst die Schuld zu geben, wenn ihre vormals sauberen Katzen anfangen, Fehltritte zu begehen, und zu dem emotionalen Stress, den diese Probleme mit sich bringen, gesellen sich dann auch noch Sorgen über mangelnde Hygiene. Viele Katzenhalter hören sogar ganz auf, Besuch zu empfangen, weil man so sehr wegen des Geruchs besorgt ist, der sich allmählich im ganzen Haus ausbreitet.

Katzenurin hat einen besonders lang anhaltenden Geruch, und eine sorgfältige Reinigung ist wichtig, nicht nur um der Menschen im Haus, sondern auch um der Katze willen, da der Uringeruch sie dazu verleiten wird, an Orte zurückzukehren, wo sie bereits uriniert hat, wodurch sich das Problem noch verschlimmert. Nach der gründlichen Säuberung mit einer warmen Seifenlauge sollte der ganze verschmutzte Bereich mit Alkohol besprüht und der Katze der Zugang so lange verwehrt werden, bis der Bereich vollständig getrocknet ist.

Sie erwähnen, dass Sie die Katzentoilette so sauber wie möglich halten, und natürlich tun Sie das aus gutem Grund. Jedoch gilt dieses Prinzip, wonach Uringeruch die Katze dazu veranlasst, eine bestimmte Latrine zu benutzen, für dafür vorgesehene Behältnisse wie Katzentoiletten genauso wie für Teppiche, und eine übertriebene Säuberung kann einige Katzen sogar davon abbringen, ihre Toilette zu benutzen. Natürlich ist eine schmutzige Katzentoilette genauso wenig einladend, so dass ein entsprechendes Mittelmaß gefunden werden muss, doch im Allgemeinen sollte es für eine einzelne Katze ausreichen, wenn die Toilette alle zwei bis drei Tage gereinigt wird. Benutzt nicht nur eine einzelne Katze die Toilette, dann muss die Reinigung natürlich entsprechend häufiger vorgenommen werden, während es sich in Haushalten mit mehreren Katzen, wo ein Individuum sich weigert, die Katzentoilette zu benutzen, immer lohnt, über die Bereitstellung mehrerer Toiletten nachzudenken, da einige Katzen einfach nicht gerne teilen.

In Cherrys Fall ist ihre Weigerung, die Katzentoilette zu benutzen, eine selektive, da sie weiterhin ohne zu zögern darin ihren Darm entleert, aber nicht in sie uriniert. Das liefert uns den entscheidenden Hinweis auf die Ursache ihres Problems. Sie erwähnen, dass sie an einer Infektion des Harntraktes gelitten hat und dass ihr Problem seit ihrer Krankheit besteht. Wie auch bei Menschen besteht eines der Symptome einer Blasenentzündung darin, dass Wasserlassen sehr schmerzvoll wird. Beim Durchfluss von Urin stellt sich ein brennendes Gefühl ein, und dieser Schmerz wird mit der Katzentoilette assoziiert, da er genau dort auftritt. Als Reaktion hierauf suchen sich Katzen wie Cherry alternative, sicherere Orte, um sich zu erleichtern, im Glauben, dass die Toilette auf irgendeine Art und Weise für ihre Beschwerden verantwortlich ist.

Einige Halter tragen unbeabsichtigt noch zu diesem Gefühl der Unsicherheit bei, indem sie versuchen, den Katzen ihre Antibiotika-Tabletten zu verabreichen, während sie gerade in der Toilette sitzen. Sie tun dies, weil es der einzige Zeitpunkt ist, an dem die Katze lange genug still sitzt, um eine Tablette hinunterzubekommen, doch leider geht dieser Plan mehr als wahrscheinlich nach hinten los, da die Katze die Toilette nunmehr als einen Ort betrachtet, an dem unangenehme Dinge passieren.

Blasenentzündungen sind nicht die einzige gesundheitliche Ursache, durch die es zu Problemen mit der Stubenreinheit kommen kann. Ähnliche Probleme können bei sehr alten Katzen auftreten, die an Arthritis leiden, da auch für sie der Versuch, sich in die Toilette zu hocken, eine schmerzvolle Erfahrung sein kann. Zusätzlich zum Schmerzfaktor werden ältere Katzen und an Blasenentzündung leidende Katzen häufiger als normal urinieren müssen, viele werden daher immer wieder dabei ertappt, wie sie gerade einen nassen Fleck mitten auf dem Teppich hinterlassen. Auch wenn Sie gerne bereit waren, solche Fehltritte zu beseitigen, als Cherry krank war, haben Sie verständlicherweise jetzt weniger Geduld mit ihr, da sie ja nun vom Tierarzt wieder als gesund bezeichnet wird. Unglücklicherweise ist nun aber Folgendes eingetreten: Cherry hat nach den anfänglichen Fehltritten auf dem Teppich eine Assoziation aufgestellt, was bedeutet, dass sie Ihr Wohnzimmer nun als ihre Latrine betrachtet und somit die nassen Flecken immer wieder auftreten, obwohl das ursprüngliche gesundheitliche Problem beseitigt worden ist.

Jetzt, da wir verstanden haben, warum Sie Probleme haben, müssen wir versuchen, Cherry davon zu überzeugen, wieder dazu überzugehen, die Katzentoilette für all ihre Geschäfte zu benutzen. Zuerst müssen Sie für das Geschäfteverrichten wieder eine Assoziation mit Streu statt mit einem Teppich herstellen, was Sie erreichen können, indem Sie die unter *Sauberkeitserziehung* (siehe Seite 154) diskutierten Einsperrtechniken verwenden. Außerdem muss Cherry davon überzeugt werden, dass sie auf der Katzentoilette genauso sicher sein wird wie hinter Ihrem Sofa, und Sie werden bemerken, dass es hilfreich ist, die Katzentoilette an einem genauso geschützten Ort aufzustellen. Vielleicht bemerken Sie, dass sie glücklicher ist, wenn die Toilette auf irgendeine Art abgedeckt ist, da hierdurch ihr Sicherheitsgefühl verstärkt wird und das Ganze größere Ähnlichkeit mit den Bereichen hat, die Katzen draußen als Toilette auswählen, etwa unter Bäumen oder hinter Gartenschuppen. In Zoohandlungen werden abgedeckte Katzentoiletten von verschiedenen Herstellern angeboten, doch bevor Sie nun losrennen und viel Geld ausgeben, ist es sinnvoll festzustellen, wie Cherry überhaupt auf eine abgedeckte Toilette reagiert – ein umgedrehter Karton wird genauso zweckdienlich sein. Wenn Sie auf diese Weise das Erscheinungsbild und die Position der Katzentoilette verändern, hilft das, Cherrys unangenehme Assoziationen mit ihrer Toilette zu verringern und ihr Vertrauen darin zu erhöhen, die von Ihnen bereitgestellten Toiletten zu benutzen.

Bei einigen Haltern beschränkt sich das Scheitern der Sauberkeitserziehung ihrer Katzen allerdings nicht nur auf das Urinieren, sondern die Benutzung der Toilette wird vollständig verweigert. Bei diesen Fällen gibt es keinen Zusammenhang mit gesundheitlichen Problemen, und für die Halter ist es oft schwierig, irgendwelche bedeutenden Veränderungen ausfindig zu machen, die für die Reaktion der Katze verantwortlich sein könnten. Manchmal genügt es dann, wenn eine außenstehende Person das Problem objektiv betrachtet, um das Offensichtliche zu erkennen.

Ein solcher Fall trat bei einer wunderschönen Tabby-Katze namens *Pepper* ein, die immer ihre Katzentoilette benutzt und nie irgendwelche Probleme gemacht hatte. Sie lebte schon fünf Jahre bei ihren Haltern Karin und Peter, währenddessen die Katzentoilette immer ihren Platz in der Küche gehabt hatte; sie war jedoch einige Monate, bevor das Problem begann, leicht umgestellt worden. Genau diese kleine, aber bedeutsame Umstellung der Toilette hatte Peppers absolute Weigerung zur Folge, sie zu benutzen, und die Ursache dafür wurde deutlich, als wir die Situation durchsprachen. Fünf Monate zuvor hatten Peppers Halter einen Golden Retriever-Welpen namens *Solo* erworben – Hund und Katze waren sehr gute Freunde geworden. Es gab absolut keinen Hinweis darauf, dass Pepper sich auf Grund von Solos Ankunft unsicher fühlte, und tatsächlich waren die beiden buchstäblich unzertrennlich geworden, doch ironischerweise hatte gerade diese Freundschaft unbeabsichtigt zu Peppers Problem geführt.

Die Küche in Karins und Peters Haus war typisch für viele moderne Mietwohnungen – relativ klein mit einer begrenzten Fläche. Als Solo mit ihrem ziemlich großen Hundekorb einzog, musste alles neu organisiert werden, was zur Folge hatte, dass Peppers Toilette in die Ecke neben ihrem Futternapf umgestellt wurde. Genau diese einfache Umstellung hatte das aktuelle Toiletten-Problem zur Folge.

Keine Katze frisst gerne neben ihrer Toilette, und Pepper war da keine Ausnahme. Tatsächlich ist die direkte Nähe von Katzentoiletten zu Futternäpfen ein sehr häufiger Grund für ein Scheitern der Sauberkeitserziehung, der leicht vermieden werden kann. Zur Behandlung gehörte einfach, die Toilette wieder an ihrem alten Platz entfernt vom Futter aufzustellen und für Solos Schlafstätte einen anderen Standort zu finden. Dieser Fall macht deutlich, wie wichtig es ist, sich bei der Behandlung von Problemen mit der Stubenreinheit das Gesamtbild anzuschauen, um sicherzugehen, dass auch kein entscheidender Hinweis übersehen wird.

Stürze

Die Beweglichkeit der Katze ist legendär und man kann nicht umhin, ihre Fähigkeit zu bewundern, auf einem vollgestellten Kaminsims herumzulaufen und die Gegenstände noch nicht einmal zu bewegen. Wo ein überenthusiastischer, schwanzwedelnder Hund verheerenden Schaden an niedrig platzierten Kunstobjekten anrichtet, kann eine Katze in relativer Harmonie mit den dekorativen Gegenständen des Haushalts leben. Wenn unsere Katzen draußen im Garten sind, kann man bewundern, wie sie auf schmalen Zäunen entlang spazieren und so mühelos vom Dach des Schuppens auf das Garagendach springen können. All diese Dinge steigern unsere Faszination für diese wundervolle Tierart, doch gibt es einen Aspekt der Beweglichkeit der Katze, den wir wohl am faszinierendsten finden: ihre Fähigkeit, immer auf ihren vier Pfoten zu landen.

Frage

Meine Frage an Sie zielt eher auf die Erklärung eines bestimmten Katzenverhaltens statt auf die Behandlung eines Verhaltensproblems ab. Meine Katze *Lilly* ist ein sehr abenteuerlustiges kleines Wesen und besteht darauf, auf dem Sims meines offenen Schlafzimmerfensters zu sitzen. Ich versuche zwar, sie davon abzuhalten, aber ich kann sie nicht die ganze Zeit beobachten und habe große Angst, dass sie vielleicht einmal das Gleichgewicht verliert. Ich habe schon oft gehört, dass Katzen immer auf ihren vier Pfoten landen, und ich frage mich, ob das verhindern würde, dass sie sich etwas antut, falls sie wirklich vom Fenstersims herunterfällt. Es würde mich auch interessieren zu erfahren, warum Katzen anscheinend mit der richtigen Seite nach unten landen können!

Antwort

Es gibt keine Garantie dafür, dass Lilly einen Sturz aus Ihrem Schlafzimmer ohne negative Auswirkungen überleben würde. Im Laufe der Jahre habe ich Verletzungen zahlreicher Katzen behandelt, die aus irgendeinem Grund aus Fenstern im ersten Stock gefallen waren, aber das Bemerkenswerte in vielen Fällen war, dass sie überhaupt noch lebten. Sicherlich ermöglicht den Katzen ihre Fähigkeit, sich vor der Berührung des Bodens in die richtige Position zu bringen, Stürze aus oft beachtlichen Höhen zu überleben, doch die erlittenen Verletzungen können sehr ernst sein.

Die faszinierende Fähigkeit von Katzen, sich in der Luft umzudrehen, ist schon seit vielen Jahren berühmt und galt früher als Symbol für die übernatürlichen Kräfte von Katzen. In der Ortschaft Ypres in Belgien besteht ein Teil des jährlichen Katzen-Festivals aus der jahrhundertealten Tradition, Katzen von der Spitze der etwa 70 Meter hohen Lakenhalle hinunterzuwerfen. Es wird angenommen, dass die Tradition auf das Jahr 962 zurückgeht, als Katzen als Symbol für das Ende der Katzenverehrung von einem Turm geworfen wurden. Glücklicherweise werden heute Stofftiere verwendet, doch bis zum Jahr 1817 wurden als Teil dieses bizarren Rituals lebende Tiere hinuntergeworfen.

Die Tatsache, dass die Katze nach einem Sturz auf ihren Pfoten landen kann, liegt an einem speziellen »Drehreflex«, von dem man annimmt, er sei

Katzen scheinen immer auf ihren vier Pfoten landen
zu können, egal, wie tief sie fallen.

ein Überlebensmechanismus einer Tierart, die ihre Beute auch oft auf gefährlich dünnen Ästen jagt. Dabei besteht immer die Gefahr, dass die Katze ihr Gleichgewicht verliert und vom Baum fällt, der Drehreflex sorgt dafür, dass solche Stürze nicht fatal sind. Wenn sie beginnt zu fallen, macht der Körper der Katze automatisch eine Drehbewegung. Zuerst rotiert die vordere Körperhälfte und bringt den Kopf in eine aufrechte Position, worauf sich dann, nach Biegung der Hinterbeine, das Hinterteil in eine Linie mit der vorderen Körperhälfte dreht. Damit sind alle vier Pfoten bereit zur Landung, und kurz bevor die Katze den Boden berührt, streckt sie ihre Beine aus und biegt ihren Rücken, wodurch sie die Wucht der Landung abmildert. All das spielt sich im Bruchteil einer Sekunde ab, und es gibt zahlreiche beeindruckende Fotostudien, die die einzelnen Stufen dieses bemerkenswerten Reflexes erfassen.

Sie sehen also, dass Lilly mit der fantastischen Fähigkeit ausgestattet ist, mit einem unerwarteten Sturz klarzukommen, allerdings ist es in Ihrem Fall wohl das Beste, wenn Sie sie von der Benutzung dieses speziellen Ruheplatzes abhalten.

Tierärzte

Meiner Meinung nach ist ein verhaltenstherapeutischer Ansatz für das Wohlergehen der Tiere genauso wichtig wie die bereits gut etablierten medizinischen und chirurgischen Disziplinen der Tiermedizin. Ich glaube fest daran, dass die Gesundheit der Tiere unter Berücksichtigung sowohl der körperlichen als auch der mentalen Aspekte betrachtet werden muss.

Genau wie beim Menschen schließen sich die Symptome körperlicher und psychologischer Krankheiten auch bei Tieren nicht gegenseitig aus und es ist überaus wichtig, dass zuerst vollständige medizinische Untersuchungen durchgeführt werden, um festzustellen, ob eine Veränderung von Verhaltensmustern das Ergebnis zugrunde liegender körperlicher Beschwerden ist.

Angesichts der bereits enormen Vielfalt an Disziplinen im tierärztlichen Beruf ist es offenkundig nicht jedem Tierarzt möglich, ein spezielles Interesse am Verhalten der Tiere zu haben, noch ist es für jede Praxis machbar, vor Ort Verhaltensberatungen anzubieten, doch es muss ein zunehmendes Bewusstsein dafür entstehen, wie relevant das Verhalten für das Gesamtkonzept der Gesundheit der Tiere ist. Zum Glück wächst innerhalb des Berufsstands bereits dieses Bewusstsein und die tierärztliche Ausbildung beginnt diesen Bereich in den Lehrplan der Studenten zu integrieren.

Als Ergebnis können viele Tierärzte ihren Kunden sowohl medizinische Behandlung als auch Verhaltensberatung anbieten, doch im Kontext einer viel beschäftigten Praxis ist es oft unmöglich, für die einzelnen Klienten ausreichend Zeit aufzubringen, um die Ursachen von Problemen ausfindig zu machen und geeignete Behandlungsprogramme zu erarbeiten.

Bei Verhaltensproblemen haben wir es oftmals mit einem grundlegenden Zusammenbruch einer Beziehung zu tun, was Gefühle von Unzulänglichkeit und Scheitern mit sich bringen kann. In vielen Fällen gehen die Probleme sehr tief, z. B. können Spannungen innerhalb der Familie erhebliche Auswirkungen auf das Verhalten der Katze haben. In diesen Fällen ist es überaus wichtig, dass das Problem mitfühlend und sensibel behandelt wird, die Beratung macht dabei einen großen Teil der Arbeit aus. Unter Zeitdruck stehende Tierärzte müssen ihre Kunden an Leute vom Fach in dem sicheren Wissen überweisen können, dass sie nicht nur gute, vernünftige Ratschläge erhalten werden, sondern auch die notwendige Beratung.

Ich bin stolz darauf, dass der tierärztliche Beruf in der Öffentlichkeit so hoch geschätzt wird, und fühle mich geehrt, dass die Menschen das Wohlergehen ihrer geliebten Haustiere in unsere Hände legen. Im Gegenzug zu diesem Vertrauen schulden wir es Haltern und Haustieren gleichermaßen, Verhaltensprobleme ernst zu nehmen. Da Tierärzte und Tierverhaltenstherapeuten eng zusammenarbeiten, können wir alle gemeinsam auf das Ziel der idealen Haustier-Halter-Beziehung hinarbeiten, zum beiderseitigen Vorteil von Mensch und Tier.

Toilette
Siehe *Sauberkeitserziehung*, Seite 154 und *Stubenreinheit*, Seite 171.

Trennungsangst
Dies ist ein Zustand, der von einer zu starken Abhängigkeit zwischen Tier und Halter herrührt. Es überrascht nicht, dass er bei der Katze, die sich ein so hohes Maß an Unabhängigkeit bewahrt, erheblich seltener vorkommt als beim Hund. Tatsächlich ist es schwierig, sich vorzustellen, irgendeine Katze würde es sich erlauben, sich so untrennbar mit jemandem zu verbinden, dass sie nicht damit zurechtkommen würde, sich von dieser Person trennen zu müssen. Bei einem Geschöpf, das im Grunde eine einsame Jägerin ist, sollten derartige Probleme eigentlich auch niemals auftreten.

Wir wissen jedoch, dass es Katzen gibt, die übermäßig an ihren Haltern hängen, und dass diese Individuen an Verhaltensproblemen leiden können, wenn sie gezwungen sind, alleine klarzukommen. Bei solchen Katzen besteht die Wahrscheinlichkeit, dass sie extrem kindisches Verhalten an den

Tag legen, wenn sie sich in der Gesellschaft ihrer Halter befinden (siehe *Kindliches Verhalten*, Seite 133), denen sie sogar ständig überallhin im Haus folgen und exzessiven körperlichen Kontakt von ihnen einfordern können. Werden sie allein gelassen, dann verstecken sie sich möglicherweise in einer dunklen Ecke oder spritzen im Haus herum, um sich mit einem bekannten und Sicherheit vermittelnden Geruch zu umgeben.

Einige extrem ängstliche Individuen haben sich sogar schon selbst verstümmelt, als sie die Sicherheit verloren hatten, die ihnen sonst von ihren Halter vermittelt wird, während andere sich in seltsamen Verhaltensweisen wie dem Fressen von Wolle ergehen.

Wie auch immer sich das Problem zeigt – die Behandlung ist im Grunde die gleiche und hat zum Ziel, der Katze zu helfen, erwachsen zu werden. Oft entsteht das Problem als Ergebnis übermäßiger Zuwendung auf Seiten des Halters; zur Behandlung wird eine nicht strafende Zurückweisung der Forderungen der Katze nach Aufmerksamkeit und die komplette Restrukturierung der Beziehung zwischen Katze und Halter gehören. Dies ist nicht nur schwierig für die Katze, sondern erfordert auch Standhaftigkeit und feste Entschlossenheit vom Halter. Es ist nie einfach, sich von Nahestehenden loszulösen und in solchen Situationen verhält es sich nicht anders. Doch indem der Halter der Katze hilft zu lernen, wie sie auf ihren eigenen vier Pfoten stehen kann, eröffnet er ihr ein Leben mit endlosen Möglichkeiten und Abenteuern, die ein übermäßig anhängliches Individuum nie erleben würde. Die Behandlung zielt also darauf ab, der Katze dabei zu helfen, so viel Freude wie möglich an ihrem Leben zu haben und gehört ganz klar in die Kategorie »hart, aber herzlich«.

Umgelenkte Aggression

Gelegentlich sieht man eine Katze scheinbar grundlos auf unschuldige Opfer losgehen, und viele Halter, die Zielscheibe einer solchen Aggression geworden sind, finden das verständlicherweise bekümmernd. Wird die Situation aber einmal sorgfältig untersucht, dann wird offensichtlich, dass die Ursache der Aggression gar nicht der Halter war, sondern jemand oder etwas, auf das oder den die Katze nicht losgehen konnte, weil sie daran gehindert wurde. Da ihre Versuche, sich zu wehren, vereitelt wurden, lenkt die Katze einfach ihre Aggressionen auf das nächstgelegene Ziel um, und oft ist es dann der Halter, der die volle Wucht des Angriffs zu spüren bekommt.

Manchmal können diese Katzen ihren Opfern ziemlich ernste Verletzungen zufügen, was unter Umständen Ergebnis der Zeitverzögerung zwischen dem Vorfall, der die Aggression ausgelöst hat, und dem Wutausbruch der Katze ist. Diese Verzögerung bewirkt, dass die Katze ihre Aggression noch mit weiterer Erregung anheizt und die Intensität des Angriffs sich damit noch verstärkt.

Frage
Mein Kater ist normalerweise ein friedliches und liebevolles Individuum, aber wenn ich ihn zum Tierarzt bringe, verändert sich seine Persönlichkeit vollkommen. Während der Arzt ihn untersucht, halte ich ihn fest, und er bleibt bewegungslos auf dem Tisch sitzen, doch sobald sich der Arzt abwendet, wenn er die notwendigen Injektionen verabreicht hat, geht der Kater mit Krallen und Zähnen auf mich los, als hätte ich ihn verletzt. Ich sage ihm, dass es der Tierarzt war und nicht ich, aber er scheint es nicht zu verstehen. In den letzten Monaten ging es ihm ziemlich schlecht, so dass ich ihn regelmäßig zum Tierarzt bringen musste, und ich mache mir Sorgen, ob er mich wohl bald total hassen wird. Wie kann ich ihn davon überzeugen, dass ich nicht derjenige mit der Nadel bin?

Antwort
Es ist immer traurig, wenn ein geliebtes Haustier seinen Halter anfällt, aber noch schlimmer ist es, wenn der Angriff ungerechtfertigt ist. In Ihrem Fall wird Ihre Betrübnis noch dadurch erhöht, dass Sie den Kater ja zum Tierarzt gebracht haben, weil Sie sich Sorgen machen und ihm die bestmögliche Behandlung zuteil werden lassen wollen. Verständlicherweise sind Sie darum bemüht, dass Ihre Beziehung zu Ihrem Kater nicht darunter leidet, doch es ist wichtig, in Ihrer Wahrnehmung der Situation nicht allzu anthropomorphisch zu sein.

Der Kater macht Sie nicht bewusst für den vorübergehenden Schmerz verantwortlich, der von der Nadel verursacht wird, sondern lenkt seine Aggression gegen den Tierarzt auf Sie um, weil der Tierarzt dafür nicht verfügbar ist! Ist die gefürchtete Tat einmal vollbracht und die Injektion verabreicht, wendet sich der Tierarzt ab, und Sie versuchen sanft, den Kater zu beruhigen und zeigen ihm Ihre Zuwendung. Leider ist er genau in diesem Moment nicht zum Schmusen aufgelegt.

Wenn Katzen auf diese Art erregt sind, ist es immer wichtig, vorsichtig mit ihnen umzugehen, selbst wenn man sie extrem gut kennt. Oft ist es besser, der Katze zu erlauben, dem ursprünglichen provozierenden Reiz zu entfliehen und ihr Zeit zu geben, sich zu beruhigen, bevor man sich ihr nähert. Für

Ihren Kater bedeutet das, ihn sofort in seinen Korb zu setzen, wenn die Behandlung abgeschlossen ist, statt zu versuchen, ihn noch im Behandlungszimmer zu trösten; denken Sie aber daran, dass er womöglich noch immer aufgeregt ist, wenn Sie zu Hause ankommen, und wenn Sie in den Korb hineinfassen, um ihn herauszuholen, könnte das gut eine übel zerkratzte Hand zur Folge haben. Stattdessen sollten Sie ihm erlauben, seinen Korb aus eigenen Stücken zu verlassen, und Ihre Zuwendung aufschieben, bis er wieder zur Ruhe gekommen ist und sich von seinem Martyrium erholt hat.

Dies ist die kurzfristige Lösung Ihres Problems, aber langfristig gesehen wäre es gut, die Angst zu beseitigen, die ganz zu Anfang die aggressive Reaktion ausgelöst hat. Die Behandlung hierfür wird unter *Angstaggression* (siehe Seite 75) beschrieben.

Umzug

Ein Umzug ist für uns wohl eines der stressreichsten Erlebnisse, was aber für unsere Katzen genauso gelten dürfte. Ich erhalte viele Anrufe von Katzenhaltern, die mich um Rat fragen, wie sie den bevorstehenden Hauswechsel für ihr Haustier so schmerzlos wie möglich gestalten können. Es ist immer vernünftig, alles so zu arrangieren, dass die Katze den Umzugstag entweder in einer nahe gelegenen Katzenpension oder bei Freunden verbringt, damit Sie sich darüber schon einmal keine Sorgen machen müssen und der Katze das Trauma des Umzugstags erspart bleibt. Falls die Katze allgemein eher nervös ist, lohnt es sich, darüber nachzudenken, sie längere Zeit dort unterzubringen, so dass sie also schon weg ist, bevor im alten Haus das Packen beginnt, und erst wiederkommt, wenn Sie sich im neuen Haus eingerichtet haben. Im Idealfall sollte alles ausgepackt und organisiert sein, bevor die Katze mit ihrer neuen Umgebung bekannt gemacht wird, natürlich unter der Voraussetzung, dass Sie spätestens ein bis zwei Monate nach dem Umzug alles ausgepackt haben!

Wenn die Katze dann einzieht, ist es vernünftig, sie etwa eine Woche lang im Haus einzuschließen, damit sie sich an die Zimmerverteilung des Hauses gewöhnt und beginnt, dem neuen Zentrum ihres Reviers ihren Geruch aufzuprägen. Dann schließlich wird es Zeit, die Katze wieder hinauszulassen, damit sie das weitere Revier begutachten und ihr Recht geltend machen kann, das Stück Land mit den ansässigen Katzen zu teilen. Das macht man am besten, wenn die Katze Hunger hat, da sie sich mit der Aussicht auf Futter wahrscheinlich nicht so weit von ihrer Heimatbasis entfernen wird.

Frage
Vor über einem Monat sind wir umgezogen, sind aber im selben Ort geblieben, und unser neues Haus ist nur ein paar Kilometer vom alten entfernt. Wir sind sehr zufrieden nach unserem Umzug, aber unser Kater *Rainbow* scheint dies weniger zu sein. Sogar nach all der Zeit geht er immer noch zum alten Haus zurück, und mein Mann hat langsam keine Lust mehr, ihn einsammeln zu gehen, wenn die neuen Bewohner uns um elf Uhr abends anrufen und uns mitteilen, er sei wieder da. Können wir irgendetwas tun, um Rainbow davon zu überzeugen, dass er jetzt hier zu Hause ist, oder sollten wir lieber die Leute in unserem alten Haus fragen, ob sie ihn aufnehmen wollen?

Antwort
Aus Rainbows Perspektive besteht das Problem beim Umzug nur wenige Kilometer weiter darin, dass er wahrscheinlich bei der Erkundung seines neuen Reviers auf seine alten Pfade trifft. Wenn das geschieht, wird er einfach diesen Pfaden folgen und an Ihrem alten Haus ankommen, voller Überraschung darüber, dass sich die Dinge geändert haben und Sie nicht mehr da sind. Falls sich am alten Haus noch eine Katzenklappe befindet, wird Rainbow sich überaus vertrauensvoll hindurchbegeben und zufrieden in bekannter Umgebung dösen.

Oft wird bei Katzen, die immer wieder in ihr ehemaliges Zuhause zurückkehren, das Problem noch durch die neuen Bewohner verschlimmert, die sie unbeabsichtigt noch dazu ermutigen, indem sie ihnen Futter und Zuwendung geben.

Die Tatsache, dass Sie sich überlegt haben, die neuen Hauseigentümer zu fragen, ob sie Rainbow nehmen wollen, lässt vermuten, dass sie bereits Anzeichen von Zuneigung zu ihm erkennen lassen. Wenn Sie ihn aber wirklich bei sich behalten wollen, dann müssen Sie sie bitten, nicht nur aufzuhören, ihn zu füttern, sondern ihn tatsächlich auch abzuweisen, indem sie alles andere als freundlich sind, ihn hinauswerfen und ihn nötigenfalls sogar mit Wasser bespritzen. Es wird außerdem helfen, wenn sich auch Ihre früheren Nachbarn ihm gegenüber feindselig zeigen und ihn auf keinen Fall mehr begrüßen, wenn er wieder auftaucht.

Lassen Sie Rainbow über einen längeren Zeitraum, etwa einen Monat lang, nicht aus dem Haus, schenken Sie ihm in dieser Zeit viel Aufmerksamkeit und geben Sie ihm kurze, häufige Mahlzeiten, um seine Bindung zu Ihnen und zu Ihrer ganzen Familie zu verstärken. Wenn Sie ihn doch hinauslassen, dann sorgen Sie dafür, dass er während der letzten 12 Stunden wenig zu fressen bekommen und somit ziemlich großen Hunger hat, und erlauben Sie ihm nicht, öfter als einmal am Tag hinauszugehen. Beschränken Sie seine Ausflüge nach draußen auf eine halbe Stunde, rufen Sie ihn dann zurück und füttern Sie ihn sofort. Ziel all dessen ist, in Rainbows Wahrnehmung Ihr neues Haus als Zentrum seines Reviers zu verankern, wo Futter und Zuwendung frei verfügbar sind, und es so vom alten Haus abzuheben, wo der Empfang wenig einladend, ja sogar feindselig ist.

Für einige Katzen ist der Ruf des alten Reviers so stark, dass sie sogar noch nach einem Monat den Weg zurückfinden. Es wird manchmal vorgeschlagen, solche Katzen eine Zeit lang in einer Katzenpension unterzubringen, die sich weit entfernt von beiden Häusern befindet, um zu versuchen, den Heimkehrmechanismus durcheinander zu bringen. Ein anderer Vorschlag lautet, einen größeren Umweg einzuschlagen, wenn die Katze zurück zum neuen Haus gebracht wird, doch es gibt keine Garantie dafür, dass solche Tricks auch funktionieren.

Die Hauptsache ist, dass Sie ruhig und geduldig bleiben, da es noch ein paar Wochen oder sogar Monate dauern kann, bis Rainbow sich so eingelebt hat wie Sie. Falls er auch nach vielen Bemühungen Ihrerseits immer noch lieber zu seinen alten Jagdgründen zurückkehrt, dann mag es vernünftiger sein, ihm zu erlauben, bei der anderen Familie einzuziehen, aber zumindest wissen Sie dann, dass Sie alles Mögliche getan haben, um ihn zu behalten. Wir müssen daran denken, dass die Haltung von Katzen nun einmal etwas anderes ist als die Haltung von Hunden, denn sie sind mehr als fähig, ihre eigenen Entscheidungen zu treffen. Vielleicht sollten Sie sich beim nächsten Mal überlegen, direkt ans andere Ende des Landes statt nur eine Straße weiter zu ziehen!

Urinieren
Siehe *Stubenreinheit*, Seite 171.

Verfolgungsjagd
Die Verfolgungsjagd ist ein äußerst wichtiger Bestandteil des Jagdprozesses und ein natürlicher Teil des Verhaltensrepertoires der Katze. In diesem Sinne habe ich mich mit diesem Thema bereits in Teil zwei dieses Buches beschäftigt, doch es gibt Situationen, in denen dieses Jagdverhalten als Problem gesehen wird.

Frage
Mir ist bekannt, dass Verfolgungsjagden für Katzen normal sind, ich habe schon oft selbst mit meiner Katze gespielt, indem ich Papier um das Ende einer Schnur gewickelt und sie zur Verfolgung animiert habe. Inzwischen fange ich aber an, mir Sorgen zu machen, denn anscheinend hat sie Halluzinationen und verfolgt wie verrückt imaginäre Gegenstände quer durch das Haus. Zuerst dachte ich, dass sie eine Art Anfall hätte, der ihre Sicht beeinträchtigte. Ich habe sie zum Tierarzt gebracht, um ihre Augen untersuchen zu lassen, aber er sagte mir, alles sei in Ordnung. Können Sie mir irgendeine Erklärung für diese unvermittelten Ausbrüche geben, die genauso abrupt aufhören, wie sie eintreten?

Antwort
Das Verhalten, das Sie beschreiben, ist nicht anormal, und Ihre Katze ist auf keinen Fall die Einzige, die sich so verhält. Tatsächlich wird sich die Mehrheit der Katzen, die die ganze oder fast die ganze Zeit ihres Lebens drinnen verbringen, gelegentlich in diesen unvermittelten verrückten Verfolgungsjagden ergehen. Es kommt sehr häufig vor, dass Halter diese Verhaltensweise genau wie Sie mit einem Anfall verwechseln, was recht verständlich ist – in einem Moment ist Ihre Katze ein sanftmütiges Haustier, im nächsten ein unkontrol-

In einem Moment ist Ihre Katze ein sanftmütiges Haustier,
im nächsten ein unkontrollierbarer Wirbelwind.

lierbarer Wirbelwind. Die Tatsache, dass die Katze plötzlich innehält und sich verhält, als sei nichts geschehen, trägt ebenfalls zu dem Anschein bei, es handele sich um eine Art Anfall; viele Halter bringen ihr Haustier zum Tierarzt in der Überzeugung, dass ein ernstes gesundheitliches Problem vorliegt.

Tatsächlich gibt es eine sehr einfache Erklärung für dieses Verhalten. Sie sind Zeuge einer so genannten Ersatzhandlung. Obwohl Ihre Katze unzweifelhaft sehr gut versorgt wird und es ihr nicht an Futter, Wärme, Liebe oder Zuwendung mangelt, fehlt ihr die Gelegenheit, ihrem angeborenen Trieb zur Jagd und auch zum Fliehen auszuleben. Da sie die meiste Zeit ihres Lebens drinnen verbringt, kann sie keine Beute beschleichen und fangen und hat keine Feinde, denen sie entkommen muss. Ohne die notwendigen natürlichen Anreize, durch die beim Raubtier die schnellen Bewegungen und die Verfolgungsjagd ausgelöst werden, erreicht Ihre Katze schließlich einen Punkt, an dem jeder Anreiz, und sei er für uns auch noch so unbedeutend, bei ihr die Schleusen für ihre aufgestaute Energie öffnet, die sie dann mit einer verrückten Jagd durch das ganze Haus freilässt.

Bauernhofkatzen, die die meiste Zeit draußen verbringen, echte Beute jagen und mit benachbarten Rivalen zu tun haben, werden gewöhnlich sehr entspannt sein, wann immer sie ins Haus kommen. Sie verbringen ihre Zeit damit, nach getaner Arbeit am Kamin zu schlafen oder sich still zu putzen. Im Vergleich hierzu verbringt die Stadtkatze die meiste Zeit damit, im Haus umherzuwandern und sich vielleicht in den Garten hinauszuwagen, wo ihr gewöhnlich nur wenig verführerische Beute über den Weg läuft. Im Laufe der Zeit staut sich ihre Energie auf und steigert sich ihre Frustration, bis die Katze plötzlich aufschreckt, umherblickt und dann irgendetwas hinterher jagt, was uns als irgendein imaginärer Gegenstand erscheint. Nachdem sie etwas von ihrer Energie freigelassen und ihre Jagdkünste erprobt hat, kehrt sie rasch in ihren entspannten Zustand zurück, als sei nichts geschehen.

Einige Halter berichten mir, dass diese Ausbrüche immer zum gleichen Tageszeitpunkt auftreten, gewöhnlich abends, dass sie aber nichts entdecken können, das als Auslöser dienen könnte; andere sagen, dass ihre Katzen sich auf diese verrückte Weise verhalten, nachdem sie ihre Katzentoilette benutzt, ein plötzliches Geräusch gehört oder eine plötzliche Bewegung erblickt haben. Was auch immer der Auslöser sein mag – und die Chancen stehen gut, dass Sie ihn niemals werden ausfindig machen können – das Ergebnis ist immer das gleiche.

Zu der Behandlung gehört, dass allen Wohnungskatzen angemessene Anreize in Form von Spielzeug, Spielplätzen und der Beschäftigung mit Menschen geboten werden, um ihnen zu ermöglichen, ihre enormen Energiereserven loszuwerden. Genau das können Ihre Spiele mit der Schnur und dem Papier bewirken.

Verlangen nach Aufmerksamkeit

Es gibt Zeiten, in denen uns die Forderungen unserer Katzen ein bisschen zur Last fallen. In den meisten Fällen treffen Forderungen, die frühmorgens oder, noch schlimmer, mitten in der Nacht gestellt werden, auf wenig Geduld und Verständnis. Katzen können extrem erfinderisch in ihren Methoden sein, unsere Aufmerksamkeit zu erregen: Wenn sie Gegenstände umwerfen, auf ihre Halter springen und unkontrolliert durchs Haus rasen, erreichen sie auch oft den gewünschten Effekt. Die effektivste Forderung jedoch wird wahrscheinlich immer das beharrliche, durchdringende Miauen sein. Gleichgültig, ob das Ziel darin besteht, dass wir aufstehen und ihnen das Frühstück vorsetzen oder einfach nur darin, dass wir mit ihnen schmusen – das Ergebnis ist oft eine ernste Belastung der Beziehung und manchmal sogar der ganzen Familie.

Frage
Ich liebe meine Katzen über alles, aber das Verhalten von einer treibt mich noch in den Wahnsinn. Vor kurzem habe ich geheiratet, mein Mann ist bei mir eingezogen und teilt jetzt mit mir das Haus, in dem ich seit ungefähr drei Jahren mit meinen Katzen lebe. Zwei der Katzen haben Richards Ankunft problemlos akzeptiert und nehmen gerne die zusätzliche Aufmerksamkeit an, die er ihnen schenkt. *Beattie*, meine vierjährige kastrierte Katze, scheint jedoch extreme Schwierigkeiten zu haben, sich mit den neuen Gegebenheiten anzufreunden. Vor ungefähr sechs Wochen fing sie an, beharrlich ab circa drei Uhr morgens vor unserem Schlafzimmerfenster herumzujammern. Die einzige Methode, um sie zu stoppen, besteht darin, aufzustehen, sie ins Zimmer zu lassen und sie zu streicheln.

Mein Mann mag die Katzen sehr gerne, teilt jedoch nicht meine Begeisterung für sie. Wie Sie sich vorstellen können, trägt Beatties Verhalten nicht gerade zur ehelichen Harmonie bei. Wie um noch eins draufzusetzen, hat sie nun auch noch damit angefangen, im Haus herumzuspritzen, doch nur auf Gegenstände, die Richard gehören, etwa seinen besten Anzug und sogar seine Unterwäsche. Ich habe wirklich das Gefühl, dass ich etwas unternehmen muss, wenn ich nicht entweder meine Katze oder meinen Mann verlieren will.

Antwort
Die eigentliche Ursache von Beatties Problem besteht in der Kombination der Störung ihrer heimatlichen Umgebung mit ihrer geringen Fähigkeit, mit den Veränderungen in ihrem (und Ihrem) Leben zurechtzukommen. Der Aspekt des Spritzens in ihrem Verhalten rührt von dem Bedürfnis her, sich mit einem bekannten Geruch zu umgeben und den Geruch Ihres Mannes zu bekämpfen, den sie als absoluten Eindringling betrachtet. Hierauf wurde detailliert im Abschnitt über das *Spritzen* (siehe Seite 163) eingegangen. Für den Moment möchte ich mich auf das Jammern konzentrieren.

Die lauten Forderungen nach Aufmerksamkeit, die Beattie perfektioniert hat, haben ihren Ursprung wahrscheinlich in einem aufrichtigen Gefühl der Besorgnis und in dem Bedürfnis, Ihre Aufmerksamkeit zu erregen, damit Sie ihr Trost spenden und ihr ein Gefühl von Sicherheit geben. Für einige Katzen ist die Anwesenheit ihrer Halter alles, was sie brauchen, sie werden allein dadurch getröstet, dass ihre Halter rasch erscheinen, wenn sie gerufen werden. Für andere Katzen sind echter körperlicher Kontakt und Streicheln notwendig und sie werden nicht aufgeben, bis sie das erreicht haben. Das Verhalten tritt üblicherweise in den frühen Morgenstunden auf, da die Katze sich nachts am verletzlichsten fühlt. Indem Beattie Sie auf die Beantwortung ihrer Rufe trainiert hat, hat sie sichergestellt, dass sie mit ihren Sorgen nicht allein ist; ihr Verhalten hat sich wegen der Belohnung, die Sie ihr durch Ihren Trost geben, als erlerntes Muster fortgesetzt.

Zur Behandlung gehört im Idealfall, sie zu ignorieren und keinesfalls mehr auf ihre Forderungen einzugehen, während man gleichzeitig unangenehme Konsequenzen für ihr Jammern in die Wege leitet. Ersteres ist oft leichter gesagt als getan – wenn Sie nicht in ein paar gute Ohrstöpsel investieren, ist es ziemlich unwahrscheinlich, dass Sie sie werden ignorieren können! Konsequent nicht mehr auf ihre Forderungen einzugehen, erfordert außerdem Ihre unerschütterliche Entschlossenheit und die ständige Ermutigung durch Ihren Partner.

Die einfachste Komponente des Behandlungsplans besteht in der Anwendung einer Aversionstechnik, um das Verhalten mit einer unangenehmen Erfahrung zu verbinden – zu den Optionen gehören ein dünner Wasserstrahl aus einer Wasserpistole oder ein überraschendes Geräusch. Ohne Zweifel wird Ihnen Richard bei diesem Teil sehr gerne behilflich sein, doch Sie beide müssen daran denken, dass die Aversion von Beattie als direkte Konsequenz ihres eigenen Verhaltens gesehen werden muss und nicht als eine Bestrafung, die sie von Ihnen erhält. Sie selbst werden neutral bleiben, so dass Sie weiterhin ein positives und berechenbares Symbol für Sicherheit sind. Vorausgesetzt, dass die Aversion konsequent auf rasche und stille Weise erfolgt, stehen oft nur noch wenige frühmorgendliche Weckrufe an, bis die Botschaft angekommen ist. Da das Verlangen nach Aufmerksamkeit spezifisch an Sie gerichtet zu sein scheint, kann es auch hilfreich sein, Beatties Zuneigung zu Ihnen zu vermindern, indem Sie ihr nur noch auf Ihre Veranlassung hin Ihre Zuneigung zeigen, während Sie gleichzeitig eine positive Beziehung der Katze mit Richard fördern, indem Sie ihm die angenehmen Pflichten wie Füttern und Spielen überlassen.

Wolle fressende Katzen

Dies dürfte wohl eines der seltsamsten Verhaltensprobleme von Katzen sein; es wird bisher auch noch nicht vollständig verstanden. Zum ersten Mal wurde darüber in den 50er-Jahren berichtet: Zu dieser Zeit glaubte man, es sei nur auf bestimmte Siamrassen beschränkt, doch die Arbeit der Katzenverhaltensforscher Peter Neville und John Bradshaw von der Southampton University hat gezeigt, dass das Problem viel verbreiteter ist.

Ihre Untersuchung brachte zutage, dass dieses Verhalten bei Siam- und Burmakatzen auftritt und gelegentlich auch bei anderen orientalischen Rassen zu sehen ist. Auch bei Kreuzungen stellte man, wenn auch seltener, dieses Verhalten fest; auch wenn in der Untersuchung einige Katzen mit gemischten Eltern auch orientalische Einflüsse hatten, so waren andere augenscheinlich ganz normale Hauskatzen. Weibchen und Männchen gleichermaßen können dieses eigentümliche Fressverhalten an den Tag legen und es hat sich gezeigt, dass die Kastration keine verlässliche Auswirkung auf sein Auftreten hat. Der Großteil der untersuchten Katzen fing während des Heranwachsens mit dem Fressen von Stoff an, das typische Alter für den Ausbruch lag zwischen zwei und acht Monaten.

Eines der interessantesten Ergebnisse ist, dass, obwohl der Großteil der betroffenen Katzen mit Wolle anfängt, nur wenige so eingeschränkt in ihrer Wahl bleiben. Viele weiten ihren Appetit auf alle Stoffe aus, darunter Baumwolle und synthetische Fasern, so dass dieses befremdliche Verhalten wohl genauer als Fressen von Stoff zu bezeichnen wäre. Einige dieser Katzen kauen und fressen Stoff täglich, bei anderen hingegen ist das Verhalten eine weitaus sporadischere Angelegenheit.

Die begehrtesten Delikatessen scheinen verschiedene Kleidungsstücke der Halter zu sein, von Wollpullovern bis zu Unterwäsche, wobei von den erst kürzlich getragenen Teilen eine zusätzliche Anziehungskraft auszugehen scheint. In den meisten Fällen beschränkt sich der Schaden allerdings nicht nur auf Bekleidung, denn auch Handtücher, Geschirrtücher und sogar Möbelüberwürfe sind alle schon Teil der täglichen Nahrung gewesen.

In vielen Fällen übersteigt die vertilgte Stoffmenge fast das Vorstellungsvermögen und es ist erstaunlich, dass dieses Material beim Großteil der Katzen anscheinend ohne Schaden anzurichten den Verdauungsapparat passiert. Gelegentlich aber bleibt das Material dann doch entweder im Magen oder im Darm stecken, wodurch eine totale oder partielle Blockierung entsteht, so dass eine Operation notwendig ist, um sie zu entfernen. Leider kann bei einigen der entstandene Schaden im Verdauungstrakt so schwer wiegend sein, dass Einschläfern die einzige Lösung ist, doch viele werden weiterhin ihr langes und sehr gesundes Leben lang Wolle und andere Stoffe fressen.

Der finanzielle Schaden, der von einigen dieser Katzen verursacht wird, ist nicht unerheblich und einigen Haltern wird all dies zu viel. Diese Katzen werden womöglich eingeschläfert werden müssen, doch eine erstaunlich hohe Anzahl anderer Halter toleriert das Verhalten mit bemerkenswerter Geduld, sie lassen sich sogar noch nicht einmal davon abschrecken, in Zukunft noch weitere Tiere derselben Rasse zu halten.

Frage

Ich habe nun schon seit einiger Zeit Siamkatzen, aber meine derzeitige Katze erweist sich langsam als Problemfall. Sie war schon immer eine sehr liebevolle Katze und tretelt ständig, wenn ich mit ihr schmuse. Sie hat auch die Angewohnheit, an meinem Pullover zu saugen, wenn sie sehr entspannt ist, und ich habe eigentlich nicht gedacht, dass an diesem Verhalten etwas nicht stimmen könnte. Während ich Saugen und Treteln ja noch tolerieren kann, hat sie jetzt angefangen, meine Wollpullover zu fressen und oft recht große Löcher in sie zu machen; ich stelle langsam fest, dass ihr Verhalten mit ziemlichen Kosten verbunden ist.

Ich gehöre nicht zu den ordentlichsten Menschen und lasse schon einmal Kleidung auf dem Boden liegen, aber jetzt muss ich darauf achten, dass alles weggeschafft wird, damit die Katze nicht ihre Zähne darin versenken kann. Ich füttere sie mit einem handelsüblichen Katzenfutter und habe immer gedacht, dass es allen Nahrungsanforderungen gerecht wird; warum also findet sie es notwendig, ihre Nahrung auf diese Weise zu ergänzen?

Antwort

Bisher ist noch keine genaue Ursache für dieses eigentümliche Fressverhalten gefunden worden, doch es scheint, als sei es nicht das Ergebnis eines Nährstoffmangels, sodass Sie sich nicht die Schuld an diesem Problem geben müssen. Es wurde bisher bereits eine Reihe potenzieller Ursachen untersucht: Es wurde vorgebracht, dass neuronale Störungen im autonomen Nervensystem auftreten, die die Kontrolle des Verdauungssystems beeinflussen und eine ungewöhnliche Appetitanregung auslösen; allerdings sind die genauen Details darüber, wie dies vonstatten gehen könnte, keinesfalls klar.

Das Verhalten scheint auch ererbt zu sein, zumindest bis zu einem gewissen Grad, doch auch wenn es tatsächlich eine genetische Komponente geben könnte, so ist der eigentliche Auslöser für das Verhalten höchstwahrscheinlich umweltbedingt. Es kann sein, dass eine Form von Stress einige Individuen dazu veranlasst, Stoff zu fressen, denn in einer Untersuchung von Neville und Bradshaw begann eine bedeutende Zahl von Katzen dieses Verhalten innerhalb eines Monats nach der Ankunft in ihrem neuen Zuhause zu zeigen. Es wird vermutet, dass der Wechsel in einen neuen Haushalt einer der häufigsten umweltbedingten Auslöser für das Fressen von Stoffen ist; andere Auslöser können die Einführung einer anderen Katze, die unterwartete Trennung vom Halter oder eine Phase körperlicher Krankheit sein.

Einige Individuen scheinen im Alter von zwei Jahren dem Verhalten zu entwachsen; es kann sein, dass diese Katzen langsam gelernt haben, mit dem Stress zurechtzukommen, der als ursprünglicher Auslöser gedient hat. Andere hingegen fressen sich weiter durch alle Stoffe, die zufällig herumliegen, und dies oftmals recht unverhohlen.

Hat eine Katze einmal angefangen, ein schmackhaftes Stück Strickjacke oder ein anderes einladendes Kleidungsstück zu verspeisen, wird sie oft in einen scheinbar tranceartigen Zustand verfallen, kein noch so lautes Rufen des wütenden Halters kann sie stoppen. Selbst in Fällen, bei denen eine Wasserpistole effektiv das Verhalten unterbricht, kann die Katze sich sofort danach einfach wieder ihrer »Mahlzeit« zuwenden oder den Gegenstand an eine ruhigere Stelle tragen, um da weiterzumachen, wo sie aufgehört hat.

Eine mögliche Erklärung für dieses seltsame Verhalten lautet, das Essen von Wolle und das Saugen seien Verlängerungen kindlichen Verhaltens, das Individuen zeigen, die nicht vollständig erwachsen geworden sind. Sicherlich zeigt ein Teil der Stoff fressenden Katzen, darunter auch Ihre Katze, den Haltern gegenüber ein hohes Maß an kindischem Verhalten in Form von Treteln, Saugen und Speicheln, wenn sie gestreichelt werden. Einige sind besonders abhängig und neigen auch dazu, ihren Haltern überall hin im Haus zu folgen.

Zur Behandlung dieser Katzen muss gehören, sie dazu zu ermutigen, unabhängiger und erwachsener in ihrer Lebenseinstellung zu werden, weshalb die Zeiträume der Interaktion mit dem Halter verringert und kleinere Streicheleinheiten nur auf Veranlassung des Halters und nicht der Katze erteilt werden sollten.

Die Tatsache, dass das Fressen von Stoffen bei Wohnungskatzen verbreiteter zu sein scheint, lässt vermuten, dass hier ein höheres Maß an Stimulation und Aktivität vorteilhaft wäre, und im Idealfall sollte diesen Katzen Ausgang nach draußen gewährt werden, um ihre Halter in ihrer Bedeutung zu reduzieren und die Möglichkeit zu erhöhen, neuartige Reize anzutreffen und zu erkunden.

Den Zugang zu nicht überwachten Kleidungsstücken oder essbaren Stoffen zu verhindern mag zwar nicht immer einfach sein, doch es ist bei der Behandlung dieser Individuen sicherlich hilfreich. In einigen Fällen kann eine mehrwöchige Verweigerung ihrer stofflichen Nahrung sogar eine Heilung zum Ergebnis haben. Leider ist die Behandlung aber nicht in jedem Fall so einfach, weshalb auch andere Taktiken angewandt werden müssen. Versuche, die Katze mitten im Hauptgericht mit einer Wasserpistole oder einem anderen aufschreckenden Hilfsmittel zu überfallen, können in einigen Fällen zwar hilfreich sein, doch es besteht immer die Gefahr, dass solche Methoden die Katze einfach dazu anhalten, Wolle in Zukunft nur noch unter Geheimhaltung zu fressen, womit das Problem noch schwieriger zu behandeln wird.

Eine effektivere Methode besteht darin, den Stoff selbst in einen negativen Reiz umzuwandeln, indem man Abschreckungsmittel auf Material anbringt, das der Katze absichtlich hingelegt wird. Im Allgemeinen haben die traditionellen unangenehm schmeckenden Produkte wie Pfeffer, Curry und Senf in diesen Situationen wenig Auswirkungen, es ist besser, aromatische Mittel wie Eukalyptusöl oder Menthol einzusetzen. Vorausgesetzt, dass ein geeigneter Geschmacksstoff verwendet wird, können solche Techniken einen dramatischen Besserungseffekt haben und die Katze von einem weiteren Versuch, Stoff zu fressen, erfolgreich abschrecken.

Obwohl das Fressen von Wolle keine nährstoffbezogene Basis zu haben scheint und die Katzen, die dieses Verhalten zeigen, anscheinend einen absolut normalen Appetit haben und eine gesunde Menge normalen Futters zu sich nehmen, scheint eine Futterveränderung dennoch als Teil der Behandlung von Nutzen zu sein. Erhöht man die Ballaststoffmenge in der Nahrung, indem man zusätzlich zur normalen Mahlzeit einen Napf mit Trockenfutter hinstellt, dann kann das helfen, die Zuwendung zu einer alternativen Futterquelle anstelle von Stoffen zu fördern. Einige Katzen können geheilt werden, wenn man ihnen einfach Zugang zu einem uneingeschränkten Vorrat an Trockenfutter gewährt. Die zusätzlichen Ballaststoffe füllen die Nahrung womöglich ausreichend auf, um für ein ständiges angenehmes Sättigungsgefühl zu sorgen, so dass die Katze es nicht länger als notwendig erachtet, ihre Nahrung mit Stoff zu bereichern.

Ist dies der Fall, dann kann das gleiche Ergebnis auch erreicht werden, indem man dem gewöhnlichen Futter Kleie hinzufügt, die jedoch von den meisten Katzen nur bis zu einem gewissen Grad akzeptiert wird; aus ihrer Sicht bestünde eine akzeptablere Alternative darin, dem Inhalt des Futternapfes kleine Stücke fein gehackten Stoffes beizumengen. Tatsächlich haben einige Halter sich entschieden, ihren Katzen billigen Stoff zu den Mahlzeiten zu reichen und haben festgestellt, dass die Katzen abwechselnd ein Maul voll Stoff und eines voll Katzenfutter nehmen.

Die beiden letzteren Optionen scheinen wohl eher dem Verhalten nachzugeben, aber wenn sie erfolgreich dabei sind, die Katze davon abzuhalten, wahllos teure Kleidungsstücke und Möbel zu verschlingen, stellen sie doch eine brauchbare Behandlungsmethode dar.

Eine andere Behandlungsstrategie, die von Nutzen sein könnte, ist die Bereitstellung grober Fleischstücke und großer, mit Fleisch überzogener Knochen. Grundlage hierfür ist die Beobachtung, dass das Fressen von Stoff Ausdruck eines Beutefangverhaltens und ein Ventil für die Energie ist, die in der Natur darauf verwendet werden würde, lebende Beute auf das Verspeisen vorzubereiten. Die Tatsache, dass wir unsere Katzen mit leicht verdaulichem und fertigem Futter versorgen, bedeutet, dass es für sie nicht länger erforderlich ist, wie von der Natur vorgesehen ihre Zähne und ihren Kiefer einzusetzen. Es ist interessant, dass ein bedeutender Prozentsatz Stoff fressender Katzen nur wenig oder gar keinen Ausgang nach draußen hat, so dass ihnen die Möglichkeit verwehrt wird, ihr natürliches Jagdverhalten zum Ausdruck zu bringen. Wenn sie gezwungen sind, mehr Zeit damit zu verbringen, knorpeliges Fleisch zu zerkauen und Fleisch vom Knochen zu reißen, erhöht das die Gesamtzeit, die sie mit normalem Fressverhalten verbringen und kann den Wunsch, Stoffe als Nahrungsergänzung zu vertilgen, verringern oder sogar beseitigen.

Xenophobie – Angst vor fremden Menschen

Landesweit gibt es eine große Anzahl Katzen, für die die Anwesenheit von Fremden innerhalb ihres Reviers einfach zu viel ist, um damit zurechtzukommen. Es sind diejenigen Katzen, die, wenn sie die Türklingel hören, mit Höchstgeschwindigkeit durch die Katzenklappe in den Garten rasen oder sich zitternd unterm Wohnzimmertisch verbergen und hoffen, dass sie nicht gesehen werden. Einige sind schon seit ihrer Kindheit unfähig, mit Besuchern klarzukommen (siehe *Nervosität*, Seite 140), doch bei anderen ist die Angst Ergebnis einer traumatischen Erfahrung im späteren Leben. Was auch immer die Ursache ist – niemand würde bestreiten, dass das Leben für diese Katzen alles andere als ideal ist, und viele Halter sind äußerst besorgt, wenn sie ihre Haustiere in einem solchen Angstzustand sehen.

Frage

Mein sechsjähriger kastrierter Kater *Whisky* ist 90 % der Zeit über ein freundliches und selbstsicheres Individuum, doch wenn es bei uns an der Tür klingelt, wird er zu einem bibbernden Wrack, rennt unter den Kaffeetisch in unserem Esszimmer und weigert sich hervorzukommen, bis die Besucher wieder gegangen sind. Mir fällt nichts ein, das diese ungerechtfertigte Angst verursacht haben könnte, ich hasse es, ihn so überaus verängstigt zu sehen. Was kann ich tun?

Antwort

Die Beschreibung Ihres Katers als normaler, selbstsicherer Charakter lässt vermuten, dass seine Angst wahrscheinlich nicht Ergebnis fehlender früher Erfahrungen dieser Art ist. Eine plausiblere Erklärung lautet daher, dass er zu irgendeinem Zeitpunkt in der Vergangenheit von einem Besucher des Hauses erschreckt wurde und nun alle Fremden als von ihm zu meidende Menschen ansieht.

Die Katze ist ein von Natur aus vorsichtiges Tier und wird Konflikte wo immer möglich vermeiden, indem sie ihre hoch entwickelte Fluchtreaktion zeigt. Genau das tut auch Ihr Kater, wenn er zum Schutz unter den Kaffeetisch rennt; auch wenn Ihre Besucher einfach nur gerne Hallo sagen würden und freundlich zu ihm sein möchten, geht der Kater doch lieber kein Risiko ein. So bleibt er nicht lange genug, um herauszufinden, dass die Bedrohung einfach nur eingebildet ist.

Nicht nur seine eigene Lebensqualität verringert sich so unnötigerweise, sondern bald könnten auch Sie anfangen, das Klopfen an der Tür zu fürchten, weil es einen so offenkundigen Stress für ihn verursacht. Im Laufe der Zeit, wenn immer mehr Besucher an der Eingangstür auftauchen, wird der Kater wahrscheinlich zunehmend Zeit mit Verstecken verbringen und so seine Wahrnehmung seines Zuhauses als sichere Basis weiter abschwächen, es ist tatsächlich schon vorgekommen, dass einige Halter xenophober Katzen keinen Besuch mehr empfangen haben, aus Angst davor, die Katze zu beunruhigen. Das scheint eher eine übertriebene Lösung des Problems zu sein; es ist sowohl für den Halter als auch für die Katze weitaus besser, wenn der Halter darauf hinarbeitet, die Kompetenz der Katze zu verbessern, statt die Situation komplett zu vermeiden.

Bei der Behandlung jeder nervösen Verhaltensform ist es wichtig, die Katze nicht zu überfordern oder sie in die Enge zu treiben. Eine xenophobe Katze zu zwingen, von einem enthusiastischen Besucher auf den Arm genommen zu werden, wird nur dazu dienen, ihre Ängstlichkeit zu verstärken und die Chancen zu erhöhen, dass jemand arg verletzt wird! Katzen sind gut mit Zähnen und Krallen bestückt und wenn sie an ihre Grenzen getrieben werden, werden sie sie mit bemerkenswerten Folgen auch einsetzen. Stattdessen sollte die Behandlung ruhig und kontrolliert erfolgen, wobei die erste Stufe darin besteht, den Versuchen Ihres Katers, Besucher zu meiden, zuvorzukommen, womit ihm die Gelegenheit gegeben wird zu lernen, wie er mit der Situation klarkommen kann. Dies wird am besten erreicht, indem man einen Katzentransportkorb verwendet, wie man ihn zum Transport in eine Katzenpension benutzt.

Der Korb sollte mit dem Kater darin im Wohnzimmer platziert werden, bevor Besucher eintreffen. Die ersten »Gäste«, die den Raum betreten, sollten Familienmitglieder sein, die allerdings an der Tür geklingelt haben, statt ihre Schlüssel zu benutzen. Sobald die Klingel zu hören ist, wird er versuchen zu entkommen, doch seine Fluchtversuche werden von den Begrenzungen des Katzentransportkorbs durchkreuzt werden, er wird gezwungen sein, dem Eindringling gegenüberzustehen. Wenn sich jedoch die Tür öffnet, wird der Kater ein Familienmitglied erkennen und sich rasch beruhigen, so dass er lernt, dass nicht jedes Klingeln an der Tür zwangsläufig schlechte Nachrichten bedeutet. Durch zahlreiche Wiederholungen dieses Vorgangs wird er langsam das Klingeln an der Tür mit der Ankunft eines vollkommen unbedrohlichen »Besuchers« assoziieren und schließlich können gut bekannte Freunde anfangen, in Begleitung eines Familienmitglieds den Raum zu betreten.

Diese ersten echten Besucher sollten nichts anderes tun, als mit dem Kater im selben Raum zu sitzen und sollten nicht versuchen, sich ihm zu nähern oder gar seine Anwesenheit anzuerkennen. Ihm muss die Gelegenheit gegeben werden, die Anwesenheit von Fremden ganz allmählich zu akzeptieren. Im Schutze seines Korbs kann er sich langsam damit anfreunden, dass nicht alle Menschen bedrohlich sind, so wie er eigentlich geglaubt hatte. Falls der Kater bei Ihren Versuchen, diesen Behandlungsplan durchzuführen, besonders gestresst ist, können Sie ihm helfen, indem Sie eine geringe verschriebene Dosis eines geeigneten Beruhigungsmittels oder eines homöopathischen Mittels (siehe Seite 111) geben, die dazu gedacht ist, seine Reaktionen abzudämpfen und ihm zu erlauben, eine solche Konfrontation zu tolerieren. Wie bei jedem Verhaltensproblem ist es jedoch absolut notwendig, dass der Erfolg nicht von Medikamenten abhängig wird. Die Dosis sollte schrittweise verringert werden, damit die Tolerierung von Besuchern für ihn zunehmend zu etwas Erlerntem wird.

Durch diese wiederholte und häufige Konfrontation mit einer Vielzahl von Gästen sollte er langsam akzeptieren, dass Fremde hereinkommen und sein Revier betreten können, ohne eine Bedrohung darzustellen. Wenn diese Stufe einmal erreicht ist, dann kann ihm dabei geholfen werden, aus noch geringerer Entfernung ihre Anwesenheit zu tolerieren. Die Gäste sollten gebeten werden, sich schrittweise immer weiter in die Nähe des Korbs zu setzen, aber sie sollten nicht versuchen, körperlichen Kontakt mit ihm herzustellen, bevor er sich in ihrer Anwesenheit nicht absolut sicher fühlt.

Der wichtigste Punkt, an den man in dieser Phase immer denken sollte, ist, dass die Behandlung nur so schnell fortschreiten darf, wie der Kater selbst es tolerieren kann – dazu kann enorm viel Geduld erforderlich sein. Ist er einmal so weit, dass er gerne Besucher neben seinem Korb sitzen lässt, dann kann er auch dazu ermutigt werden, etwas Interaktion mit ihnen zu akzeptieren, was am besten erreicht wird, indem man zur Vermittlung Futter einsetzt. Hierbei wird es hilfreich sein, wenn er besonders hungrig ist, da er dann eher willens ist, Futter von einem Fremden zu akzeptieren. Daher sollte er zwölf Stunden nichts zu fressen bekommen, bevor der nächste Besucher hereinkommt. Neben dem Korb sitzend sollte der Gast ihm dann ruhig und langsam ein kleines Häppchen durch die Gitterstäbe anbieten, während er gleichzeitig sanft und beruhigend auf ihn einredet. Es bleibt zu hoffen, dass Whiskys Fressenswunsch stark genug sein wird, um seine Angst zu überwinden; es sollten ihm von so vielen Besuchern wie möglich kurze, häufige Mahlzeiten gegeben werden, so dass er langsam alle Fremden als potenzielle Futterquelle betrachtet.

Dann schließlich muss der Kater lernen, wie er ohne den Schutz seines Korbs mit Fremden zurechtkommt, wobei es auf dieser Stufe hilfreich sein kann, ihn mit einem Halsband oder einem Geschirr mit ausziehbarer Leine zurückzuhalten. Wenn die Gäste den Raum betreten, sollten sie ihm Futter anbieten, woraufhin Sie sich dann mit Whisky auf den Armen, wo Sie ihn sanft, aber bestimmt festhalten, langsam einer besonders wohl bekannten Person nähern sollten. Falls er zu irgendeinem Zeitpunkt anfängt, Besorgnis oder Ängstlichkeit zu zeigen, sollten Sie aufhören und ihm die Gelegenheit geben, sich zu beruhigen. Befindet sich der Besucher dann direkt neben dem Kater, sollte er anfangen, sanft über sein Fell zu streichen, während auch Sie ihn weiterhin streicheln, dann sollten Sie langsam Ihre Hand zurückziehen, bis nur noch der Gast ihn streichelt.

Es ist wichtig, darauf zu achten, wie Sie sich dem Kater bei der Behandlung nähern: Im Allgemeinen sollten Annäherungen immer auf Höhe des Katers stattfinden – also von Angesicht zu Angesicht –, da ihm dies weitaus weniger bedrohlich erscheinen wird. Es ist jedoch wichtig, jedes Anstarren zu vermeiden, da dies von ihm als herausfordernde Geste missverstanden werden könnte; auch laute Geräusche oder plötzliche und unerwartete Bewegungen sollten vermieden werden.

Erwarten Sie aber nicht, dass Sie die Stufe erreichen, auf der die Besucher Whisky eine beträchtliche Zeit lang hochnehmen können: Falls dies überhaupt jemals der Fall sein wird. Es ist eine Sache, sanften körperlichen Kontakt zu gestatten, aber es ist etwas ganz anderes zu erlauben, dass man durch Festhalten eingeengt wird; viele Katzen akzeptieren nur ungern ein solches Verhalten von jemandem, der nicht ihrem engen Familienkreis angehört. Vorausgesetzt, dass Sie die Behandlung ruhig und langsam angehen, sollte Ihr Kater gute Fortschritte machen. Bei einer regelmäßigen Konfrontation mit Besuchern wird er in Zukunft wieder in der Lage sein, sein Leben vollständig zu leben. Es ist jedoch vernünftig, daran zu denken, dass besonders laute und temperamentvolle Besucher immer noch recht beunruhigend für ihn sein können; falls Sie vorhaben, wilde Partys zu veranstalten, mag es freundlicher sein, ihn über Nacht in eine Katzenpension zu bringen, statt ihn allzu rauem Verhalten auszusetzen.

Zusammenführung mehrerer Katzen

Die Zahl der Menschen, die mehr als eine Katze halten möchten, steigt. Viele erwerben zwei Katzen zur selben Zeit, entweder als Wurfgeschwister oder als zwei nicht verwandte Individuen aus einem Tierheim oder einer ähnlichen Einrichtung. Trifft man jedoch die Entscheidung, eine neue Katze mit einer langjährigen Bewohnerin zusammenzuführen, können Probleme entstehen.

Frage
Vor zwei Jahren bekamen wir unsere erste Katze, *Minty*, jetzt haben wir uns entschlossen, noch eine zweite Katze dazuzuholen. Im Tierheim haben wir die Katze *Holly* ausgewählt, die sich irgendwie von den anderen abhob, so dass es uns nicht schwer fiel zu entscheiden, dass sie die Richtige war. Doch leider teilt Minty unsere Meinung über Holly nicht, und als wir sie nach Hause brachten, dachte ich, Minty würde jeden Moment einen Mord begehen. Ich habe eine Katze noch nie so brutal reagieren sehen, und als ich versuchte dazwischenzugehen, zerkratzte Minty mir ziemlich heftig die Hände.

Ich habe schon versucht, die beiden zu trennen, doch sobald ich versuche, sie wieder zusammenzuführen, fängt Minty einfach da wieder an, wo sie aufgehört hat. Ich komme immer häufiger zu dem Schluss, dass es Holly im Tierheim besser ging, und ich habe mir sogar schon überlegt, sie zurückzubringen: Können Sie nicht eine Methode vorschlagen, mit der wir Minty davon überzeugen könnten, dass Holly gar nicht so schlimm ist?

Antwort
Es ist immer sehr schwierig vorauszusagen, ob eine bereits anwesende Katze einen Neuankömmling akzeptieren wird, da jedes Individuum einen unterschiedlichen sozialen Tolerierungsgrad hat. Wir wissen, dass Katzen durchaus in der Lage sind, zusammenzuleben, und obwohl sie alleine jagen, werden Kolonien wilder Katzen gerne in engem sozialem Kontakt leben, vorausgesetzt, dass Futter und andere Ressourcen reichlich vorhanden sind. Die zahlreichen Haushalte, in denen zwei, drei oder sogar noch mehr Katzen wohnen, sind der Beweis dafür, dass Hauskatzen in Harmonie miteinander leben können und dies auch oft tun; so lange, wie Futter und Zuwendung frei verfügbar sind, kann man erwarten, dass Neuankömmlinge willkommen sind. Doch leider ist das nicht immer der Fall, wie Sie feststellen mussten.

Ein Faktor, der die Fähigkeit der Katze beeinflusst, ihr Revier mit anderen zu teilen, ist das Maß an sozialer Interaktion, das sie als Katzenjunges erlebt hat. Sie haben keine genaueren Angaben über Mintys Herkunft gemacht, und es wäre hilfreich, etwas mehr über ihr früheres Leben zu wissen. Im Allgemeinen sind Katzen, denen früher sozialer Kontakt fehlt, nur schlecht darauf vorbereitet, später mit anderen zurechtzukommen, während Katzen, die als Junge viel Kontakt mit anderen gehabt haben, in der Lage sind, die soziale Sprache zu entwickeln, die erforderlich ist, um als Erwachsene mit Gesellschaft anderer klarzukommen.

Katzen der letzteren Kategorie werden besser in der Lage sein, einen Neuankömmling zu akzeptieren und seine Anwesenheit im Zentrum ihres Reviers zu tolerieren, doch selbst dann kann es erhebliche Zeit dauern, bis eine wahre Freundschaft entsteht. Die ansässige Katze braucht Zeit, um die Situation abzuwägen, und wird beobachten, wie die Halter auf den Neuankömmling reagieren. Eine ruhige und entspannte Atmosphäre wird nicht nur dem neuen Familienmitglied helfen, sich zu Hause zu fühlen, sondern wird auch den bereits anwesenden Katzen anzeigen, dass es akzeptiert werden sollte.

In Ihrem Fall ist es interessant, dass die Katze, die Sie zur Zusammenführung ausgewählt haben, bereits erwachsen ist. In den meisten Fällen scheinen Katzenjunge bereitwilliger akzeptiert zu werden, was wahrscheinlich darauf zurückzuführen ist, dass sie sowohl in sozialer als auch in sexueller Hinsicht eine weniger große Bedrohung darstellen. Die Atmosphäre der Konkurrenz kann auch tatsächlich abgemildert werden, indem Sie den Neuankömmling so bald wie möglich kastrieren lassen, und für den unwahrscheinlichen Fall, dass Holly nicht bereits kastriert ist, würde ich Ihnen raten, sie ohne zu zögern hierfür zum Tierarzt zu bringen.

Es mag schön und gut sein, Ihnen zu erzählen, dass Mintys Vorgeschichte eine Rolle dabei spielen könnte, warum sie sich weigert, Holly zu akzeptieren, doch was in der Vergangenheit geschehen ist, kann natürlich nicht mehr geändert werden. Stattdessen müssen Sie wissen, wie Sie die Chancen dafür verbessern können, dass Ihre beiden Katzen sich schließlich gegenseitig als Mitbewohnerinnen betrachten, und hierzu gehört, genau darauf zu achten, wie sie zusammengeführt werden.

Das Wichtigste bei Zusammenführungen ist, dass sie auf ruhige und kontrollierte Art und Weise stattfinden, so dass Minty sich nicht bedroht zu fühlen braucht und Holly vor erschreckenden Erlebnissen geschützt wird, während sie lernt, mit ihrer neuen Umgebung klarzukommen. Dies erreicht man am besten unter Verwendung eines Geheges (siehe *Gehege*, Seite 106), in dem Holly eine Schlafstätte und eine Katzentoilette zur Verfügung gestellt werden und sie einige Tage lang in vollkommener Sicherheit fressen und trinken kann. Das Gehege sollte im Mittelpunkt des Hauses platziert werden, so dass Holly sich an die Geräusche und die Aktivitäten der Familie gewöhnt. Aus ihrer geschützten Position heraus kann sie im sicheren Wissen, dass ihr nichts geschehen kann, beobachten, was in ihrem neuen Zuhause vor sich geht. Oftmals sind allein die raschen Bewegungen des flüchtenden Neuankömmlings, nachdem er von der ansässigen Katze erschreckt wurde, Auslöser für Verfolgungsjagden und sogar Aggressionen, und indem Sie Holly daran hindern, wegzulaufen, wird sie gezwungen, nicht von der Stelle zu weichen. Das Gehege erlaubt Minty außerdem, Holly aus ihrer sicheren Position außerhalb des Geheges heraus zu erforschen und gibt ihr die Möglichkeit, sich mit Hollys Geruch in ihrem Zuhause zu arrangieren. Die Umstellung des Geheges von Raum zu Raum wird ebenfalls helfen, Hollys Recht zu etablieren, das gesamte Haus zu besetzen. Ist Minty einmal etwas ruhiger geworden, sollten Sie versuchen, sie neben Hollys Gehege zu füttern, während Holly gleichzeitig innerhalb des Geheges frisst, wodurch beide nahe zusammengebracht werden und die Belohung in Form von Futter als Ablenkung benutzt wird. Schließlich sollten Sie den Punkt erreichen, an dem die beiden Katzen bereitwillig Seite an Seite fressen, auch wenn sie noch durch die Gitter des Geheges getrennt sind.

Wenn Sie so weit gekommen sind, besteht die nächste Stufe darin, Zusammenführungen ohne das Gehege zu versuchen, wobei Sie definitiv noch jemand anderen brauchen werden, der Ihnen bei den ersten Zusammentreffen hilft. Eine der Katzen oder beide sollten festgehalten werden, und es wird wahrscheinlich hilfreich sein, wenn Sie etwas Futter in der Nähe haben, das Sie wenn nötig als Ablenkung einsetzen können. In den nächsten Tagen sollten Sie Holly immer öfter aus ihrem Gehege lassen und ihr erlauben, Zeit mit der Erkundung ihrer neuen Umgebung zu verbringen. Während Minty toleranter wird, kann auch der Kontakt der beiden miteinander erhöht werden; allerdings sollten Sie noch einige Zeit lang die Interaktionen der beiden beaufsichtigen. Es ist wichtig, dass beide Katzen Zugang zu sicheren Zufluchtsorten haben, wohin sie sich zurückziehen können, falls die Spannung zu groß wird. Realistisch gesehen wird es noch einige Zeit dauern, bis Sie erwarten können, dass die beiden es sich nebeneinander am Kamin gemütlich machen – falls sie das überhaupt jemals tun werden.

In vielen Fällen helfen die oben angeführten Methoden dabei, die Ankunft einer neuen Katze im Haushalt zu erleichtern, doch gelegentlich ist die ansässige Katze dermaßen entschlossen, die einzige Katze zu bleiben, dass kein Maß an Überzeugung sie umstimmen wird.

Die Tatsache, dass Minty bisher bei jedem Aufeinandertreffen durchweg aggressiv auf Holly reagiert hat, verringert in Ihrem Fall etwas die Erfolgsaussichten, und Sie müssen die Situation realistisch betrachten. Vielleicht stellen Sie fest, dass es hilfreich ist, Minty eine kurzzeitige Kur mit einem konventionellen oder homöopathischen Beruhigungsmittel zu verabreichen, doch wie bei allen verhaltenstherapeutischen Fällen ist es wichtig, sich nicht zu stark auf diese Hilfsmittel bei der Behandlung zu verlassen. Falls es Minty nach ein paar Wochen immer noch widerstrebt, Holly als Teil der Familie zu akzeptieren, dann haben Sie kaum eine andere Wahl, als ihren Standpunkt zu tolerieren und ihr zu erlauben, zu ihrem einsamen Status zurückzukehren.

Nachwort

Beim Schreiben dieses Buches wurde meine Katze *Truffles* auf tragische Weise bei einem Verkehrsunfall getötet. Sie war eine wundervolle Gefährtin und ist bei vielen bedeutenden Veränderungen in meinem Leben dabei gewesen. Von Geburt an eine Bauernhofkatze, war sie eine äußerst tüchtige Jägerin – zweifellos teilt die hiesige Population der Vögel und kleinen Säugetiere nicht meine Verlustgefühle. Ihr ganzes Leben lang belehrte sie mich fortwährend über das Verhalten der Katzen und ich danke ihr dafür, dass sie mir geholfen hat, meine Wertschätzung für eine so faszinierende Tierart zu vertiefen.

Sachindex

Aggression   22, 52, **68**, 75, 99, 138, 159, 179
Aggressionen zwischen Katern   **70**
Agoraphobie   **71**
Allergie   **91**
Alternativmedizin   111
Angst   **71**, 75, 93, 104, 111, **193**
Ängstlichkeit   80, 98, 194, 196
Anorexie   **77**
Anthropomorphismus   **80**
Autos   72, 76
Aversionstechnik   100, 114, 146, 187

Babys   36, **82**
Bastet   27
Begrüßung   58, **84**, 151
Beißen   70, **86**, 87
Bestrafung   **89**, 100, 138, 166
Beweglichkeit   68, 175
Blasenentzündung   164, 172, 173
Bubastis   27

Dermatitis   **91**, 162
Desensibilisierung   73, 79, **93**, 104
Domestizierung   24, 25, 26, 47
Drehreflex   176
Dressur   93

Entwurmung   129
Erbrechen   79, **96**
Erlernte Aggression   99
Ernährung   16, 35, 78, **101**
Ersatzhandlung   104, 185
Euthanasie   **101**

Falbkatze   25
Fellpflege   **43**, **101**, 162
Flehmen   46, 52, 125
Folgen   **105**
Fortpflanzung   **44**, 140, **145**, 150

Gehege   73ff, 104, **106**
Geruch   46, 56, 61, 76, 86, 102, 107, 116, 127, 130, 137, 151, 163
Gewöhnung   141
Graben   47

Haarballen   97, 104, 146
Häufchenmarkierung   56, **107**, 138
Hautparasiten   44
Heimkehrinstinkt   **181**
Hohes Alter   **109**
Homöopathie   **111**
Hunde   **112**

Injektionen   76, **115**, 180

Jacobson'sches Organ   46, 52
Jagd   21, 24, 33, **47**, **115**, 192
Jagdrevier   **53**, **152**
Jammern   58, 187
Jaulen   48, 111, **115**

Kämpfe   54, 72, **116**
Kannibalismus   **121**
Kastration   70, **121**, 164, 168, 188
Katzenklappen   95, 117, 166
Katzenkorb   36
Katzenminze   **124**
Katzenpension   75, 109, **126**
Katzensitter   128
Kehlbiss   60
Kinder   82, **132**, 159
Kindestötung   **49**
Kindliches Verhalten   **133**
Kommunikation   51, 56, 61, 86, 107, 116, 136, 151
Krallen   47, 50, **134**
Kratzen   70, **136**

Lautäußerungen   42, 58

Markieren	138
Maulkorb	161
Mimik	63
Mütterliche Aggression	138
Nackenbiss	49, 52, 60, 150
Nervosität	98, 140
Paarung	51, 145
Parasiten	44, 82, 92, 102
Pflanzen, Fressen von	146
Pheromone	52
Phobien	145
Pica-Syndrom	145
Psychogene Dermatitis	91, 162
Psychogenes Erbrechen	96
Raubtierverhalten	48, 147
Reiben	85, 150
Revierverhalten	53, 153
Rohrkatze	24, 26
Sauberkeitserziehung	60, 154, 173
Säugen	54
Scharren	55, 156
Schmerzbezogene Aggression	159
Schnurren	56
Selbstverstümmelung	162
Sistrum	27
Sozialisierung	33
Speicheln	134, 190
Springen	59
Spritzen	61, 108, 123, **163**, 187
Sterilisation	168
Stoff, Fressen von	188
Stubenreinheit	128, 171
Stürze	175
Taurin	16
Temperaturregulierung	44, 102
Territorium	54, 152
Toilette	110, 128, 171, **178**
Töten	47, 60
Toxoplasmose	64, 82
Trauer	79, 157
Trennungsangst	178
Umgelenkte Aggression	179
Umzug	181
Urinverspritzen	61, 163, 166, **183**
Verfolgungsjagd	48, 62, **183**, 198
Verlangen nach Aufmerksamkeit	186
Verteidigung	53, 69, 88
Visuelle Kommunikation	63
Vomeronasalorgan	46, 52
Wild-Waldkatze	25
Wilde Katzen	29, 134, 149, 152
Wildkatzen	25, 41, 49, 58, 62, 107
Wohnungskatzen	21, 51, 71, 130, 168, 185, 191
Wolle, Fressen von	145, 179, 188
Xenophobie	193
Zahnprobleme	78
Zoonose	64
Zusammenführung	109, 196

Bücher zur artgerechten Tierhaltung

Karmann / Ost:
Naturheilkunde für Katzen
ISBN: 3-89566-106-6

Drosssard / Letschert
Naturheilkunde für Kleintiere
ISBN: 3-89566-105-8

Anne Lindenberg:
Bach-Blütentherapie für Haustiere
ISBN: 3-89566-108-2

Ute Rhein:
Der Geflügelhof
ISBN: 3-89566-147-3

Kochbücher aus dem pala-verlag

Petra und Joachim Skibbe:
**Ayurveda –
Die Kunst des Kochens**
ISBN: 3-89566-139-2

Petra und Joachim Skibbe:
Toskana – vegetarisch genießen
ISBN: 3-89566-156-2

Petra und Joachim Skibbe:
Köstliche Kürbis-Küche
ISBN: 3-89566-150-3

Irmela Erckenbrecht:
Zucchini
ISBN: 3-89566-131-7

Gesamtverzeichnis bei: **pala-verlag**
Postfach 11 11 22 • 64226 Darmstadt • www.pala-verlag.de

Die Originalausgabe dieses Buchs ist unter dem Titel
WHY DOES MY CAT ...?
bei Souvenir Press Ltd., London, erschienen.

Übersetzung aus dem Englischen: Anja Schmidtke

© 1993 Sarah Heath
© für die deutsche Ausgabe:
2002, pala-verlag, Darmstadt
Deutsche Erstausgabe
ISBN: 3-89566-183-X
pala-verlag, Rheinstr. 37, 64283 Darmstadt
www.pala-verlag.de
Lektorat: Wolfgang Hertling
Innenillustrationen: Russel Jones
Titelillustration: Tatiana Mints
Druck: freiburger graphische betriebe
www.fgb.de
Printed in Germany

Dieses Buch ist auf Papier aus 100 % Recyclingmaterial gedruckt.